Guttentagsche Sammlung
Nr. 138 a. Deutscher Reichsgesetze. Nr. 138 a.
Textausgaben mit Anmerkungen und Sachregister.

Arbeiterschutz und Arbeitsrecht

1. Auflage bearbeitet von

Dr. Adolf Günther.

2. Auflage

1. Teil:

Arbeitszeitschutz

Das Arbeitszeitnotgesetz und die übrige arbeitszeitrechtliche Gesetzgebung des Reichs seit 9. November 1918

erläutert von

Dr. Richard Schneider,
Archivar beim Reichstag

unter Mitwirkung von

Dr. Adolf Günther,
o. Professor an der Universität Innsbruck.

Berlin und Leipzig 1927.
Walter de Gruyter & Co.
vormals G. J. Göschen'sche Verlagshandlung — J. Guttentag, Verlagsbuchhandlung — Georg Reimer — Karl J. Trübner — Veit & Comp.

Vorwort.

Von der als Band 138a der Guttentagschen Sammlung erschienenen Zusammenstellung der seit November 1918 veröffentlichten Gesetze und Verordnungen über „Arbeiterschutz und Arbeitsrecht“ wird hiermit der erste Teil einer Neuauflage vorgelegt, der die Arbeitszeitgesetzgebung bis Ende Juli 1927 behandelt.

Unterzeichneter war bei Abfassung der 1. Auflage als Professor an der Universität Berlin und Referent im Reichsarbeitsministerium in der Lage gewesen, den damals übrigens noch ungleich kleineren Stoff selbst zu bearbeiten. Dadurch, daß er nunmehr an einer Universität außerhalb des Reichs lehrt und seit Ausscheiden aus dem Ministerium auch nicht mehr den unmittelbaren Einblick in die gesetzgeberischen Vorgänge besitzt, sah er sich außerstande, die notwendig gewordene Neuauflage selbst bzw. allein mit hinreichender Sachkunde zu bearbeiten. Auf Anregung des Verlags hat sich nun Herr Dr. Richard Schneider, Archivar beim Reichstag, freundlichst bereit erklärt, seine bewährte Kenntnis der einschlägigen Verhältnisse in den Dienst der Neuauflage zu stellen. Indem ihm hierdurch bester Dank ausgesprochen wird, sei noch bemerkt, daß diesem ersten Teil der Neuauflage weitere Bände folgen werden, sodaß in absehbarer Zeit das gesamte neuere Arbeitsrecht, kurz kommentiert, in der Guttentagschen Sammlung vorhanden sein wird.

Innsbruck, im August 1927.

Dr. Adolf Günther,

ordentl. Professor der pol. Ökonomie und Soziologie an der Universität Innsbruck.

Inhaltsverzeichnis.

Angabe der Abkürzungen.

AngVO. = Verordnung über die Regelung der Arbeitszeit der Angestellten vom 18. März 1919.

ArbAO. = Anordnung über die Regelung der Arbeitszeit gewerblicher Arbeiter vom 23. November 1918/17. Dezember 1918.

ASchG. = Entwurf eines Arbeitsschutzgesetzes, 37. Sonderheft zum Reichsarbeitsblatt.

AZNG. = Arbeitszeitnotgesetz = Gesetz zur Abänderung der Arbeitszeitverordnung v. 14. April 1927.

AZVO. = Verordnung über die Arbeitszeit vom 21. Dezember 1923.

B. = Amtliche Begründung.

BäckVO. = Verordnung über die Arbeitszeit in den Bäckereien und Konditoreien vom 23. November 1918.

Drs. = Drucksache.

GO. = Gewerbeordnung für das Deutsche Reich.

LG. = Landgericht.

OLG. = Oberlandesgericht.

RABl. = Reichsarbeitsblatt, amtlicher Teil.

RAMinister = Reichsarbeitsminister.

RG. = Reichsgericht.

RGBl. = Reichsgesetzblatt, Teil I.

RTDrs. = Reichstagsdrucksache.

RVO. = Reichsversicherungsordnung.

VO. 5. 2. 19 = Verordnung über Sonntagsruhe im Handelsgewerbe und in Apotheken v. 5. Februar 1919.

VO. 13. 2. 24 = Verordnung über die Arbeitszeit in Krankenpflegeanstalten vom 13. Februar 1924.

WP. = Wahlperiode.

WÜ. = Washingtoner Übereinkommen über die Festsetzung der Arbeitszeit in gewerblichen Betrieben vom 29. November 1919.

Sozialpolitische Einleitung.

Die nachstehende Übersicht über das Zustandekommen des neuen Arbeitszeitgesetzes wird seinen Zusammenhang mit dem Arbeitsrecht im allgemeinen und dem Arbeitsschutz im besonderen deutlich machen; sie zeigt den Werdegang der Gesetzgebung auf diesem Gebiete, läßt erkennen, wie ihr Rahmen allmählich weiter gespannt wurde, wie in ihm sich hygienische und kulturpolitische Gesichtspunkte entfalteten. In einem knappen Überblick über Zusammenhänge zwischen Arbeitszeitgesetzgebung und Wirtschaft sollen hier gewisse sozialpolitische Hinweise gegeben werden. So sehr sich auch — und mit vollem Rechte — das Gebiet des Arbeitsrechts von dem der allgemeinen Sozialpolitik aus Gründen des arbeitsteiligen Wissenschaftsbetriebes gesondert hat, so sehr erfordert es doch eine in so hohem Maße strittige Gesetzgebung, wie die des Arbeitszeitrechts, daß gewisse wirtschaftlich-soziale Hintergründe, von denen aus allein der Werdegang der Gesetzgebung, ihre Zielsetzung und praktische Wirkung beurteilt werden können, aufgezeigt werden. Selbstverständlich kann das in einer kommentierten Textausgabe nur in ganz groben Zügen und allgemeinen Umrissen geschehen.

Indem (s. S. 22) die Arbeitskraft des deutschen Volkes vom Gesetze als wichtigstes nationales Gut anerkannt und damit die frühere, heute kaum noch verständliche Zurückhaltung des Gesetzgebers auf diesem Gebiete aufgegeben wurde, ist zwar die richtige, wirtschaftlich, hygienisch und kulturell befriedigende Verwendung dieses Gutes eingeleitet worden; indes besteht noch längst keine Einmütigkeit darüber, was hier im einzelnen geschehen soll, wieweit insbesondere Eingriffe des Gesetzgebers in den Arbeitsvertrag theoretisch möglich und praktisch wirksam sind. Die von Brentano als erstem scharf gesehenen Zusammenhänge zwischen Arbeitszeit, Arbeitsleistung und Arbeitslohn stehen vielmehr heute mehr denn je im Vordergrunde. Leider sind die großangelegten Enqueten des Reichswirtschaftsrats, die vom Verein für Sozialpolitik angeregt wurden, noch keineswegs abgeschlossen; vielmehr läßt das, was bisher hierüber veröffentlicht wurde, ungeahnte Schwierigkeiten aller Feststellungen auf diesem Gebiete erkennen; kaum, daß über die anzuwendenden Verfahrensweisen volle Einigung erzielt werden konnte. Soviel wissen wir immerhin negativ, daß die früheren einschlägigen Ermittlungen mangels unanfechtbarer Methode und hinreichenden Umfangs außerstande sind, uns ein wissenschaftlich einwandfreies Bild der Sachlage zu geben.

Man wird deshalb, solange unser Erfahrungsmaterial begrenzt und eine experimentelle Ergänzung dieses Materials noch kaum ernstlich versucht ist, gewisse mehr oder weniger theoretische Überlegungen nicht ganz ausschalten können. Theoretisch sind schließlich notwendigerweise auch viele der gesetzgeberischen Bemühungen. Schon der Umstand, daß sie nach Zweck und Durchführung nicht einheitlich waren, ja daß wiederholt der Kurs gewechselt wurde, zeigt eine Unsicherheit hinsichtlich der Wirkung gesetzlicher Bestimmungen über die Arbeitszeit; freilich sind die Richtungsänderungen in der Gesetzgebung auch auf politische Gründe, auf wechselnde Machtverhältnisse, ungleichen Einfluß der Interessentenverbände auf die Gesetzgebung zurückzuführen. Welche Gründe die entscheidenden waren, wird kaum zu ermitteln sein. Im großen ganzen ist, wie auch auf andern Gebieten des Arbeitsrechts, eine gewisse rückläufige Bewegung seit den Umsturztagen unverkennbar; ob sie, wie viele meinen, ausschließlich als „sozialpolitische Reaktion" anzusprechen ist, steht immerhin dahin; jedenfalls mußte die Haltung des Gesetzgebers von den allgemeinen politischen und zumal wirtschaftlichen Verhältnissen beeinflußt sein; während der Inflation konnten schwerlich dieselben Gesichtspunkte im Vordergrund stehen wie nach der Stabilisierung der Währung, zudem bleibt die Frage, ob nicht neben andern, vor allem wirtschaftspolitischen und — selbstverständlich — außenpolitischen, auch gewisse sozialpolitische Maßnahmen an dem Ausmaß, das die Geldentwertung schließlich im Reich erfuhr, mitgewirkt haben. War dies — was hier nicht zu entscheiden ist — der Fall, dann liegt es nahe, die Arbeitsrechts- und Arbeiterschutzgesetzgebung nicht zuletzt auch vom währungspolitischen Standpunkt aus zu beurteilen. Bei alledem blieb die Gesetzgebung nicht unberührt von Vorgängen außerhalb Deutschlands, von der Regelung derselben Materien in industriell und kulturell verwandten Ländern, schließlich von den internationalen Vorgängen auf diesem Gebiete (s. u. S. 41 f.).

Die Gesetzgebung hat aber auch erkannt, wie schwankend und wechselnd der Tatbestand der „Arbeit" und der „Arbeitskraft" ist und sein muß. Die zahlreichen, schwer übersehbaren Ausnahmebestimmungen zu grundlegenden Sätzen entspringen zu einem erheblichen Teil jener Einsicht. Hat man einmal die Sozialgesetzgebung als „Paragraphengestrüpp" bezeichnet — und das noch vor den Neukodifikationen seit November 1918 —, so war das eigentlich kein Spott, sondern barg Anerkennung; denn indem die Gesetzgebungsmaschine sich nicht auf generelle Regelungen beschränkte, brachte sie eine — wenn auch keineswegs stets verwirklichte — Tendenz zum Ausdruck, den Einzelfall zu beachten und die Schablone zu vermeiden. Schablone war es nicht weniger, wenn vor dem Kriege überhaupt fast jede Regelung der Arbeitszeit erwachsener Männer verworfen wie wenn hernach vorbehaltlos der Achtstundentag als Allheilmittel proklamiert wurde. Die gegenwärtige gesetzgeberische Lage ist der letztgenannten Forderung immerhin viel näher wie dem Grundsatz des laisser-faire. Sie übersieht aber gewisse Zwangsläufigkeiten der Gegenwart nicht, denen gegenüber die Einführung des Achtstundentags vor dem Kriege eine recht einfache Sache gewesen wäre.

Wie wenig die Gesetzgebung aus der ersten Zeit der Republik — trotz der Vereinbarung der Spitzenverbände vom 15. November 1918 — innerlich von Arbeitgeberseite übernommen worden war, zeigte der Zustand, der sich nach Ablauf der Geltungsdauer der ArbAO. und AngVO. Ende 1923 — d. h. gegen Ausgang der Inflation — ergab. Der Zustand war in der Tat „unhaltbar" (S. 30). Denn wenn die Unternehmer auch mit dem Hinweis auf größere Arbeitsleistung als Voraussetzung der Beendigung der Inflation, der Aufrechterhaltung einer sanierten Währung, der Exportsteigerung usw. vielfach recht behielten, so war auf der andern Seite mit einer für Arbeitszeitbeschränkung eingenommenen öffentlichen Meinung und damit zu rechnen, daß gegenüber der Vorkriegszeit, trotz aller rückläufiger

Erscheinungen, mindestens politisch die Kraft der Arbeiter und ihrer Verbände gewachsen ist. Auch war die Unterernährung des Kriegs während der Inflation nur teilweise behoben worden, volle Ausnutzung der Arbeitskraft aber setzte volle Arbeitskraft und ungebrochenen Arbeitswillen voraus.

S. 32 sind Einwendungen, die von interessierter Seite gegen das Interregnum in der Arbeitszeitregelung geltend gemacht wurden, zusammengestellt. Es ist unmöglich, diese Bedenken an dieser Stelle im einzelnen auf ihre Richtigkeit hin zu prüfen. Nur einiges wenige sei herausgegriffen. Hinweise auf die Arbeitslosigkeit, die durch verlängerte Arbeitszeit vermehrt werden könnte, sind nicht ohne weiteres schlüssig; denn einmal haben frühere, auf Unterbringung möglichst zahlreicher Arbeiter oder Angestellter in den Betrieben hinzielende Bestimmungen keineswegs einwandfrei gewirkt; dann aber ist das Gegenargument nicht ohne weiteres von der Hand zu weisen, daß nur auf Grund gesteigerter Gesamtproduktion die Arbeitslosigkeit beseitigt werden könne und daß wenigstens während einer Übergangszeit erhöhte Arbeitszeit zur Produktionssteigerung unerläßlich sei. Umgekehrt sollen auch die Gründe der Gegenseite nicht unbesehen angenommen werden; gewiß hat sich Überarbeit auch da, wo sie — gegebenenfalls durch Hinzunahme neuer Arbeitskräfte — vermieden werden konnte, behauptet. Der Umfang dieser Überarbeit muß nach den Feststellungen des Reicharbeitsblattes (s. S. 34) in der Tat beträchtlich gewesen sein. Die Umkehr von Inflation zu Stabilisierung hatte die Gewerkschaftsbewegung zurückgeworfen, mangels Selbsthilfe mußte sie um so mehr bemüht sein, die leicht erreichbare Klinke der Gesetzgebung in die Hand zu bekommen.

Angesichts dieser Verhältnisse ergab sich die Neuregelung des Arbeitszeitrechts, wenn auch nur erst provisorisch, als kaum zu umgehende Notwendigkeit. Die bloße Ratifizierung des Übereinkommens von Washington, oft gefordert, konnte aus Gründen, die eine Mitteilung des Reichsarbeitsministers vom 30. 1. 25 klar erkennbar machte, nicht als Lösung in Betracht kommen. „Unsere Verluste, Lasten und Bindungen", so heißt es hier einwandfrei, „infolge des Krieges sind so viel schwerer als die aller andern großen Staaten, unsere wirtschaftliche Zukunft ist so ungeklärt, daß niemand von Deutschland ein Vorangehen in der Frage der Ratifizierung erwarten kann." (Siehe auch S. 45). Hier sei angemerkt, daß nach Lage der Dinge sehr wohl überlegt werden müßte, ob internationale Regelungen auf sozialpolitischem Gebiete nicht grundsätzlich von der ganz ungleichen Bedeutung ausgehen müßten, die dem Arbeitskraftfaktor in den einzelnen Industrieländern zukommt. „Arbeitsintensive" und „kapitalintensive" Länder stehen vor prinzipiell ganz andern Lagen; wo die Arbeitskraft teilweise für den fehlenden Boden- und Kapitalfaktor mit aufkommen muß, muß sie — bei aller selbstverständlichen Schonung und Schätzung — sich doch unter Umständen freier bewegen können als in Ländern mit Boden- und Kapitalüberschuß. Der Grundsatz sozialer Gerechtigkeit, dem alle Sozialpolitik und alles Arbeitsrecht unterworfen bleibt, erfordert dann Lösungen nicht im Sinn unbedingter Gleichmachung, sondern im Sinn des Ausgleichs: wobei freilich freier Weltmarkt hinsichtlich des Waren-, Kapitalien- und Arbeitskräfteverkehrs Voraussetzung sein sollte.

Die unlängst abgeschlossene Berufs- und Betriebszählung zeigt das Deutsche Reich weiterhin auf dem Wege zum Industriestaat und zur großbetrieblichen Wirtschaftsweise. Mag man es bedauern, man muß damit rechnen; dem Arbeitsrecht erwachsen damit immer dringlichere Aufgaben, vielleicht 4/5 der Gesamtbevölkerung unterliegen seinen Vorschriften mittelbar oder unmittelbar. Es ist im Begriff, „Bürgerliches Recht“ zu werden. Im selben Maße aber, wie die großen Massen des deutschen Volkes zu Arbeitnehmern werden, ist ihr Einkommen als Lohn ein abgeleitetes, sind sie auf die wirtschaftlichen Erfolge zumal der großen Unternehmungen angewiesen. Ungeheuer verantwortungsvoll ist die Lage des Gesetzgebers, der auf dieser Grundlage arbeitet, der der Wirtschaft keine Ketten anlegen darf und doch gegenüber privatwirtschaftlichem Denken immer wieder auf soziale Notwendigkeiten hinweisen muß. Manches wird davon abhängen, daß sich in den Spitzen der großen Unternehmungen privat- mit volkswirtschaftlichem und sozialem Geiste und Verständnis paart: nicht im Sinn eines endgültig überwundenen patriarchalischen Systems mit zwangsweise auferlegten Wohlfahrtseinrichtungen, sondern im Sinne neuzeitlicher Sozialpolitik, die mit der Formel „konstitutionelle Fabrik“ die Schwierigkeiten so wenig lösen will, wie es jene ältere Richtung des Arbeitgebertums mit der Parole „Herr im eignen Haus“ vermochte. Es liegen hinreichend Zeichen dafür vor, daß sich Wandlungen beim Unternehmertum, das sich heute der Gesellschaft für soziale Reform zur Verfügung gestellt hat, vorbereiten; Wandlungen sind auch auf gewerkschaftlicher Seite zu verzeichnen, wenn sie auch nicht eindeutig sind; Arbeitsgemeinschaften müssen wieder das gemeinsame Ziel sein.

Die in neuer Fassung vorliegende, hier hauptsächlich darzustellende Arbeitszeitverordnung stellt den Grundsatz des Achtstundentages auf. Die zahlreich vorgesehenen Ausnahmen sind teils solche, die das Gesetz selbst trifft (a), teils tarifvertragsmäßig festzulegende (b), teils solche, welche mit behördlicher Genehmigung stattfinden (c) (s. S. 36). Gegenüber der Regelung, die verwandte Materien vor dem Kriege fanden, sehen wir den Tarifvertrag als neue Rechtsquelle; das entspricht der bedeutenden, wenn auch manchmal überschätzten Rolle, welche die tarifliche Abmachung im neuen Arbeitsrecht allgemein inne hat. — Dabei ist die zehnstündige Arbeitszeit überall die Grenze, bis zu der gegangen werden darf. Der Arbeitstarifvertrag hat eine neue Bedeutung dadurch gewonnen, daß die in ihm festgesetzte Arbeitszeit auch nach seinem Ablauf nicht überschritten werden darf.

Man wird annehmen müssen, daß die Verordnung in sehr vielen Fällen nur als Rahmen gelten wird, innerhalb dessen die korporative Abmachung beider Gruppen einen erheblichen Spielraum besitzt. Dieser Grundsatz ist richtig. Er gibt der Selbsthilfe der Organisationen, was ihnen auf Grund ihrer Macht und Verantwortung gegeben werden darf, ohne ihnen das ganze Feld zu überantworten.

Die Aufgabe, die hierdurch den Praktikern des Arbeitsrechts und des Arbeiterschutzes erwächst, enthält für sie wenig prinzipiell Neues: denn ein beträchtlicher Teil aller heute geltenden Normen setzt sich aus solchen des Gesetzes (zuzüglich der Verwaltung) und solchen der vertraglichen Regelung zusammen. Selbstverwaltung ist in sozialpolitischen Dingen schon heute vielfach die Regel, in ihrer Erweiterung klingen die Wünsche vieler Unternehmer- und Arbeitnehmergruppen zusammen, wie kürzlich erst auf der Hamburger Tagung der Gesellschaft für soziale Reform hervortrat. Zweifellos wird die Verordnung durch die Erfahrungen, welche auf der neu geschaffenen Grundlage durch die Parteien gesammelt werden, nicht nur ergänzt werden, sondern es werden sich auch diejenigen Stellen zeigen, wo Abänderungen notwendig werden. Daß diese Erfahrungen in nicht zu ferner Zeit gewertet werden, geht schon aus dem provisorischen Charakter der Arbeitszeitverordnung hervor. So wird sich jeder, der mit ihr in der Praxis arbeitet, seiner Mission bewußt sein, an der künftigen endgültigen Arbeitszeitgesetzgebung Deutschlands mitzuwirken.

Einführung in die Arbeitszeitgesetzgebung.

Der verlorene Weltkrieg konnte dem deutschen Volke trotz der unerhört harten Friedensbedingungen sein wertvollstes Gut, die Arbeitskraft, nicht rauben. Ihre richtige Verwendung muß dazu führen, die drückenden Kriegsschulden zu tilgen, das verlorene Kapital und den verlorenen Kredit wiederzuerlangen und den Wettbewerb mit dem Auslande bestehen zu können. Die Erkenntnis von der höchsten Wichtigkeit der Arbeitsleistung eines jeden Deutschen kommt bereits in dem Erlaß der Reichsregierung vom 1. März 1919 (Deutscher Reichsanzeiger Nr. 52 vom 3. März 1919) zum Ausdruck: „Noch größer als die politische Gefahr ist die wirtschaftliche Notlage unseres Volkes. Da lautet das erste Gebot: An die Arbeit! Nur sie kann uns retten. Im neuen Deutschland soll Arbeit sozialpolitische Pflicht sein, Müßiggang und genußsüchtiges Drohnentum mit allen Mitteln unterdrückt und ausgemerzt werden. Vorwärts drum auf dem Wege organisch aufbauender Arbeit!"

Jeder Deutsche hat also nicht nur das Recht auf Arbeit — „Recht" bedeutet hier kein juristisches Recht, kein subjektives Recht der Einzelperson, sei es privater, sei es öffentlicher Natur; denn Art. 163 Abs. 2 der Verfassung, wonach jedem Deutschen die Möglichkeit gegeben werden soll, durch wirtschaftliche Arbeit seinen Unterhalt zu erwerben, enthält lediglich ein Programm und wendet sich an den Gesetzgeber (Kaskel) —, sondern auch die Pflicht zur Arbeit, wie schon § 1 des Sozialisierungsgesetzes vom 23. 3. 19 (RGBl. S. 341) ausdrücklich betont: „Jeder Deutsche hat unbeschadet seiner persönlichen Freiheit die sittliche Pflicht, seine geistigen und körperlichen Kräfte so zu betätigen, wie es das Wohl der Gesamtheit erfordert —“ (§ 1 Abs. 1 stimmt also wörtlich mit Art. 163 Abs. 1 der Verfassung überein). Das Wort „Pflicht“ ist hier nicht gebraucht im Sinne des Arbeitszwanges, sondern der starken moralischen Kraft und des klaren entschiedenen Pflichtbewußtseins der Gesamtheit gegenüber.

In der Erkenntnis, daß die Arbeitskraft „das höchste wirtschaftliche Gut“ sei (so das Sozialisierungsgesetz § 1 Abs. 2; Art. 157 Abs. 1 der Verfassung, der dem § 1 Abs. 2 entspricht, betont dies nicht ausdrücklich), wird sie unter den besonderen Schutz des Reichs gestellt (Art. 157 Abs. 1). Der Grundgedanke der Arbeitsschutzgesetzgebung ist also, die Arbeitskraft des Arbeitnehmers nicht nur als persönliches Gut bei ihrer Verwendung im Arbeitsverhältnis vor Schaden zu bewahren, sondern sie auch als ein Stück Nationalgut staatlich besonders zu schützen.

Rechtlich bildet der hier zu behandelnde Arbeitszeitschutz den einen Teil des gesamten Arbeitsschutzes, während der andere Teil den Betriebsgefahrenschutz zum Gegenstande hat. Der Arbeitszeitschutz kann hygienischer (sanitärer) oder kultureller Art sein.

Je nachdem der gesetzlich geregelte Zeitabschnitt im Arbeitsverhältnis der einzelne Arbeitstag oder die einzelne Arbeitswoche ist, sprechen wir von einem Tages- oder Wochenschutz. Die Regelung erstreckt sich auf die Höchstdauer

(Maximalarbeitstag, Maximalarbeitswoche), die **Verteilung** (Feierstunden, Feiertage) und die **Unterbrechung** (Pausen, Mindestruhezeiten, Ruhetage) der Beschäftigung (Kaskel S. 166).

Die geschichtliche Entwicklung des Arbeitszeitschutzes zeigt, daß in allen Kulturländern sich schon früh die Einsicht durchgesetzt hat, daß das System unverhältnismäßig langer Arbeitszeiten die Gesundheit und die Leistungsfähigkeit schädige. Aus dieser Erkenntnis entsprangen die ersten Anfänge einer Beschränkung der Arbeitszeit aus sozialpolitischen Gründen durch Festlegung eines hygienischen Höchstarbeitstages. Wie in allen anderen Ländern, wurden auch in Deutschland zuerst Frauen und Jugendliche geschützt. So erging unter dem 9. März 1839 das „**Preußische Regulativ über die Beschäftigung jugendlicher Arbeiter in Fabriken**“, das neben dem Verbot der Fabrikarbeit für Kinder unter neun Jahren die Beschränkung der Arbeitszeit der Jugendlichen unter sechzehn Jahren auf zehn Tagesstunden brachte. Eine Erweiterung erfuhr das Regulativ im Laufe der Zeit insofern, als im Jahre 1855 das Schutzalter auf zwölf Jahre erhöht wurde und die jugendlichen Arbeiter bis zum vollendeten vierzehnten Lebensjahre nur sechs Stunden täglich zur Arbeit herangezogen werden durften. Diese preußische Regelung des Arbeiterschutzes, die allmählich erweitert und verstärkt wurde, wurde in die norddeutsche, später die **Reichsgewerbeordnung vom 21. März 1869** übernommen. Titel VII dieser Gewerbeordnung ist für die Folgezeit die Grundlage des gewerblichen Arbeiterschutzes geblieben.

Das Anwachsen der deutschen Industrie und die damit verbundene Zunahme der Zahl der jugendlichen und weiblichen Arbeiter führten im Jahre 1878 zur ersten Vorschrift zum Schutze der Arbeiterinnen. Sie beschränkte sich allerdings darauf, dem Bundesrat die Befugnis zu geben, die Arbeitszeit der Arbeiterinnen in gewissen Industriezweigen zu verkürzen. Die häufig als „Arbeiterschutzgesetz“ bezeichnete Novelle zur Gewerbeordnung vom 1. Juni 1891 brachte dann für Deutschland zum erstenmal die Festsetzung eines Höchstarbeitstages auch für erwachsene Arbeiter, wenn auch zunächst nur für die Frauen. Die in vielen Betrieben übliche oder notwendige Zusammenarbeit der Frauen mit Männern führte aber dazu, daß auch diese vielfach den Vorteil der gesetzlichen Regelung mit genossen. Das Jahr 1908 brachte schließlich durch eine weitere Novelle zur Gewerbeordnung, insbesondere durch Einführung des zehnstündigen Höchstarbeitstages für Frauen und Jugendliche, den Arbeitsschutz auf den Stand, den er bis zum Kriege einnahm und zum Teil heute noch einnimmt.

Hiernach war die Arbeitszeit der gewerblichen Arbeiter grundsätzlich nur insoweit gesetzlich beschränkt, als dies aus Rücksichten der Gesundheit oder Sittlichkeit nötig erschien. Die erwähnten Schutzvorschriften, insbesondere das Verbot der gewerblichen Kinderarbeit, die Beschränkungen der Arbeitszeit der jugendlichen Arbeiter und der Arbeiterinnen und ihr Ausschluß von bestimmten Beschäftigungen entsprangen ausschließlich oder überwiegend solchen Gründen. Arbeitszeitbeschränkungen für erwachsene männliche Arbeiter bestanden grundsätzlich nicht. Nur in besonders gesundheitsschädlichen Gewerben war für diese Arbeiter eine Höchstarbeitszeit festgesetzt. Sie galt dann nicht nur für Arbeiter, sondern auch für Betriebsbeamte, Werkmeister und Techniker. Für **Angestellte**, und zwar beiderlei Geschlechts, beschränkte sich im übrigen der Arbeitsschutz auf offene Verkaufsstellen, für die eine ununterbrochene Mindestruhezeit von zehn bis elf Stunden und eine angemessene Mittagspause vorgeschrieben waren; eine mittelbare Arbeitszeitbeschränkung ergab sich außerdem aus den Vorschriften über den Ladenschluß während gewisser Nachtstunden (Begründung zum ASchG. S. 45/46, an die sich, wie hier bemerkt sei, die Darstellung der geschichtlichen Entwicklung des Arbeitszeitschutzes teilweise wörtlich anlehnt).

Außer den beiden oben erwähnten Novellen zur Gewerbeordnung sind noch als besonders wichtig zu nennen: die Abänderungsgesetze zur Gewerbeordnung vom 30. Juni 1900 und vom 27. Dezember 1911 sowie das Kinderschutzgesetz vom 30. März 1903 (ergänzt durch Gesetz vom 31. Juli 1925 — RGBl. S. 162), welches eine bedeutende Ergänzung des Schutzes der Gewerbeordnung darstellt.

Der Kriegsausbruch verbot vorläufig jede Weiterentwicklung des Arbeitsrechts und im besonderen des Arbeitsschutzes; das Gesetz vom 4. August 1918 (s. unten) hob fast sämtliche Arbeiterschutzbestimmungen auf, da alle verfügbaren Arbeitskräfte rücksichtslos für militärische Zwecke freigemacht werden mußten.

Seit der Staatsumwälzung lebte die alte Forderung der Arbeiter — 1869: Eisenacher Programm, 1885: Antrag im Reichstag (RT.-Drucks. Nr. 10, II. Session 1885/86), 1891: Erfurter Programm —, den Achtstundentag allgemein einzuführen, wieder mächtig auf und wurde der **Hauptfaktor** der politischen und wirtschaftlichen Kämpfe. Der Regierung erwuchs also vor allem die Aufgabe, einen den Bedürfnissen der Zeit und den Anforderungen der Arbeitnehmer genügenden Arbeitsschutz zu schaffen. Der während des Krieges notwendigerweise betriebene Raubbau an menschlicher Arbeitskraft sollte nicht weiter fortgesetzt werden, die außer Kraft gesetzten Arbeiterschutzbestimmungen mußten wieder Gültigkeit erlangen. (Die VO. über Arbeiterschutz vom 12. 11. 18 — RGBl. S. 1309 hob das Gesetz betreffend Ausnahmen von Beschäftigungsbeschränkungen gewerblicher Arbeiter vom 4. 8. 14 — RGBl. S. 333 — auf.) Vor allem sollte die lange Ausdehnung der Arbeitszeit eingeschränkt werden.

Entsprechend der Ankündigung des Rats der Volksbeauftragten vom 12. 11. 18 (RGBl. S. 1303), welche die Einführung des achtstündigen Höchstarbeitstages spätestens zum 1. Januar 1919 in Aussicht stellte, wurde durch die Demobilmachungsverordnungen über die Arbeitszeit der gewerblichen Arbeiter vom 23. 11./17. 12. 18 (RGBl. S. 1334, 1436) und der Angestellten vom 13. 3. 19 (RGBl. S. 315) für alle gewerblichen Arbeiter und für alle Angestellten ohne Unterschied des Alters, des Geschlechts und der Betriebsgröße die achtstündige Arbeitszeit verbindlich festgelegt.

Zum erstenmal in der deutschen Gesetzgebung tritt also hier der Gedanke des kulturellen Höchstarbeitstages neben den des hygienischen.

Da aber eine völlig schematische Durchführung des Achtstundentages in einzelnen Fällen aus Gründen der ökonomischen Zweckmäßigkeit und der volkswirtschaftlichen Entwicklung nicht möglich ist und zu wirtschaftlichen Schwierigkeiten führen muß, wurden Ausnahmen zugelassen (Befugnis der Demobilmachungskommission).

Die Einfügung der VO. in das System des bisher bestehenden Rechts war bei der Art des Entstehens (Schnelligkeit — stark politischer Einschlag) nur in beschränktem Maße möglich. Man mußte sich damit begnügen, die gesetzlichen Bestimmungen, die den Vorschriften der Demobilmachungs-VO. zuwiderliefen, als aufgehoben zu erklären. Eine baldige einheitliche Regelung war daher erwünscht, bei der auch die Grundbegriffe besser herausgearbeitet werden und eine wissenschaftliche Vertiefung Platz greifen sollte. Deshalb legte die Reichsregierung im August 1921 den Entwurf eines Gesetzes über die Arbeitszeit gewerblicher Arbeiter (Drucks. des Reichsrats 223/1921) und im Mai 1922 den Entwurf eines Gesetzes über die Arbeitszeit der Angestellten (Drucks. des Reichsrats 123/1922 vor (s. hierzu: Verhandlungen und Gutachten des Vorläufigen Reichswirtschaftsrats, Vorarbeiten zu den Arbeitszeitgesetzen für Arbeiter und Angestellte, 28. Sonderheft des RABl.).

Noch vor der Beratung der Entwürfe im Reichsrat und Reichstag trat im Jahre 1923 eine derartige Verschlechterung der gesamten wirtschaftlichen Lage ein, die eine grundlegende Änderung nötig machte.

Die Vereinbarungen, die zwischen den Parteien der „Großen Koalition" und der Reichsregierung am 5./6. Oktober 1923 zustande kamen, lauten (wörtlich vom Reichsarbeitsminister in der Begründungsrede zum AZNG. wiederholt — 304. Sitzung, III. WP. 1924/27):

„Die schwere Not unseres Landes läßt eine Steigerung der Gütererzeugung dringend geboten erscheinen. Das wird nur unter restloser Ausnutzung der technischen Errungenschaften bei organisatorischer Verbesserung unserer Wirtschaft und emsiger Arbeit jedes einzelnen zu erreichen sein. Neben der Steigerung der Produktion durch diese Mittel wird auch die Neuregelung der Arbeitszeitgesetze unter grundsätzlicher Festhaltung des Achtstundentags als Normalarbeitstag nicht zu umgehen sein. Dabei ist auch die Möglichkeit der tariflichen oder gesetzlichen Überschreitung der jetzigen Arbeitszeit im Interesse einer volkswirtschaftlich notwendigen Steigerung und Verbilligung der Produktion vorzusehen.

Für die öffentlichen Verwaltungen finden ähnliche Grundsätze Anwendung."

Dementsprechend wurde in aller Eile der Entwurf eines vorläufigen Gesetzes über die Arbeitszeit (RT.-Drucks. 6279, I. WP. 1920/23) aufgestellt, wobei folgende Gesichtspunkte Beachtung fanden:

a) Förderung und Verbilligung der Gütererzeugung, dabei
b) möglichste Berücksichtigung der sozialpolitischen Belange, dadurch
c) Beseitigung wesentlicher Hemmungen für die Betätigung des Arbeitswillens.

Deshalb:

a) Grundsätzliche Festhaltung am Achtstundentag, dabei aber
b) Ausnahmen, und zwar
   1. auf Grund tariflicher Vereinbarungen,
   2. auf Grund behördlicher Genehmigung.

Der Entwurf stellte nur ein Abänderungsgesetz der beiden Demobilmachungsverordnungen (ArbAO. vom 23. 11. 18 und AngVO. vom 18. 3. 19) dar. Er behandelt

Arbeiter und Angestellte, mußte aber davon absehen, den gesamten Inhalt der noch dem Reichsrat vorliegenden Gesetzentwürfe für Arbeiter und für Angestellte zu erfassen.

Infolge der inzwischen eingetretenen weiteren Erschwerung der politischen und wirtschaftlichen Lage gelangte das Gesetz nicht mehr im Reichstag zur Verabschiedung.

Inzwischen lief jedoch die Geltungsdauer der ArbAO. und AngVO. (letztmalig durch VO. vom 29. 10. 23 — RGBl. S. 1037 — bis zum 17. 11. 23 verlängert) ab, und es trat ein völlig unhaltbarer Zustand ein. In Kraft waren nur noch wieder die bis zum Erlaß der Demobilmachungsverordnungen gültigen Vorschriften der Gewerbeordnung.

Auf Grund des Ermächtigungsgesetzes vom 8. 12. 23 (RGBl. S. 1179) griff die Reichsregierung auf den Entwurf eines vorläufigen Gesetzes über die Arbeitszeit zurück und setzte diesen mit geringfügigen Änderungen in Form einer Verordnung über die Arbeitszeit vom 21. 12. 23 (RGBl. S. 1249) in Kraft.

Der Geltungsbereich ist derselbe wie in den beiden Demobilmachungsverordnungen, d. h. Ziff. I der ArbAO. und § 11 der AngVO. (Ausdruck gewerblicher Arbeiter im weiteren Sinne des Tit. VII GO. zu verstehen). Im einzelnen sei folgendes hervorgehoben:

Hausgehilfen fallen nicht unter die VO. (der Entwurf eines Hausgehilfengesetzes liegt z. Zt. dem Reichsrat vor). Für die in der Krankenpflege beschäftigten Personen besteht eine besondere VO. (S. 306).

Ebenso ist die Arbeitszeit in der Landwirtschaft durch eine besondere Verordnung geregelt geblieben (S. 276). Dagegen ist der Bergbau wieder eingeschlossen. Solange galt das Gesetz über die Arbeitszeit im Bergbau unter Tage vom 17. 7. 22 (RGBl. S. 668). Ziff. I ArbAO. begriff den gesamten Bergbau ein. Durch das Gesetz vom 17. 7. 22 wurde der Bergbau unter Tage besonders geregelt, da die zur Zeit des Erlasses nicht ausreichende Kohlenversorgung dazu zwang, in den Kohlenbergwerken Überschichten zu verfahren. Die Einführung solcher Überschichten stieß jedoch auf den Widerstand der Bergarbeiterverbände, die befürchteten, es möchte hierdurch eine dauernde Verlängerung der tariflich vereinbarten Arbeitszeit, die der Überlieferung dieses Berufszweiges entsprechend kürzer ist, als in den meisten anderen Betrieben, entstehen. Das Gesetz bezweckte, derartig unbegründeten Befürchtungen vorzubeugen, indem es die regelmäßige Arbeitszeit festlegt. Der Entwurf beschränkte das Gesetz auf den Steinkohlenbergbau unter Tage. Im Reichstag drang die vom Sozialpolitischen Ausschuß des Vorläufigen Reichswirtschaftsrats in seinem Gutachten vom 29. 6. 21 gewünschte Ausdehnung auf den gesamten Bergbau unter Tage durch.

Die hauptsächlichsten Bestimmungen des Gesetzes sind in den § 8 der AZVO. aufgenommen.

Für das Verkehrsgewerbe bleibt Ziff. III der ArbAO. weiter maßgebend.

Beamte fallen nicht unter die AZVO. (das Verhältnis des Beamten zum Reiche oder Staate ist ein öffentlich-rechtliches, der Beamte erhält keinen Lohn, sondern eine Rente), wohl aber Arbeiter und Angestellte in Betrieben und Verwaltungen des öffentlichen Rechts.

Hinsichtlich der Arbeitszeit in Bäckereien und Konditoreien besteht eine besondere VO. vom 23. 11. 18, die durch Gesetz vom 16. Juli 1927 (RGBl. S. 183) abgeändert worden ist.

Die Vorschriften des Betriebsrätegesetzes bleiben unberührt. Die Überstundenbezahlung wird nicht einbezogen. Hingegen regelt die neue AZVO. diese Frage. Die festgelegte Arbeitsdauer ist grundsätzlich als Obergrenze des Zulässigen zu verstehen. An den Bestimmungen des bürgerlichen und des Arbeitsrechts über den Umfang der Leistungspflicht der Arbeitnehmer wird, soweit die VO. nichts anderes bestimmt, nichts geändert (§§ 611, 613 BGB., § 121 GO. Arbeitsvertrag, Arbeitsordnung, §§ 60, 61 HGB., §§ 124b, 134 GO.).

Im Laufe der Zeit war die AZVO. vom 21. 12. 23 zahlreichen Angriffen sowohl von Arbeitgeber- wie auch von Arbeitnehmerseite ausgesetzt. Von Arbeitnehmerseite wurde eingewendet:

a) Die nach der AZVO. möglichen und vielfach in Anspruch genommenen langen Arbeitszeiten seien sozialpolitisch bedenklich und mit der bestehenden Arbeitslosigkeit nicht vereinbar.

b) Tarifverträge würden von Arbeitgebern gekündigt, um eine längere, nach § 6 zulässige Arbeitszeit bewilligt zu erhalten.

c) Unter der Geltung der AZVO. seien vielfach die vor ihrem Inkrafttreten üblichen Lohnzuschläge für die über 48 Stunden wöchentlich hinausgehende Arbeitszeit in Fortfall gekommen.

d) Die Mehrarbeit über 10 Stunden müsse stets von der behördlichen Genehmigung abhängig gemacht werden.

e) Die Möglichkeit, eine an sich ungesetzliche, aber von den Arbeitnehmern freiwillig geleistete Arbeit unter Umständen straffrei zu lassen, hätte zu großen

Unzuträglichkeiten geführt. (Diese Vorschrift bildete die Hauptursache für die vielfachen Klagen und Beschwerden über allzu lange Arbeitszeiten.)

Von Arbeitgeberseite wurde betont:

a) Die Überschreitung der Zehnstundengrenze sei für gewisse Gewerbezweige, für die sie bisher unmöglich wäre, bisweilen erforderlich. Z. B. Steinkohlenbergbau.

b) Das Bedürfnis, einzelnen Arbeitern gewisse Vor- und Nacharbeiten auch über zehn Stunden hinaus zu gestatten, sei unabweisbar.

Aus den Erwägungen heraus, zu denen diese Klagen der Arbeitnehmer und Arbeitgeber anregten, und zugleich auch in der Erkenntnis, daß durch die überhandnehmende Überstundenarbeit ihr Arbeitsbeschaffungsprogramm (RT.-Drucks. Nr. 2921, III. WP. 1924/27 — und Erlaß des Reichsarbeitsministers vom 9. 11. 26 — RABl. S. 373, abgedruckt S. 196 unten) gefährdet sei, entschloß sich die Reichsregierung, den Entwurf eines Gesetzes zur Abänderung der AZVO. (RT.-Drucks. Nr. 3245, III. WP. 1924/27) mit folgender Begründung vorzulegen:

„Die ungünstigen Verhältnisse auf dem Arbeitsmarkte haben in letzter Zeit die Klagen immer lauter werden lassen, daß die nach der geltenden Arbeitszeitregelung möglichen und vielfach in Anspruch genommenen langen Arbeitszeiten sozialpolitisch bedenklich und mit der bestehenden Arbeitslosigkeit nicht vereinbar seien. Die Reichsregierung ist bemüht gewesen, die Berechtigung dieser Klagen zu prüfen, indem sie durch eine Erhebung der Reichsarbeitsverwaltung die tatsächliche Dauer der Arbeitszeit in einigen wichtigen Industrien feststellen ließ. Diese

Erhebung konnte bei ihrer Schwierigkeit und bei der Beschränkung der zur Verfügung stehenden Zeit nur einen verhältnismäßig kleinen Teil der Industrie umfassen und deshalb kein vollständiges Bild liefern. Sie ist im RABl. Nr. 5 vom 10. 2. 27 veröffentlicht. Auch diese Teilerhebung bestätigt die Klage über den großen Umfang der Überarbeit in gewissen Industrien, wenngleich Mißbräuche nicht in dem Umfang festgestellt wurden, wie vielfach angenommen worden war.

Der schon im Laufe des letzten Jahres unternommene Versuch, im Verwaltungsweg eine Einschränkung der Überarbeit und eine strengere Durchführung der Arbeitszeitvorschriften zu erreichen, hat sich nicht als ausreichend erwiesen. Auch die weitere Durchführung des § 7 der Arbeitszeitverordnung, auf Grund dessen in letzter Zeit für einige besonders gesundheitsgefährliche Gewerbezweige verschiedene neue Ausführungsverordnungen ergangen sind, genügt nicht, da sich die Verordnungen nur in den beteiligten Industriezweigen auswirken.

Unter diesen Umständen hat sich die Reichsregierung, entsprechend der von ihr kürzlich in der Regierungserklärung gegebenen Zusage, zu einer sofortigen Abänderung der Arbeitszeitverordnung entschlossen. Sie war sich von vornherein darüber klar, daß diese Abänderung nicht so weit gehen könne, wie sie der neuerdings im Reichstag von einer Fraktion eingebrachte Initativgesetzentwurf fordert, der, von den sonstigen erhobenen Forderungen ganz abgesehen, jede produktive Mehrarbeit mit einem Schlage rechtlich beseitigen würde. Eine derartig starre Durchführung des Achtstundentags würde der deutschen Wirtschaft Lasten auferlegen, die sie heute nicht zu tragen vermag. Sie ginge nicht nur weit über die Regelung hinaus, die das Washingtoner Übereinkommen über die Arbeitszeit vorsieht, sondern auch über alles, was, soweit bekannt, in irgendeinem Lande der Welt bisher gesetzlich verwirklicht worden ist. Eine Notregelung — und um sie allein kann es sich hier handeln — darf nicht das geltende Arbeitszeitrecht völlig umstürzen und die endgültige Regelung vorwegnehmen, die das bereits dem Reichsrat vorliegende Arbeitsschutzgesetz bringen soll. Sie muß sich vielmehr auf die dringlichsten Abänderungen der Arbeitszeitverordnung beschränken, besonders auf die Beseitigung derjenigen Vorschriften, die in den besonderen, bei Erlaß der Arbeitszeitverordnung bestehenden Ausnahmeverhältnissen ihren Grund hatten, unter den heutigen veränderten Verhältnissen aber nicht mehr berechtigt oder erforderlich erscheinen. Zugleich muß die strenge Durchführung des geltenden Rechtes stärker als bisher gesichert werden. Das sind die Absichten, die der vorliegende Gesetzentwurf verfolgt. Falls sie erreicht werden, wird das ausreichen, um bestehende Mißstände zu beseitigen und einen bis zum Inkrafttreten einer endgültigen gesetzlichen Regelung erträglichen Zustand zu schaffen."

Wegen der Dringlichkeit der Vorlage wartete die Reichsregierung eine Begutachtung durch den Reichswirtschaftsrat vor Weitergabe an den Reichsrat nicht erst ab.

Das Gesetz löste bereits im Reichsrat die heftigsten Kämpfe aus, die am 2. 4. 27 bei der 1. Beratung im Plenum des Reichstags (304. Sitzung) fortgesetzt wurden, wo der Reichsarbeitsminister die Vorlage nochmals eingehend begründete. Vom Ausschuß wurde das Gesetz am 6. und 7. 4. beraten und zunächst nur ein mündlicher Bericht erstattet

(RT.-Drucks. Nr. 3338, III. WP. 1924/27). — Später erfolgte schriftlicher Bericht (RT.-Drucks. Nr. 3392). — Nach lebhaftesten Auseinandersetzungen wurde das Gesetz vom Reichstag am 8. 4. 27 (309. Sitzung) gegen die Stimmen der Sozialdemokraten, Demokraten, Kommunisten und der Wirtschaftlichen Vereinigung verabschiedet.

Das Gesetz will der endgültigen Regelung durch das ASchG. nicht vorgreifen, sondern stellt lediglich eine Notregelung dar, daher heißt es allgemein Arbeitszeitnotgesetz. Mit den durch dieses Gesetz erfolgten Änderungen wurde die AZVO. neugefaßt und als Verordnung über die Arbeitszeit vom 14. 4. 27 im RGBl. S. 110 veröffentlicht.

Inhalt der neuen AZVO.

A. Grundsatz: Achtstundentag.

B. Ausnahmen:

a) kraft Gesetzes:

1. Umlegung ausgefallener Arbeitsstunden (§ 1),
2. Mehrarbeit nach Wahl des Arbeitgebers an 30 Tagen (§ 3),
3. Instandhaltungs- und Reinigungsarbeiten u. a. (§ 4), — 1 bis 3: Arbeitszeit bis 10 Stunden, zu 1 ev. auch über 10 Stunden —
4. Notfälle, außerordentliche Fälle, Gefährdung des Arbeitsergebnisses, unverhältnismäßiger Schaden (§ 10),
5. Vorbereitungs- und Ergänzungsarbeiten (außer § 7); — 4 und 5: zulässige Arbeitszeit über 10 Stunden —

b) kraft Tarifvertrags (§ 5):
Arbeitszeit über 10 Stunden nicht zulässig;

c) mit behördlicher Genehmigung:

1. Mehrarbeit für einzelne Betriebe (§ 6):
   α) aus betriebstechnischen Gründen,
   β) aus allgemein wirtschaftlichen Gründen;
   — Arbeitszeit bis zu 10 Stunden —
2. Mehrarbeit über 10 Stunden:
   aus dringenden Gründen des Gemeinwohls (auch § 7);

zu a) und c):

für Gewerbezweige oder Gruppen von Arbeitern, die unter besonderen Gefahren für Leben und Gesundheit arbeiten (§ 7):

1. aus dringenden Gründen des Gemeinwohls,
   — Arbeitszeit 10 ev. über 10 Stunden (dann behördliche Genehmigung) —
2. falls die Überschreitung in langjähriger Übung sich als unbedenklich erwiesen hat,
   — Arbeitszeit bis zu 8½ Stunden —.

C. Nach Ablauf einer tarifvertraglichen Regelung der Arbeitszeit ist innerhalb der nächsten 3 Monate keine längere Arbeitszeit als im Tarifvertrag zugelassen (§ 6).

D. Für Mehrarbeit ist als angemessene Vergütung grundsätzlich ein Aufschlag von 25% zu zahlen (§ 6a).

Diese Verpflichtung besteht nicht:

a) wenn 48-Stunden-Woche nicht überschritten,
b) bei Arbeitsbereitschaft (§ 2),
c) bei Vorbereitungs- und Ergänzungsarbeiten (§ 4),

d) sofern es sich um Notfälle oder Naturereignisse u. a. (§ 10, § 6 Abs. 1 Satz 1, 2. Teil) handelt,

e) bei Saisonarbeiten, sofern Ausgleich stattfindet.

E. Befreiung der weiblichen Arbeitnehmer während der Schwangerschaft und der Stillzeit auf Wunsch (jetzt Muß-Vorschrift, früher „tunlichst").

F. Strafbestimmungen:

Auch die Zulassung der freiwillig geleisteten Mehrarbeit ist jetzt strafbar (§ 11).

Das ist die wichtigste Änderung durch das AZNG.

G. Die AZVO. ist ein Schutzgesetz für die Arbeitnehmer, sie regelt nur die öffentlich-rechtliche Seite des Arbeitszeitschutzes, greift in das Vertragsverhältnis nicht ein. Es ist kein Arbeitszwanggesetz, an sich ist niemand zur Arbeitsleistung verpflichtet.

Ohne Zweifel bringt die durch das AZNG. geänderte AZVO. gegenüber der alten Fassung sozialpolitische Verbesserungen, indem bestehende Mißstände beseitigt worden sind und ein erträglicher Zustand bis zur endgültigen Regelung durch das ASchG. Platz greift. Zur größeren Übersichtlichkeit der geltenden Arbeitszeitbestimmungen hat die neue VO. keineswegs geführt; sie trägt durchaus den Charakter einer im Wege des Kompromisses erzielten Gesetzesmaßnahme. Aber das mag hingenommen werden, da, wie bereits oben erwähnt, es sich um eine Notregelung handelt, die der endgültigen Lösung durch das neue ASchG. harrt, von dem die Arbeitgeber und Arbeitnehmer das Beste erhoffen, damit endlich einmal der Kampf um die Arbeitszeit, das umstrittenste Problem der Sozialpolitik, abgeschlossen werden kann. Der zurzeit dem Vorläufigen Reichswirtschaftsrat vorliegende Entwurf des Arbeitsschutzgesetzes, aus dem bereits mehrere Bestimmungen in der neuen AZVO. Aufnahme gefunden haben, besteht aus fünf Abschnitten, von denen der erste allgemeine Vorschriften enthält, der zweite den Betriebsgefahrenschutz zum Gegenstande hat, während der dritte die Arbeitszeit, der vierte die Sonntagsruhe, der fünfte den Ladenschluß behandelt. Im sechsten Abschnitt ist die Arbeitsaufsicht, im siebenten die Durchführung des Gesetzes geregelt. Der hier vornehmlich in Betracht kommende dritte Abschnitt über die Arbeitszeit enthält Vorschriften a) allgemeiner Art, b) über erhöhten Schutz für weibliche und jugendliche Arbeitnehmer, c) über das Nachtbackverbot, d) über die Durchführung der arbeitszeitrechtlichen Bestimmungen.

Die Grundgedanken der Neuregelung sind nach der amtlichen Begründung folgende:

„Anlaß, eine Neuordnung des Arbeitsschutzes im gegenwärtigen Zeitpunkt in Angriff zu nehmen, bot die notwendig gewordene endgültige Regelung der Arbeitszeit. Die Arbeitszeitverordnung vom 21. Dezember 1923 hat, wie es die Verordnung selbst in ihrer Einleitung zum Ausdruck bringt und auch die Reichsregierung seitdem mehrfach anerkannt hat, nur eine vorläufige Regelung getroffen. Eine endgültige Regelung im Wege der ordentlichen Gesetzgebung sollte diese die Arbeitnehmerschaft im besonderen Maße berührende Frage erfahren, sobald eine hinreichende Klärung der wirtschaftlichen Verhältnisse eingetreten wäre. Die mit der Neuordnung der Währung eingeleitete Befestigung der Wirtschaftsverhältnisse in den letzten drei Jahren läßt die Inangriffnahme der Arbeit geboten erscheinen. Eine Reihe von Gewerbezweigen hat zwar noch mit erheblichen wirtschaftlichen Schwierigkeiten zu kämpfen. Der Entwurf sucht jedoch auch den Bedürfnissen dieser Gewerbezweige Rechnung zu tragen und die gesamte Regelung so auszugestalten, daß sie auch in wirtschaftlich ungünstigen Zeiten die nötige Bewegungsfreiheit gibt. Die gesetzliche Regelung wird eine Reihe von Streitfragen auf dem Gebiet der Arbeitszeit beseitigen, die sonst kaum ohne schwere Erschütterung des Wirtschaftslebens zwischen den Beteiligten ausgetragen werden würde. Sie wird es schließlich ermöglichen, von der Durchführung des § 7 der Arbeitszeitverordnung für alle in Frage kommenden Gewerbezweige mit den daraus erwachsenden großen Schwierigkeiten abzusehen. Hinzu kommt, daß die Arbeitszeitregelung auch in den Vordergrund internationaler Erörterungen gerückt ist, die eine Nachprüfung erforderlich machen, ob die deutsche Wirtschaftslage eine dem Washingtoner Übereinkommen über die Arbeitszeit entsprechende gesetzliche Regelung der Arbeitszeit gestattet." (S. 34.)

„Die Arbeitszeitverordnung von 1923 war von vornherein nur als eine vorläufige Regelung gedacht und als solche gekennzeichnet. Sie ist auch in ihrer engen Anlehnung an die von ihr wieder in Kraft gesetzten Demobilmachungsverordnungen in keiner Weise geeignet, die deutschen Arbeitszeitverhältnisse endgültig zu regeln. Abgesehen von der unbefriedigenden Tatsache, daß eines der wichtigsten Gebiete des Arbeitsrechts nicht im Wege der ordentlichen Gesetzgebung geregelt ist, hat die Arbeitszeitverordnung insbesondere auch die Undurchsichtigkeit des bisherigen Zustandes aufrecht erhalten, die sich aus dem Nebeneinanderbestehen der Vorschriften der Gewerbeordnung und der Bestimmungen der Demobilmachungsverordnungen ergibt. Diese Undurchsichtigkeit ist durch die neue Arbeitszeitverordnung sogar noch erhöht worden, indem sie neben die wieder in Kraft gesetzten früheren Bestimmungen ihre eigenen Vorschriften setzt, ohne dabei das Verhältnis der sich häufig widersprechenden Bestimmungen zueinander klar zu regeln. Daneben weist die Arbeitszeitverordnung auch inhaltlich erhebliche Mängel auf. Sie gibt auf Grund der Demobilmachungsverordnungen sehr weitgehende, jetzt den obersten Landesbehörden zustehende Ausnahmebefugnisse, die zwar in einer Zeit größter Umwälzungen notwendig waren, die aber auf die Dauer unerträglich erscheinen. Außerdem erscheint es, wie schon oben ausgeführt ist, auf die Dauer nicht angängig, daß über den Arbeitsschutz, der in erster Linie Sache der öffentlich-rechtlichen Regelung ist, die Tarifvertragsparteien nach fast unbegrenztem Belieben entscheiden." (S. 47.)

„Bei der Aufstellung des vorliegenden Entwurfs ist von dem Grundgedanken ausgegangen, daß bei der Neuregelung der Arbeitszeit auf der einen Seite den Bedürfnissen des deutschen Wirtschaftslebens Rechnung zu tragen ist, daß diese aber mit den schon bisher weitgehend verwirklichten Anforderungen der Sozialpolitik in Einklang zu bringen sind. Dabei wurde die Möglichkeit einer Ratifizierung des Washingtoner Übereinkommens im Auge behalten. Das Ergebnis ist der vorliegende Entwurf, der in Anknüpfung an den bisherigen Rechtszustand den berechtigten Bedürfnissen der Wirtschaft weitgehend entgegenkommt, zugleich aber auch die Arbeitnehmerschaft vor einer zu weitgehenden Ausnutzung der Arbeitskraft schützt und den mit der Einführung des Achtstundentags erreichten Kulturfortschritt innerhalb der möglichen Grenzen sichert." (S. 49.)

Das eben erwähnte Washingtoner Übereinkommen ist das erste von den sechs Übereinkommen, welche die allgemeine Konferenz der durch Teil XIII des Vertrags von Versailles begründeten Internationalen Arbeitsorganisation auf ihrer ersten Tagung in Washington im November 1919 neben sechs Vorschlägen über Arbeitsschutzmaßnahmen angenommen hat. Die Übereinkommen sind:

1. Entwurf eines Übereinkommens, betreffend die Festsetzung der Arbeitszeit in gewerblichen Betrieben auf 8 Stunden täglich und 48 Stunden wöchentlich.
2. Entwurf eines Übereinkommens, betreffend die Arbeitslosigkeit.
3. Entwurf eines Übereinkommens, betreffend die Beschäftigung der Frauen vor und nach der Niederkunft.
4. Entwurf eines Übereinkommens, betreffend die Nachtarbeit der Frauen.
5. Entwurf eines Übereinkommens, betreffend das Mindestalter für die Zulassung von Kindern zur gewerblichen Arbeit.
6. Entwurf eines Übereinkommens, betreffend die Nachtarbeit der Jugendlichen.

Von den sechs Übereinkommen sind hier außer Nr. 1 die unter Nr. 3, 4 und 6 aufgeführten von besonderer Bedeutung; hiervon hat Deutschland dem unter 3 genannten durch Gesetz vom 16. Juli 1927 zugestimmt (RGBl. II S. 497). Vgl. auch das entsprechende Gesetz über die Beschäftigung vor und nach der Niederkunft, ebenfalls vom 16. Juli 1927 (RGBl. S. 184). Das Übereinkommen über den Achtstundentag (Nr. 1) ist als wichtigstes S. 347 abgedruckt.

Der Stand der Ratifizierung dieses Übereinkommens in den anderen beteiligten Ländern ist zurzeit folgender: In England ist die Frage der Ratifikation noch nicht geklärt, Frankreich will erst ratifizieren, falls Deutschland es tut, Belgien hat auf Grund des Gesetzes vom 14. Juni 1921 ohne Vorbehalt am 4. August 1926 ratifiziert, während Italien im Jahre 1924 unter dem Vorbehalt ratifiziert hat, daß die Ratifikation erst in Kraft tritt, sobald Belgien, Frankreich, Deutschland, die Schweiz und Großbritannien ratifizieren. Unter ähnlichem Vorbehalt hat Österreich ratifiziert. Die Schweiz hat bisher eine Ratifikation abgelehnt, die Tschechoslowakei hat im August 1921 ratifiziert ohne Vorbehalt. In Schweden ist eine Ratifikation für die nächste Zeit kaum zu erwarten; auch für Amerika kommt eine Ratifikation zurzeit nicht in Frage, da dieses Land der Internationalen Arbeitsorganisation bisher nicht angehört. (S. die Begründung zum ASchG. S. 101 f.)

Was zunächst Deutschlands frühere Stellung zur Schaffung eines internationalen Arbeitsrechts anlangt, so hatte bereits am 5. Oktober 1918 der damalige Reichskanzler in seiner Programmrede erklärt, die Deutsche Regierung werde bei den Friedensverhandlungen dahin wirken, daß in die Verträge Vorschriften über Arbeiterschutz und Arbeiterversicherung aufgenommen werden, welche die vertragschließenden Regierungen verpflichten, in ihren Ländern binnen einer gemessenen Frist ein Mindestmaß gleichartiger oder doch gleichwertiger Einrichtungen zur Sicherung von

Leben und Gesundheit sowie zur Versorgung der Arbeiter bei Krankheit, Unfall und Invalidität zu treffen. Bald darauf begannen im Reichsarbeitsamt unter Mitwirkung des Auswärtigen Amts und des Preußischen Handelsministeriums Beratungen über die Aufstellung eines sozialpolitischen Programms für den Weltfriedensvertrag. Den Beratungen, an denen Vertreter der Arbeitgeber und der Gewerkschaften sowie bekannte Sozialreformer teilnahmen, lag ein Entwurf der Deutschen Gesellschaft für Völkerrecht zugrunde. Unter Berücksichtigung der Beschlüsse der Gewerkschaftskonferenzen in Leeds (Juli 1916) und in Bern (Oktober 1917) — diese Beschlüsse sind in dem Werke von Stefan Bauer „Arbeiterschutz und Völkergemeinschaft", Zürich 1918, Druck und Verlag von Orell Füßli, zusammengestellt — kam ein in 27 Punkte gegliedertes Programm zustande, das nicht nur, wie die Ankündigung des Reichskanzlers vom 5. Oktober 1918 erwarten ließ, Sozialversicherung und Arbeiterschutz umfaßt, sondern auch für das Arbeitsrecht — im engeren Sinne — gewisse Grundsätze ausspricht.

Besonders eingehend beschäftigt sich das Programm mit dem Arbeiterschutze. Der Achtstundentag wird für alle Arbeiter in gewerblichen Betrieben festgelegt; die Nachtarbeit zwischen 8 Uhr abends und 6 Uhr morgens wird grundsätzlich verboten. Den Arbeitern ist wöchentlich eine zusammenhängende Ruhepause von mindestens 32 Stunden zu gewähren. Weitere Punkte betreffen den Schutz der weiblichen Arbeiter, insbesondere der Wöchnerinnen und das Alter für die Zulassung von Kindern zur Lohnarbeit (Drucks. der Nationalversammlung Nr. 215, S. 35).

Dieser grundsätzlichen Bejahung der Berechtigung des Achtstundentages entspricht auch die jetzige Haltung der deutschen Reichsregierung gegenüber der Ratifikation des Washingtoner Übereinkommens, die in der RT.-Drucks. Nr. 442, III. WP. 1924/25 klar zum Ausdruck kommt. Der Text dieser Drucksache sei im folgenden wiedergegeben.

Der Reichsarbeitsminister.
III B 600/25.

Berlin, den 30. Januar 1925.

An das Bureau des Reichstags Berlin.

Betrifft: Reichsregierung und Washingtoner Übereinkommen über den Achtstundentag.

In der Anlage übersende ich ergebenst einen Sonderabdruck „Achtstundentag" aus dem Reichsarbeitsblatt 1924 Nr. 17 mit der Bitte, den letzten fettgedruckten Absatz des Sonderabdrucks über die Erklärung der Reichsregierung zur Ratifikation des Washingtoner Übereinkommens über den Achtstundentag als Reichstagsdrucksache vervielfältigen und in der Vollsitzung des Reichstags, in der der Haushalt 1925 des Reichsarbeitsministeriums zur Beratung steht, an die Herren Mitglieder des Reichstags verteilen zu lassen.

Im Auftrage
gez. Dr. Sitzler.

Auszug:

Die Reichsregierung hat die Ratifikation des Übereinkommens von Washington über den Achtstundentag niemals grundsätzlich abgelehnt. Die jetzige deutsche Gesetzgebung über die Arbeitszeit ist von der Reichsregierung stets als eine Notgesetzgebung betrachtet und gekennzeichnet worden, an der sie von vornherein nicht länger festhalten wollte, als es die ganz außerordentlich schwierige Lage Deutschlands erfordert. Unsere Verluste, Lasten und Bindungen infolge des Krieges sind so viel schwerer als die aller anderen großen Staaten, unsere wirtschaftliche Zukunft ist so ungeklärt, daß niemand von Deutschland ein Vorangehen in der Frage der Ratifizierung erwarten kann. Das gilt um so mehr, als der Inhalt des Übereinkommens und demnach auch das Maß der Bindung bisher in Gesetz und Praxis der einzelnen Länder eine sehr verschiedene Auslegung gefunden haben. Deutschland ist gern bereit, mit den übrigen in Betracht kommenden Staaten eine Verständigung hierüber herbeizuführen und würde sich in diesem Falle zu einer Ratifikation des Washingtoner Übereinkommens bereitfinden. Dabei muß die Reichsregierung als selbstverständlich voraussetzen, daß zur Verhütung außerordentlicher Gefährdung deutscher Lebensnotwendigkeiten der Artikel 14 des Washingtoner Abkommens Anwendung findet.

Die in der obigen Äußerung des Reichsarbeitsministers angedeuteten, der Ratifikation sich entgegenstellenden Schwierigkeiten, die hauptsächlich darin bestehen, daß das Übereinkommen nicht alle Besonderheiten des wirtschaftlichen Lebens der verschiedenen Länder berücksichtigen konnte und die Auslegung bei vielen Fragen bestritten war, hatten bereits im September 1924 zu einer Besprechung der Arbeitsminister Deutschlands, Englands, Frankreichs und Belgiens unter Teilnahme des Direktors des Internationalen Arbeitsamts in Bern geführt. Da es in dieser Besprechung noch nicht gelang, alle Auslegungszweifel zu beseitigen, kam es auf Anregung Englands zu einer zweiten Besprechung der Arbeitsminister unter Zuziehung Italiens im März 1926 in London, deren Ergebnisse schriftlich niedergelegt sind. Sie sind S. 362 unten abgedruckt. Die Londoner Konferenz hat bei allen beteiligten Regierungen den Eindruck hinterlassen, daß bei vernunftgemäßer und nicht zu enger Auslegung des Übereinkommens seine Ratifikation durchaus möglich erscheint. Der Entwurf des ASchG. ist denn auch nach Ansicht der Reichsregierung mit den Bestimmungen des Übereinkommens vereinbar, so daß bei seiner Annahme der Ratifizierung Schwierigkeiten nicht entgegenstehen würden (Begründung S. 48/49).

In den Rahmen der internationalen Regelung der Arbeitszeit gehören außer den erwähnten Übereinkommen das Übereinkommen betreffend den wöchentlichen Ruhetag in gewerblichen Betrieben (angenommen auf der dritten Jahrestagung in Genf 1921) und das auf der siebenten Tagung (Genf 1925) beschlossene Übereinkommen über die Nachtarbeit in Bäckereien. Dieses letztere Übereinkommen, das dem Reichstag mit Drucks. Nr. 2723, III. WP. 1924/26 am 26. November 1926 zur Kenntnis vorgelegt ist, bedarf zu seiner Durchführung in Deutschland keinerlei gesetzgeberischer Maßnahmen, da die BäckVO. vom 23. 11. 18 (S. 247) allen seinen Anforderungen gerecht wird.

Die Reichsregierung beabsichtigt, auch an dieser Regelung festzuhalten. Wenn im November 1926 von der Vorlegung eines Gesetzentwurfes zur Ratifizierung des Übereinkommens abgesehen wurde, so geschah dies lediglich aus dem Grunde, weil die in der Verordnung über die Arbeitszeit in den Bäckereien und Konditoreien enthaltenen Bestimmungen in den Entwurf des ASchG. mitübernommen worden sind. Da dieser neben dem Übereinkommen über die Nachtarbeit in Bäckereien auch noch andere internationale Übereinkommen zur Durchführung bringen soll, wird beabsichtigt, die Ratifizierung der entsprechenden Übereinkommen in einem gemeinsamen Gesetzentwurf vorzuschlagen. Die Vorlage erfolgte lediglich, um die Frist gemäß Art. 405, Abs. 5 des Friedensvertrages (Ablauf 9. 12. 26) zu wahren. Unter diesen Umständen hatte der Reichsarbeitsminister den Reichstag gebeten, die Beratung des Übereinkommens nicht vorwegzunehmen, sondern mit derjenigen des Entwurfs des ASchG. seinerzeit zu verbinden (RTDrs. Nr. 2723, III. WP. 1924/26).

Anordnung über die Regelung der Arbeitszeit gewerblicher Arbeiter.

Vom 23. November 1918 (RGBl. S. 1334)[1].

(Die durch [ ] gekennzeichneten Bestimmungen bleiben gemäß § 14 der Verordnung über die Arbeitszeit vom 21. Dezember 1923/14. April 1927 — s. unten S. 166 — aufgehoben.)

Auf Grund des Erlasses des Rates der Volksbeauftragten über die Errichtung des Reichsamts für die wirtschaftliche Demobilmachung (Demobilmachungsamt) vom 12. November 1918 (Reichs-Gesetzbl. S. 1304) ergeht hiermit folgende Anordnung über die Regelung der Arbeitszeit[2] gewerblicher Arbeiter:

I. Die Regelung umfaßt die gewerblichen Arbeiter[3] in allen gewerblichen Betrieben[4] einschließlich des Bergbaus, in den Betrieben des Reichs, des Staates, der Gemeinden und Gemeindeverbände, auch wenn sie nicht zur Gewinnerzielung betrieben werden[5], sowie in landwirtschaftlichen Nebenbetrieben gewerblicher Art[6].

1. Ergänzt und abgeändert durch VO. v. 17. 12. 18 (RGBl. S. 1436); der Text ist in der dadurch hergestellten Fassung wiedergegeben.

2. Vgl. auch Aufruf v. 12. 11. 18 (RGBl. S. 1303).

3. Gewerblicher Arbeiter ist, wer auf Grund eines Dienstvertrags in einem Gewerbebetriebe der in I. bezeichneten

Art als Geselle, Gehilfe, Lehrling, Werkmeister, Techniker, Fabrikarbeiter usw. für Zwecke des Gewerbebetriebs beschäftigt wird (Syrup: „Die Regelung der Arbeitszeit, Einstellung, Entlassung und Entlohnung gewerblicher Arbeiter"; auf Veranlassung des Reichsministeriums für wirtschaftliche Demobilmachung; Heymann 1919). S. aber auch Begriffsbestimmung in § 11 Betriebsrätegesetz. Die Vorschriften gelten nicht für Handelsangestellte, auch nicht für Personen, die eine wissenschaftliche oder künstlerische Tätigkeit ausüben.

Eine Regelung der Arbeitszeit für bestimmte Berufe erfolgte noch durch VO. v. 23. 11. 18 (unten S. 247 ff.); für Angestellte durch VO. v. 18. 3. 19 (S. 78); für das Pflegepersonal in Krankenpflegeanstalten durch V. v. 13. 2. 24 (S. 306).

4. Für die Landwirtschaft kommt die vorläufige Landarbeitsordnung (unten S. 276) in Betracht.

Auch eine Bahnhofswirtschaft stellt einen gewerblichen Betrieb dar (Urteil des Kammergerichts v. 6. 2. 23 — JW. 1924, S. 220).

Für Gärtnereien besteht eine zweifelsfreie gesetzgeberische Regelung nicht. Unter Umständen kann also die Frage der Arbeitszeit in Gärtnereien auch durch die VLAO. ihre Regelung erhalten (s. unten S. 276).

5. Vgl. die Begriffsbestimmungen des Betriebsrätegesetzes in §§ 66, 67.

6. Vgl. auch § 2 der Vorläufigen Landarbeitsordnung (unten S. 280). Bisher fanden Arbeiterschutzbestimmungen in der Regel keine Anwendung auf landwirtschaftliche Nebenbetriebe.

[II.[1] Die regelmäßige tägliche Arbeitszeit ausschließlich der Pausen darf die Dauer von acht Stunden nicht überschreiten. Wenn in Abweichung hiervon durch Vereinbarung eine Verkürzung der Arbeitszeit an Vorabenden der Sonn- und Festtage herbeigeführt wird, kann der Ausfall der

Arbeitsstunden an diesen Tagen auf die übrigen Werktage verteilt werden.]

1. S. jetzt § 1 der AZVO. S. 112.

III. Für die in Verkehrsgewerben, einschließlich der Eisenbahn-, Post- und Telegraphenverwaltung[1] erforderlichen, durch die Zeitverhältnisse bedingten, allgemeinen Ausnahmen von vorstehenden Vorschriften sind alsbald Vereinbarungen zwischen Betriebsleitungen und den Arbeitnehmerverbänden zu treffen. Sollten die Vereinbarungen nicht innerhalb zweier Wochen zustandekommen, bleiben weitere Anordnungen vorbehalten.

1. Die deutschen Eisenbahnen werden jetzt in Vollzug des Art. 92 der Reichsverfassung durch ein selbständiges, eine juristische Person darstellendes wirtschaftliches Unternehmen betrieben und verwaltet. Dieses Unternehmen ist eine Gesellschaft mit der Firma „Deutsche Reichsbahn-Gesellschaft" (Reichsbahngesetz v. 30. 8. 24 — RGBl. T. II S. 272 —).

Die bei der Reichsbahngesellschaft zurzeit gültigen Dienstdauervorschriften (für das Betriebs- und Verkehrspersonal) und tarifvertraglichen Bestimmungen (für das übrige Personal), soweit sie die Arbeitszeit regeln, sind ebenso wie der für die Arbeiter bei der Deutschen Reichspost zurzeit in Kraft befindliche Tarifvertrag nach dieser VO. S. 58 f. abgedruckt. Die übrigen Tarifverträge für die Arbeiter und Angestellten des Reichs s. S. 206 ff.

IV. In Betrieben, deren Natur eine Unterbrechung nicht gestattet[1] oder bei denen eine ununterbrochene Sonntagsarbeit zurzeit im öffentlichen Interesse nötig ist, dürfen zur Herbeiführung eines regelmäßigen wöchentlichen Schichtwechsels männliche Arbeiter über sechzehn Jahre[2] innerhalb eines Zeitraums von drei Wochen einmal zu einer Arbeit von höchstens sechzehnstündiger Dauer einschließlich der Pausen herangezogen werden, sofern ihnen in diesen drei Wochen zweimal eine ununterbrochene Ruhezeit von je vierundzwanzig Stunden gewährt wird[3].

1. Hierher rechnen u. a.: Kokereien, Gasanstalten und Elektrizitätswerke, Hochofenwerke, Zementfabriken, Chemische Großindustrie, Zellstoffabriken, Wasserwerke, Zuckerfabriken. Voraussetzung der Anwendbarkeit der Bestimmung ist, daß die betreffenden Arbeiten nach §§ 105b ff. GO. zulässig sind.

2. Arbeiterinnen und jugendliche Arbeiter dürfen also nicht zu den sechzehnstündigen Wechselschichten herangezogen werden.

3. Über die Abdingbarkeit dieser Ziffer durch Tarifvertrag hat der Reichsarbeitsminister in seinem Bescheide v. 16. 5. 25 (RABl. S. 240) folgende sehr beachtenswerte Ausführungen gemacht: „§ 5 der AZVO. v. 21. 12. 23 läßt eine Verlängerung der Arbeitszeit über die im § 1 Satz 2 und 3 festgesetzten Grenzen zu. § 1 Satz 2 und 3 handeln von der regelmäßigen täglichen Arbeitszeit, während der Schichtwechsel einen nur in größeren Zeiträumen eintretenden Sonderfall darstellt, der durch Ziffer IV der Anordnung vom 23. 11./17. 12. 1918 besonders und erschöpfend geregelt ist. § 1 Satz 2 und 3 handeln überdies nur von der werktäglichen Arbeitszeit, während die Wechselschicht zum größeren Teile, wenn nicht ganz, auf den Sonntag zu fallen pflegt, so daß Ziffer IV eine Regelung der nach anderen Bestimmungen zulässigen Sonntagsarbeit darstellt, die von § 1 Satz 2 und 3 und damit auch von § 5 nicht getroffen wird. Ich bin daher der Auffassung, daß Ziffer IV durch Tarifvertrag auf Grund des § 5 nicht abgedungen werden kann."

V. Abweichend von den allgemein gültigen Vorschriften der Gewerbeordnung[1] dürfen Arbeiterinnen über sechzehn Jahre in zwei- oder mehrschichtigen Betrieben bis zehn Uhr abends beschäftigt werden, wenn ihnen nach Beendigung der Arbeitszeit eine ununterbrochene Ruhepause von mindestens sechzehn Stunden gewährt wird[1]. In diesen Fällen kann an Stelle der einstündigen Mittagspause eine halbstündige oder zwei viertelstündige Pausen treten, die auf die Dauer der Arbeitszeit anzurechnen sind.

Arbeiterinnen und jugendlichen Arbeitern, die höchstens vier Stunden täglich beschäftigt werden, braucht keine Pause gewährt zu werden. Bei einer täglichen Beschäftigungszeit von mehr als vier, aber nicht mehr als sechs Stunden ist eine viertelstündige Pause, bei einer täglichen Beschäftigungszeit von mehr als sechs, aber nicht mehr als acht Stunden sind eine halbstündige oder zwei viertelstündige Pausen und bei längerer Beschäftigung[2] sind die in den §§ 136 und 137 der Gewerbeordnung vorgesehenen Pausen zu gewähren.

1. S. § 137 GO., durch V. über den Arbeiterschutz v. 12. 11. 18 (RGBl. S. 1309) wieder in Kraft gesetzt. Durch Gesetz, betr. Ausnahmen von Beschäftigungsbeschränkungen gewerblicher Arbeiter, v. 4. 8. 14 (RGBl. S. 333) war der Reichskanzler ermächtigt, auf Antrag ganz allgemein oder für bestimmte Bezirke Ausnahmen von den in §§ 135—137a Abs. 2, 154a GO. bestimmten Beschränkungen und von den gemäß §§ 120b, 120f, 139a GO. vom Bundesrat erlassenen Bestimmungen zu gewähren. Für einzelne Betriebe konnte in Ermangelung einer Bundesratsverfügung auch die höhere Verwaltungsbehörde solche Ausnahmen auf Antrag zulassen. Von diesen Ermächtigungen war im Laufe des Krieges so ausgiebig

Gebrauch gemacht worden, daß „in manchen Bezirken und Gewerbezweigen nicht ohne Grund von einer Aufhebung der besonderen Schutzbestimmungen für die jugendlichen Arbeiter und Arbeiterinnen gesprochen werden konnte" (Denkschrift „Arbeitsrecht und Arbeiterschutz" S. 29). Nunmehr wurden durch die VO. v. 12. 11. 18 die sämtlichen Einschränkungen beseitigt, was übrigens auch durchaus den Anforderungen der wirtschaftlichen Demobilmachung und dem geschwächten Arbeitsmarkte entsprach.

2. Bezüglich der Arbeitszeit und der Pausen der Arbeiterinnen und jugendlichen Arbeiter s. die Zusammenstellung im RABl. 1921 S. 561. S. auch §§ 9, 10 AZVO.

3. Nur in Notfällen oder gemäß besonderer Genehmigung.

[VI.[1] Die vorstehenden Bestimmungen finden keine Anwendung auf vorübergehende Arbeiten, welche in Notfällen unverzüglich vorgenommen werden müssen.]

1. S. jetzt § 10 der AZVO. S. 155.

VII.[1] [In Betrieben, deren Natur eine Unterbrechung nicht gestattet, oder deren unbeschränkte Aufrechterhaltung im öffentlichen Interesse nötig ist, kann eine von den vorstehenden Bestimmungen abweichende Regelung durch den zuständigen Gewerbeaufsichtsbeamten, bei bergbaulichen Betrieben durch den Bergrevierbeamten widerruflich genehmigt werden, wenn die erforderliche Zahl geeigneter Arbeitskräfte nicht zur Verfügung steht. Hierzu sind ein Antrag des Arbeitgebers und, soweit nicht Vereinbarungen zwischen Arbeitgeber- und Arbeitnehmerverbänden getroffen sind, die Zustimmungserklärung des Arbeitsausschusses oder, wenn ein solcher nicht besteht, der Arbeiterschaft des Betriebs notwendig. Werden für die bezeichneten Betriebe weitergehende Vereinbarungen über Ausnahmen von den Beschäftigungsbeschränkungen gewerblicher Arbeiter durch Verträge von Arbeitgeber- und Arbeitnehmerverbänden getroffen, so sind die Gewerbeaufsichts- bzw. Bergrevierbeamten befugt, entsprechend den Verträgen weitere Ausnahmen von den Arbeiterschutzbestimmungen widerruflich zu genehmigen. Die genannten Beamten haben nach Erteilung der Genehmigung die für den Betrieb zuständigen Arbeitervermittlungsstellen sofort auf den Mangel an Arbeitskräften in dem betreffenden Betriebe hinzuweisen. Die erteilten Genehmigungen sind dem zuständigen Demobilmachungskommissar mitzuteilen.

Dieser ist befugt, die genannten Beamten zum Widerruf ihrer Genehmigungen zu veranlassen.]

1. Abs. 1 u. 2 s. jetzt § 6 AZVO. S. 131.

Die Demobilmachungskommissare[1] sind befugt, nach Anhörung der Gewerbeaufsichts- oder Bergrevierbeamten widerruflich weitergehende Ausnahmen von den Beschäftigungsbeschränkungen gewerblicher Arbeiter, abgesehen von Arbeitszeitverlängerungen[2], zu erteilen, wenn diese Ausnahmen im öffentlichen Interesse, insbesondere zur Durchführung der geordneten Demobilmachung, zur Verhinderung der Arbeitslosigkeit oder zur Sicherstellung der Volksernährung dringend nötig werden. Abschriften der erteilten Genehmigung sind binnen zwei Tagen dem Demobilmachungsamte[3] vorzulegen.

1. Jetzt die obersten Landesbehörden.

2. Eingefügt durch Art. II des AZRG. v. 14. 4. 27 S. 110 unten. S. auch die Anm. 3 zu § 10 AngBO. S. 86.

3. Jetzt Arbeitsministerium.

VIII. Beginn und Ende der Arbeitszeiten und Pausen sind, sofern keine tarifliche Regelung erfolgt, vom Arbeitgeber im Einverständnisse mit dem Arbeiterausschuß[1] oder, wenn ein solcher nicht besteht, mit der Arbeiterschaft des Betriebs entsprechend den vorstehenden Bestimmungen festzulegen und durch Aushang in den Betrieben zu veröffentlichen.

1. Seit Inkrafttreten des Betriebsrätegesetzes, wonach an Stelle des Arbeiterausschusses der Betriebsrat bzw. Arbeiterrat getreten ist (§ 104 Z. VIII), ist die Mitwirkung der Betriebsvertretung erforderlich. Eine Änderung der Arbeitszeit setzt Einigung zwischen Betriebsleitung und Betriebsrat voraus; mangels einer Einigung ist die Entscheidung des Schlichtungsausschusses herbeizuführen.

IX. Die Aufsicht über die Ausführung der vorstehenden Bestimmungen wird den Gewerbeaufsichts- bzw. Bergrevierbeamten übertragen. Zu diesem Zwecke sind sie befugt, mit den Arbeiterausschüssen[1] im Beisein des Arbeitgebers oder mit beiden Teilen allein zu verhandeln und zu diesem Zwecke die Arbeiterausschüsse einzuberufen.

1. Vgl. Anm. 1 zu VIII. In Bayern ist durch BO. v. 23. 4. 19 die Aufsicht zwischen den Gewerbeaufsichtsbeamten und den ordentlichen Polizeibehörden geteilt. Die Arbeiterorganisationen und die Arbeiter selbst sollen Beschwerden unmittelbar an den Gewerberat richten.

[X.[1] Mit Geldstrafe bis zu zweitausend Mark, im Unvermögensfalle mit Gefängnis bis zu sechs

Monaten wird bestraft, wer den vorstehenden Bestimmungen oder den auf Grund derselben erlassenen Anordnungen zuwiderhandelt.

War der Täter zur Zeit der Begehung der Straftat bereits wegen Zuwiderhandlung nach Absatz 1 bestraft, so tritt, falls die Straftat vorsätzlich begangen wurde, Geldstrafe von einhundert bis dreitausend Mark oder Gefängnis bis zu sechs Monaten ein.]

1. S. jetzt § 11 der AZVO. S. 159.

XI. Im übrigen finden die in Reichs-[1] und Landesgesetzen und die auf Grund dieser Gesetze erlassenen Vorschriften im bisherigen Umfang so weit Anwendung, als sie nicht den vorstehenden Bestimmungen zuwiderlaufen.

1. Besonders Titel VII GO. und die nach §§ 120e, 139a GO. erlassenen Bestimmungen.

XII. Diese Anordnung tritt mit dem Tage ihrer Verkündung[1] in Kraft.

1. 26. 11. 18. Am 1. 1. 24 von neuem in Kraft getreten. S. Anm. 5 zu § 1 AZVO. unten S. 113.

Berlin, den 23. November 1918.

Reichsamt für die wirtschaftliche Demobilmachung.

Koeth.

Dienstdauervorschriften (DDV.) für das Betriebs- und Verkehrspersonal der Deutschen Reichsbahn

in der Fassung vom 19. September 1924 mit den Änderungen vom 5. März 1927[1]).

(Auszugsweise abgedruckt.)

§ 1. Geltungsbereich.

1. Diese Vorschriften gelten für das bei der Deutschen Reichsbahn beschäftigte Personal des Betriebs- und Verkehrsdienstes.

Zu diesem Personal gehören die Beamten, Angestellten und Arbeiter:

a) des Bahnbewachungsdienstes,

b) des Bahnhofs- und Abfertigungsdienstes,

c) des Zugdienstes und des Verschiebelokomotivdienstes,

d) des sonstigen Betriebsmaschinen- und Wagenuntersuchungsdienstes und der Bahnbetriebswerke,

e) des Schiffsdienstes, ausgenommen die der Hochseeschiffahrt und der Kettenschleppschiffahrt auf dem Main.

2. Diese Vorschriften finden auch Anwendung auf das Personal anderer Dienstzweige, das ständig und über-

---

[1]) Besondere Bestimmungen für das Personal des Bahnbewachungs-, Bahnhofs- und Abfertigungsdienstes sowie des sonstigen Betriebsmaschinen- und Wagenuntersuchungsdienstes und der Bahnbetriebswerke (§ 1 Ziff. 1a, b und d) sind im § 8, für das Personal des Zugdienstes und des Verschiebelokomotivdienstes sowie des Schiffsdienstes, ausgenommen das der Hochseeschiffahrt und der Kettenschleppschiffahrt auf dem Main (§ 1 Ziff. 1c und e) im § 9 der DDV. enthalten.

wiegend im Betriebs- und Verkehrsdienst beschäftigt ist, d. h. in ihm an allen Arbeitstagen und an jedem Arbeitstag in der Mehrzahl der Arbeitsstunden tätig ist. Auf das Personal anderer Dienstzweige, das nur vorübergehend im Betriebs- und Verkehrsdienst verwendet ist, finden für diese Beschäftigung die §§ 2, 3, 4, 5, 8, 9 und 11 entsprechende Anwendung.

§ 2. Arbeitszeit.

1. Die Arbeitszeit umfaßt außer der Zeit, während derer das Personal Arbeit leistet, auch die Zeit, die auf dienstliche Gänge von einer Dienst- oder Arbeitsstelle zur anderen sowie auf den Unterricht für Dienstanfänger, den öffentlichen Pflichtfortbildungsschulunterricht für Handwerkslehrlinge, auf Dienstvorträge und Dienstbesprechungen entfällt.

2. Die Zeit, während derer das Personal ohne Arbeitsleistung auf der Dienst- oder Arbeitsstelle anwesend zu sein hat, um nach Bedarf Arbeit zu leisten (Dienstbereitschaft) wird auf die Arbeitszeit angerechnet:

Bei dem Bahnbewachungs-, Bahnhofs- und Abfertigungspersonal mit 50 v. H.,

bei dem Zugbegleit- und Schiffsdeckpersonal und dem Lokomotiv- und Schiffsmaschinenpersonal, dem eine Lokomotive oder Schiffsmaschine zur Beaufsichtigung nicht überwiesen ist, sowie bei dem Personal des sonstigen Betriebsmaschinen- und Wagenuntersuchungsdienstes und der Bahnbetriebswerke mit 50 v. H.,

bei dem Lokomotiv- und Schiffsmaschinenpersonal, dem eine Lokomotive oder Schiffsmaschine zur Beaufsichtigung überwiesen ist, mit 80 v. H.

3. Die dienstlichen Fahrten, die das Personal zur Übernahme oder nach Beendigung der Dienstgeschäfte ohne Arbeitsleistung auf der Eisenbahn zurücklegt (Fahrgastfahrten), werden mit 60 v. H. auf die Arbeitszeit angerechnet.

4. Die nach Ziff. 1 bis 3 ermittelte planmäßige Arbeitszeit darf im Durchschnitt

a) bei besonders anstrengender Beschäftigung 48 Stunden in einem 7tägigen Zeitraum nicht übersteigen,

b) im übrigen bis zu 60 Stunden in einem 7tägigen Zeitraum ausgedehnt werden.

Innerhalb dieser Grenze ist die Arbeitszeit dem Grade der dienstlichen Beanspruchung des Personals anzupassen; sie ist also um so kürzer zu bemessen, je anstrengender der Dienst ist und je weniger er durch Pausen oder Zeiten der Dienstbereitschaft unterbrochen wird. Dabei ist auch die zeitliche Lage des Dienstes, insbesondere die Häufigkeit und die Art des Nachtdienstes, sowie die Lage der vorhergehenden und folgenden Ruhezeiten zu berücksichtigen.

Die für den 7tägigen Zeitraum vorgeschriebenen Höchstmaße werden nicht auf einzelne Kalenderwochen abgestimmt.

5. Planmäßige Minderleistungen gegenüber dem nach Ziff. 4a und b zulässigen Arbeitsmaß können, namentlich wenn es sich um die Bewältigung von Mehrleistungen handelt, die regelmäßig zu gewissen Jahreszeiten eintreten, insoweit durch planmäßige Mehrleistungen innerhalb des Kalenderjahres ausgeglichen werden, als dadurch das nach Ziff. 4a und b im Jahresdurchschnitt zulässige Arbeitsmaß von 2504 und 3130 (im Schaltjahr von 2512 und 3140) Stunden nicht überschritten wird.

6. Die durchschnittliche Dauer der Arbeitszeit eines 7tägigen Zeitraums wird derart berechnet, daß die Gesamtdauer der Arbeitszeit während eines Zeitabschnitts, nach dessen Ablauf der Dienstplan sich wiederholt, durch die Anzahl der Kalendertage des Abschnitts geteilt und die gefundene Zahl mit 7 vervielfacht wird.

Lohntarifvertrag (LTV.)
für die Arbeiter der Reichsbahn

in der Fassung vom 11. Juli 1924 mit den Abänderungen vom 14. April und 3. Juni (gültig ab 1. Juni) 1927.

(Abgedruckt sind nur die Bestimmungen, die sich auf die Arbeitszeit beziehen.)

Zwischen dem Unternehmen „Deutsche Reichsbahn" Hauptverwaltung und folgenden Arbeitnehmervereinigungen:

1. dem Deutschen Eisenbahner-Verband, Berlin,
2. der Gewerkschaft Deutscher Eisenbahner (E. V.), Berlin,
3. dem Allgemeinen Eisenbahner-Verband (E. V.), Berlin-Friedenau,

namens der von ihnen vertretenen, bei der Reichsbahn im Arbeitsverhältnis beschäftigten Arbeitnehmer wird nachstehender Lohntarifvertrag abgeschlossen:

§ 1. Geltungsbereich.

1. Dieser Vertrag gilt für alle vollbeschäftigten, nicht als Beamte angestellten Bediensteten der Reichsbahn; sie sind im folgenden als „Arbeiter" bezeichnet.

2. Ausgenommen sind:

a) Bedienstete in Tätigkeiten von Beamten einer höheren als der Gruppe VI des Beamtenbesoldungsgesetzes, sowie technische Angestellte und Zeichner,

b) Werkstättenlehrlinge, Werkstättenzöglinge und Maschinenbaubeflissene,

c) Wartefrauen auf Bahnhöfen und in Übernachtungsräumen, Waschfrauen und Frauen in ähnlicher Beschäftigung,

d) Dolmetscher, Stenotypisten, Krankenbesucher, Bahnagenten, Schiffsgüterbestätter, Schrankenwärterinnen, Ablöserinnen, Kindergärtnerinnen,

e) für kurzbefristete Dienstleistungen mit täglicher Kündigungsfrist eingestellte Arbeiter (Aushilfsarbeiter),

f) Zeitarbeiter, die nur während der regelmäßigen Hauptarbeitszeit in der Bahnunterhaltung beschäftigt werden,

g) in landwirtschaftlichen Nebenbetrieben beschäftigte Personen.

§ 3. Arbeitszeit.

1. Die regelmäßige Arbeitszeit beträgt 8 Stunden im Tag und 48 Stunden in der Woche, in beiden Fällen ausschließlich der Pausen.

2. Beginn und Ende der Arbeitszeit sowie die Pausen und Essenzeiten sind mit der Betriebsvertretung zu vereinbaren. Kommt eine Vereinbarung nicht zustande, so kann die Verwaltung die Regelung vorläufig von sich aus treffen, unbeschadet des Rechts der Betriebsvertretung, nach der Betriebsräteverordnung die Schlichtungsbehörden anzurufen.

3. Regelmäßige Durcharbeitszeit darf nur festgesetzt werden, wenn örtliche oder dienstliche Verhältnisse es erfordern. Den Arbeitern, die innerhalb 24 Stunden in drei aufeinanderfolgenden Schichten arbeiten, die sich nicht überschneiden lassen, ist in jeder Schicht einmal Gelegenheit zur Einnahme ihrer Mahlzeit zu geben, ohne daß hierdurch der Betrieb unterbrochen wird.

4. Die Arbeitszeit beginnt und endet an dem vorgeschriebenen Arbeitsplatz.

5. In den einzelnen Rottenbezirken der Bahnmeistereien ist unter Mitwirkung der Betriebsvertretung eine Sammelstrecke zu bestimmen, deren Gesamtausdehnung der Länge nach nicht mehr als 5 Kilometer und nach jeder Seite 2 Kilometer, vom Bahnkörper ab gerechnet, betragen soll. Arbeiten die der Rotte zugeteilten Arbeiter außerhalb der Grenzen der Sammelstrecke, so wird die regelmäßige Arbeitszeit für jedes volle Kilometer, das der neue Arbeitsplatz vom Endpunkt der Sammelstelle entfernt liegt, um je 10 Minuten für den Hin- und Rückweg gekürzt. An Stelle der Arbeitszeitverkürzung kann mit der Betriebsvertretung für jedes volle Kilometer $^1/_6$ des Stundenlohns (§ 4 Ziff. 1) als Entschädigung vereinbart werden. Diese Bestimmung gilt nicht nur für die Arbeit bei der eigentlichen Bahnunterhaltung, sondern auch für alle sonstigen bei Bahnmeistereien vorkommenden Arbeiten mit Ausnahme der Ablösung und Aushilfe im Betriebsdienst.

6. An dem Tage vor Weihnachten wird die Arbeitszeit (Dienstschicht) um 2 Stunden ohne Lohnabzug bei den Dienststellen gekürzt, die an diesem Tage vorzeitig geschlossen werden können; es muß jedoch eine Arbeitszeit von mindestens 5 Stunden verbleiben.

7. An Stelle der Ziff. 1, 2, 3 Satz 1, Ziff. 4 und 5 gelten für die Arbeiter, auf die die Dienstdauervorschriften Anwendung finden, die Bestimmungen dieser Vorschriften. Im Kalendermonat sind möglichst 2 Ruhetage auf Sonntage zu verlegen.

Die Arbeitszeit der im Büro- und Hausdienst beschäftigten Arbeiter richtet sich nach der Dauer der Arbeitszeit der Beamten in diesen Dienstzweigen.

Ausführungsbestimmungen.

Zu Ziff. 1.

1. Pausen sind Arbeitsunterbrechungen jeder Art, während derer sich der Arbeiter von seinem Arbeitsplatz entfernen darf. Es gehören hierzu auch die Waschpausen.

2. Durch die im § 3 Ziff. 2 bezeichnete Regelung (Vereinbarung oder Festsetzung) darf das im § 3 Ziff. 1 (besondere Vereinbarung) bestimmte Arbeitsmaß nicht geändert werden.

Zu Ziff. 3.

3. Die geteilte Arbeitszeit bildet die Regel. Bei geteilter Arbeitszeit muß zwischen den einzelnen Dienstabschnitten dem Arbeiter eine angemessene Ruhe gewährt werden. Als angemessen kann eine Ruhe erst bei einer Pause von mindestens einer Stunde — einschließlich Essenzeit — gelten. Neben dieser Pause dürfen weitere Pausen nur auf Antrag der Mehrheit der beteiligten Arbeiterschaft unter Mitwirkung der Betriebsvertretung festgesetzt werden.

Durcharbeitszeit ist eine solche Arbeitszeit, die durch Pausen unterbrochen ist, die lediglich zur Einnahme von Mahlzeiten, aber nicht zur Ruhe dienen können.

Zu Ziff. 3 letzter Satz.

4. Zur Einnahme der Mahlzeit ist, soweit durchführbar, eine bestimmte Zeit im Dienstplan festzusetzen. Nur in den Fällen, in denen die Verlegung der Mahlzeit durch die Betriebsbedürfnisse bedingt wird, darf von dieser Festsetzung abgewichen werden.

Zu Ziff. 5.

5. Die Vorschrift, wonach die Gesamtausdehnung der Sammelstrecke nicht mehr als 5 Kilometer betragen soll, ist dahin zu verstehen, daß eine geringere Gesamtausdehnung als 5 Kilometer in der Regel nur in solchen Rottenbezirken zulässig ist, deren ganze Länge 5 Kilometer nicht erreicht; in diesem Fall gilt der Rottenbezirk als Sammelstrecke. Bei Bestimmung der Sammelstrecke ist nur die Wirtschaftlichkeit und das dienstliche Bedürfnis maßgebend. Im allgemeinen ist daher die Sammelstrecke dahin zulegen, wo in der Regel, d. h. während des größten Teils des Kalenderjahres, am häufigsten gearbeitet wird. Eine Rücksichtnahme darauf, wo die Mehrzahl der Arbeiter des Rottenbezirks wohnt, wird durch diesen Grundsatz sowohl hinsichtlich der Lage als auch der Länge der Sammelstrecke dann nicht ausgeschlossen, wenn sie aus dienstlichen Bedürfnissen geboten oder zweckmäßig ist. Dies ist beispielsweise der Fall, wenn bei einer nur nach wirtschaftlichen Gesichtspunkten bestimmten Sammelstrecke die erforderlichen Arbeiter wegen zu großer Entfernung der Wohnorte nicht oder schwer zu erhalten wären (geboten) oder wenn die Mehrzahl der Arbeiter dann so große Wege zurückzulegen hätte, daß dadurch eine erhebliche Minderung ihrer Leistungsfähigkeit eintreten würde (zweckmäßig). Die Sammelstrecke ist dann

zu ändern, wenn sich herausstellt, daß während des größten Teils des Jahres am häufigsten in einer anderen Gegend, als bei Festsetzung der Sammelstrecke angenommen wurde, gearbeitet werden muß. Für einen kürzeren Zeitraum darf die Sammelstrecke nur dann geändert werden, wenn darin eine Rücksichtnahme auf die Arbeiterschaft liegt, z.B. wenn zur Aufrechterhaltung des Arbeiterstandes in den Wintermonaten die Arbeit an bestimmte Plätze (Tunnel oder dgl.) verlegt werden muß, oder wenn vorübergehend Änderungen in den Wohnverhältnissen der Arbeiter eintreten.

6. Wenn außerhalb der Sammelstrecke gearbeitet wird, so ist, falls nicht eine besondere Entschädigung vereinbart ist, für jedes vom Endpunkt der Sammelstrecke bis zum Arbeitsplatz zu Fuß zurückzulegende volle Kilometer die regelmäßige Arbeitszeit um je 10 Minuten für den Hin- und Rückweg zu kürzen. Dies gilt auch dann, wenn der Arbeiter den Weg zum Arbeitsplatz nicht von der regelmäßigen Sammelstrecke aus zurücklegt. Muß jedoch der Arbeiter aus dienstlichen Gründen (z. B. zum Abholen von Geräten) den Weg zum Arbeitsplatz von der regelmäßigen Sammelstrecke aus antreten, so beginnt die Arbeitszeit bereits innerhalb dieser Sammelstrecke. Wird der Arbeitsplatz mit einer Eisenbahnfahrgelegenheit (Zug, Kleinwagen usw.) erreicht, so wird die regelmäßige Arbeitszeit (§ 3 Ziff. 1, besondere Vereinbarung) um die tatsächliche Fahrzeit vom Endpunkt der Sammelstrecke aus einschließlich etwa weiter nötiger Gehzeiten (10 Minuten/km) gekürzt.

7. Sind bei Arbeit außerhalb der Sammelstrecke Auswärtszulagen nach § 14 LTB. zuständig, so wird die Wegezeit auf die Arbeitszeit nicht angerechnet.

8. Als Betriebsdienst gilt auch die Beschäftigung im Büro und im Stofflager der Bahnmeisterei.

Zu Ziff. 7.

9. Die Arbeitszeit der im Büro- und Hausdienst beschäftigten Arbeiter ist nach den gleichen Grundsätzen wie die Dienstzeit der Beamten einzuteilen.

§ 11. Überzeitarbeit.

1. Überzeitarbeit wird den gegen Schichtlohn beschäftigten Arbeitern, auf die die Dienstdauervorschriften mindestens eine Kalenderwoche Anwendung finden, und den übrigen dauernd gegen Schichtlohn beschäftigten Arbeitern neben dem Lohn nicht besonders vergütet.

Für die übrigen Arbeiter ist Überzeitarbeit die über die Dauer von 54 Stunden wöchentlich hinaus geleistete Arbeitszeit; hierbei wird den Arbeitern, auf die die Dienstdauervorschriften weniger als eine volle Kalendrewoche Anwendung finden, jede nach den Dienstdauervorschriften geleistete planmäßige Dienstschicht mit 9 Stunden Arbeitszeit bewertet.

Ausgefallene Arbeitszeiten mit Lohnfortbezug werden für die Berechnung der Überzeitarbeit als geleistete Arbeitszeiten gerechnet, jedoch nur bis zu 8 Stunden im Tag. Dasselbe gilt von ausgefallenen Arbeitszeiten ohne Lohnfortbezug, wenn sie mit Genehmigung des Dienststellenvorstehers ausgefallen sind.

Für die im eigentlichen Werkstättenbetrieb der Bahnbetriebswerke beschäftigten Arbeiter ist Überzeitarbeit die über die durchschnittliche wöchentliche Arbeitszeit von 54 Stunden hinaus geleistete Arbeitszeit.

2. Überzeitarbeit ist auf dringende Fälle zu beschränken und möglichst gleichmäßig auf die Arbeiter zu verteilen. Sie darf, wenn sie nicht durch die Betriebs- oder Verkehrsverhältnisse oder sonstige Umstände unverzüglich erforderlich wird, nur unter Mitwirkung der Betriebsvertretung angeordnet werden.

Die Mitwirkung der Betriebsvertretung ist nicht erforderlich, wenn Arbeiter regelmäßig zur Ablösung oder Aushilfe im Betriebs- oder Verkehrsdienst einer anderen Dienststelle zur Überzeitarbeit herangezogen werden.

3. Überzeitarbeit ist, unvorhergesehene Fälle ausgenommen, den Arbeitern bei geteilter Arbeitszeit spätestens am Vormittag desselben Tages, bei durchgehender Arbeitszeit am Tag vorher anzusagen.

4. Angeordnete Überzeitarbeit wird nach Maßgabe der Ziff. 1 Abs. 2 und 3 neben dem Lohn (§ 4 Ziff. 1) mit einem Zuschlag von 30 v. H. des Lohns vergütet.

5. Eine Überschreitung der täglichen Arbeitszeit um weniger als 10 Minuten wird nicht vergütet. Bei längerer Überschreitung wird für jede angefangene halbe Stunde der Lohn (§ 4 Ziff. 1) und der Zuschlag nach Ziff. 4 für eine halbe Stunde gewährt.

6. Folgen im unmittelbaren Anschluß an eine Dienstschicht 2 Stunden Überzeitarbeit hintereinander, so ist, wenn die Verkehrs- und Betriebsverhältnisse es gestatten, eine als Arbeitszeit anzurechnende Essenpause von 15 Minuten einzulegen. Folgen im unmittelbaren Anschluß mindestens 3 Stunden Überzeitarbeit, so ist in gleicher Weise im ganzen eine Essenzeit von 30 Minuten zu gewähren.

7. An Stelle der Ziff. 2 gelten für die Arbeiter, auf die die Dienstdauervorschriften Anwendung finden, die entsprechenden Bestimmungen dieser Vorschriften.

Ausführungsbestimmungen.

Zu Ziff. 2 Abs. 1.

2. Die Mitwirkung der Betriebsvertretung bei Anordnung von Überzeitarbeit soll in einfacher Weise geschehen.

Zu Ziff. 2 Abs. 2.

3. Das Recht der Betriebsvertretung, Beschwerden der beteiligten Arbeiter, z. B. darüber, daß ihnen keine oder zu wenig Ruhesonntage gewährt werden, entgegenzunehmen und gegenüber der Verwaltung zu vertreten, wird hierdurch nicht berührt.

Zu Ziff. 4.

4. Bei der Berechnung der Zuschläge für Überzeitarbeit wiederverwendeter Minderleistungsfähiger (§ 10) ist der Lohn gleichbeschäftigter und gleichaltriger Arbeiter zugrunde zu legen.

Zu Ziff. 1 und Ziff. 4.

5. Liegt Überzeitarbeit nach § 11 Ziff. 1 Abs. 2 vor, so darf sie ohne besondere Gründe durch Freizeit nicht ausgeglichen werden. Wird jedoch aus besonderen Gründen Ausgleich durch Freizeit gewährt, so liegt Überzeitarbeit nur vor, wenn die Arbeitszeit im Durchschnitt zweier Wochen 54 Stunden überschreitet.

Muß die Arbeitsschicht nach vorausgegangener Überzeitarbeit zur Gewährung einer angemessenen Ruhe verkürzt werden, so gilt die dadurch ausgefallene Arbeitszeit trotz des Ausgleichs als geleistet; sie ist also bei der Berechnung von Überzeitarbeit zu berücksichtigen.

Im übrigen soll durch das Verbot des Ausgleichs von Überzeitarbeit durch Freizeit nicht der Anreiz zu häufiger und längerer Überzeitarbeit gefördert werden.

§ 11a. Überzeitabkommen.

1. Die Arbeiter der Reichsbahn-Ausbesserungswerke, Hauptwerkstätten, Telegraphenwerkstätten, Holztränkanstalten und der Bahnkraft- und Bahngaswerke haben wöchentlich bis zu 3 Stunden Überzeitarbeit zu leisten.

Nach Verhandlung mit der Betriebsvertretung kann angeordnet werden, daß wöchentlich bis zu 3 weiteren Stunden Überzeitarbeit zu leisten ist. Bei Widerspruch der Betriebsvertretung kann die Reichsbahnstelle die Regelung von sich aus treffen, unbeschadet des Rechts der Betriebsvertretung auf das Berufungsverfahren nach der Betriebsräteverordnung.

2. Die Arbeiter der eigentlichen Bahnunterhaltung, in den Oberbaustofflagern, im Hochbau, in Steinbrüchen, Schotterwerken, Kiesgruben, Bahngärtnereien und in der Waldwirtschaft haben in der Zeit vom 1. März bis 31. Oktober wöchentlich bis zu 6 Stunden Überzeitarbeit zu leisten.

Für die in der Zeit vom 1. November bis Ende Februar zu leistende Arbeitszeit gilt § 3 Ziff. 1 LTV.

3. Die nach Ziff. 1 und 2 zu leistende Überzeitarbeit wird durch besondere Vereinbarung mit der Betriebsvertretung (§ 3 Ziff. 2 LTV.) auf die einzelnen Tage der Woche verteilt.

4. Bei Berechnung der Überzeitarbeit wird den Arbeitern, auf die die Dienstdauervorschriften weniger als eine volle Kalenderwoche Anwendung finden, jede nach

den Dienstdauervorschriften geleistete planmäßige Dienstschicht mit 9 Stunden Arbeitszeit bewertet.

Ausgefallene Arbeitszeiten mit Lohnfortbezug werden für die Berechnung der Überzeitarbeit als geleistete Arbeitszeiten berechnet, jedoch nur bis zu 8 Stunden im Tag. Dasselbe gilt von ausgefallenen Arbeitszeiten ohne Lohnfortbezug, wenn sie mit Genehmigung des Dienstvorstehers ausgefallen sind, sowie von Wochenfeiertagen mit und ohne Lohnfortbezug und von Krankheitstagen. Das gleiche gilt ferner beim Eintritt und beim Ausscheiden eines Arbeiters innerhalb einer Kalenderwoche für die in dieser Woche nicht geleisteten Arbeitszeiten.

5. Die nach Ziff. 1 und 2 zu leistende Überzeitarbeit wird neben dem Lohn (§ 4 Ziff. 1 LTV.) mit einem Zuschlag vergütet, der beträgt für die 49. bis 51. Stunde 15 v. H. und für die 52. bis 54. Stunde 25 v. H. des Lohnes.

6. Eine Überschreitung der täglichen Arbeitszeit um weniger als 10 Minuten wird nicht vergütet. Bei längerer Überschreitung wird für jede angefangene halbe Stunde der Lohn (§ 4 Ziff. 1 LTV.) und der Zuschlag nach Ziff. 5 für eine halbe Stunde gewährt.

Ausführungsbestimmung.

Zu Ziff. 5.

1. Bei der Berechnung der Zuschläge für Überzeitarbeit wiederverwendeter Minderleistungsfähiger (§ 10) ist der Lohn gleichbeschäftigter und gleichartiger Arbeiter zugrunde zu legen.

2. Wird Arbeitern, die im Betriebs- oder Verkehrsdienst usw. abzulösen oder auszuhelfen haben, in ihrer gewöhn-

lichen Beschäftigung Freizeit gewährt, so ist der Berechnung des Überzeitarbeitszuschlags die wöchentliche Arbeitszeit zugrunde zu legen, die sich aus der Arbeitszeit im Durchschnitt zweier Wochen ergibt.

Beispiel: Ein Bahnunterhaltungsarbeiter hat im Sommer an einem Sonntag im Betriebsdienst abzulösen und erhält dafür am Sonnabend vorher Ausgleich durch Freizeit.

Er leistet also in der ersten Woche 54 — 9 = 45 Stunden und in der zweiten Woche 54 + 9 = 63 Stunden, demnach im Durchschnitt beider Wochen $\frac{45 + 63}{2} = 54$ Stunden.

Er erhält in jeder Woche für je 6 Stunden die Überzeitarbeitszuschläge nach Ziff. 5.

Berlin, den 11. Juli 1924.

Deutsche Reichsbahn, Hauptverwaltung.
Oeser, Generaldirektor.

Deutscher Eisenbahner-Verband.
F. Scheffel.

Gewerkschaft deutscher Eisenbahner (E. V.).
Georg Klein.

Allgemeiner Eisenbahner-Verband (E. V.).
H. Skaruppe.

Besondere Verwaltungsanordnungen zu § 11a LTV.

Vom 16. April 1927.

1. Bis auf weiteres wird angeordnet, daß die Arbeiter der in Ziff. 1 Abs. 1 des § 11a LTV. genannten Betriebe vom 25. April 1927 an wöchentlich 3 Stunden Überzeit-

arbeit, die Arbeiter der in Ziff. 2 genannten Betriebe bis zum 31. Oktober wöchentlich 6 Stunden Überzeitarbeit zu leisten haben. Wegen der Arbeiter in den Steinkohlengaswerken vgl. Verfügung 51.533. Nr. 440/27 vom 16. April 1927.

2. Überzeitarbeit nach § 11a Ziff. 1 Abs. 2 LTV. soll in erster Linie dann in Betracht kommen, wenn durch Heranziehung aller oder einzelner Werkabteilungen bei verstärktem Arbeitsanfall von nicht ganz vorübergehender Dauer die Leistungsfähigkeit der Werke gesteigert werden muß. Das schließt nicht aus, daß auch wie bisher schon nach § 11 LTV. einzelne Bedienstete in dringenden Fällen auch zur Überzeitarbeit nach § 11a Ziff. 1 Abs. 2 LTV. herangezogen werden können.

3. Bevor die Reichsbahnstelle weitere Überzeitarbeit bis zu 3 Stunden wöchentlich nach § 11a Ziff. 1 Abs. 2 LTV. anordnet, hat sie mit der örtlichen Betriebsvertretung über ihre Absicht zu verhandeln und zu versuchen, mit dieser zu einer Verständigung zu gelangen. Kommt eine solche nicht zustande, so hat die Reichsbahnstelle das Recht, die geplante Anordnung vorläufig zu treffen und durchzuführen, während es der Betriebsvertretung überlassen bleibt, das Berufungsverfahren nach §§ 40ff. BRV. einzuleiten. Da es sich dabei um eine Angelegenheit handelt, in der die Anrufung der Schlichtungsbehörde oder des Arbeitsgerichts unzulässig ist, so ist auch dann, wenn eine Einigung zwischen der Reichsbahndirektion und dem Bezirksbetriebsrat nicht gelingt, die Entscheidung der Reichsbahndirektion ausschließlich und endgültig (§ 42 Abs. 2 BRV.).

Deutsche Reichsbahn-Gesellschaft, Hauptverwaltung.

Tarifvertrag

für die Arbeiter im Bereiche der Deutschen Reichspost.

Vom 31. März 1924 in der Fassung vom 1. Juli 1926 mit den Abänderungen vom 25. April 1927.

(Gültig vom 1. April 1927 ab.)

§ 1. Geltungsbereich.

1. Dieser Tarifvertrag gilt für alle bei der Deutschen Reichspost in einem unmittelbaren Arbeitsverhältnis zur Verwaltung stehenden vollbeschäftigten und nicht vollbeschäftigten Lohnempfänger; sie sind im folgenden einheitlich als Arbeiter bezeichnet. Wartegeldempfänger fallen nicht unter diesen Tarifvertrag.

2. Für Telegraphenbaulehrlinge gelten die in der Anlage 1 enthaltenen Grundsätze. Für Lehrlinge im Werkstättendienst sind zwischen den vertragschließenden Parteien besondere Vereinbarungen getroffen.

§ 3. Arbeitszeit.

a) Arbeiter im Telegraphenbau- und Werkstättendienst.

1. Die regelmäßige wöchentliche Arbeitszeit beträgt 48 Stunden; aus allgemeinen wirtschaftlichen Gründen wird sie bis auf weiteres auf 51 Stunden erhöht.

2. Im Telegraphenbaudienst kann Sonnabends und Montags die Arbeitszeit unter Mitwirkung der örtlichen Arbeitervertretung zusammen bis zu 4 Stunden gekürzt werden, wenn die ausfallenden Arbeitsstunden an anderen Tagen derselben oder der nächsten Woche geleistet werden.

3. Beginn und Ende der regelmäßigen täglichen Arbeitszeit sowie die Pausen werden unter Mitwirkung der örtlichen Arbeitervertretung festgesetzt.

4. Vorübergehende Unterbrechungen der Arbeit aus dienstlichen Gründen rechnen zur Arbeitszeit. Dasselbe gilt für Dienstbefreiungen mit oder ohne Bezahlung.

5. An den Vortagen vor Ostern, Pfingsten und Weihnachten endet die Arbeitszeit 2 Stunden, für Telegraphenarbeiter, die an diesen Tagen sowie an dem Vortage vor Neujahr mindestens 10 km von ihrer ständigen Dienststelle entfernt arbeiten, 4 Stunden früher als gewöhnlich, ohne daß Lohnabzug eintritt oder die ausfallenden Arbeitsstunden nachgeholt werden. Muß an solchen Tagen über die hiernach festgesetzte Arbeitszeit hinaus gearbeitet werden, so wird die mehr geleistete Arbeitszeit wie Überzeitarbeit vergütet.

6. Für die vorübergehend im Betriebs- und Verwaltungsdienst beschäftigten Arbeiter gelten die Bestimmungen unter b.

Ausführungsbestimmungen.

Im Telegraphenbaudienst wird vom 1. April bis zum 30. September regelmäßig werktäglich 9 Stunden, vom 1. Oktober bis 31. März werktäglich 8 Stunden bei gleichmäßiger Entlohnung in den Sommer- und Wintermonaten für werktäglich $8^1/_2$ oder wöchentlich 51 Stunden gearbeitet.

Jeder Arbeiter ist verpflichtet, bei außerordentlichem und dringendem Bedürfnis über 51 Stunden hinaus zu arbeiten. Für die über 48 Stunden in der Woche hinaus geleisteten Mehrstunden werden neben dem Lohne (§ 8 Ziff. 1) folgende Zuschläge gezahlt:

a) für die 49., 50. und 51. Stunde 15 v. H.,
b) für die 52., 53. und 54. Stunde 25 v. H. des Lohnes (§ 8 Ziff. 1).

Dabei bleibt eine Überschreitung der Arbeitszeit um weniger als 10 Minuten unberücksichtigt. Bei längerer Überschreitung wird jede angefangene halbe Stunde als volle halbe Stunde bezahlt.

b) Arbeiter im Betriebs- und Verwaltungsdienst.

1. Die Arbeitszeit regelt sich nach den für Beamte jeweils geltenden Bestimmungen.

Ausführungsbestimmungen.

Jeder Arbeiter ist verpflichtet, bei außerordentlichem und dringendem Bedürfnis über die dienstplanmäßige Arbeitszeit hinaus zu arbeiten. Für eine Überschreitung der bestimmungsmäßigen Wochendienstzeit wird eine Vergütung nicht gezahlt. Ein Ausgleich wird durch Dienstbefreiung zu anderen Zeiten gewährt.

§ 4. Überzeitarbeit.

1. Arbeit, die über eine Arbeitszeit von 54 Stunden in der Woche hinaus geleistet wird, gilt für die unter § 3a fallenden Arbeiter als Überzeitarbeit und wird als solche bezahlt.

2. Überzeitarbeit ist nach Möglichkeit zu vermeiden; sie wird von der vorgesetzten Dienststelle unter Mitwirkung der örtlichen Arbeitervertretung angeordnet. In dringenden Fällen entscheidet, wenn eine vorherige Verständigung mit der Arbeitervertretung nicht möglich ist, der Dienstvorsteher. Zur Überzeitarbeit sind die Arbeiter derselben Dienststelle möglichst im Wechsel heranzuziehen. Bei Überzeitarbeit, die

sich an die Arbeit unmittelbar anschließt, ist, soweit es der Betrieb zuläßt, eine viertelstündige Pause, und wenn die Überzeitarbeit mehr als 2 Stunden dauert, eine halbstündige Pause zu gewähren. Lohnabzug ist für diese Pausen nicht zulässig.

3. Für jede Überstunde wird neben dem Lohn (§ 8 Ziff. 1) ein Zuschlag von 50 v. H. des Lohnes (§ 8 Ziff. 1) gezahlt. Eine Überschreitung der Arbeitszeit um weniger als 10 Minuten wird nicht vergütet. Bei längerer Überschreitung wird jede angefangene halbe Stunde als volle halbe Stunde bezahlt.

4. Überstunden sind, unvorhergesehene Fälle ausgenommen, den Arbeitern bei geteilter Arbeitszeit spätestens am Vormittag desselben Tages, bei durchgehender Arbeitszeit am Tage vorher anzusagen.

5. Überstunden werden im allgemeinen nur bezahlt, wenn sie von der Dienststelle angeordnet sind. Die Bezahlung von Überstunden, die ausnahmsweise ohne vorherige Zustimmung der vorgesetzten Dienststelle im Interesse des Dienstes geleistet werden müssen, wird im Zweifelsfalle unter Mitwirkung der örtlichen Arbeitervertretung geregelt.

Berlin W 66, den 31. März 1924.

Der Reichspostminister
Dr. Höfle.

Für den Deutschen Verkehrsbund
(Abteilung Post-, Telegraphen- und Fernsprechpersonal)
Ferdinand Bender.

Für die Deutsche Postgewerkschaft
Otto Münsterkötter.

Verordnung über die Regelung der Arbeitszeit der Angestellten[1] während der Zeit der wirtschaftlichen Demobilmachung.

Vom 18. März 1919 (RGBl. S. 315).

(Die durch [ ] gekennzeichneten Bestimmungen bleiben gemäß § 14 der Verordnung über die Arbeitszeit v. 21. 12. 23/14. 4. 27 — s. unten S. 166 — aufgehoben.)

Auf Grund der Verordnung des Bundesrats über die wirtschaftliche Demobilmachung vom 7. November 1918 (Reichs-Gesetzbl. S. 1292) und des Erlasses des Rates der Volksbeauftragten über die Errichtung eines Reichsamts für die wirtschaftliche Demobilmachung (Demobilmachungsamt) vom 12. November 1918 (Reichs-Gesetzbl. S. 1304) ergeht hiermit folgende Verordnung über die Regelung der Arbeitszeit der Angestellten während der Zeit der wirtschaftlichen Demobilmachung.

1. Vgl. § 11 f. und § 12 Betriebsrätegesetz. Ausgenommen von der Geltung obiger VO. wurde durch Verf. d. Preuß. Min. f. Handel u. Gewerbe v. 8 5. 19 (MinBl. d. Hand.- u. Gew.-Verw. 1919, Nr. 11) die Gemüsekonservenindustrie, für die § 3 der vorläufigen Landarbeitsordnung v. 24. 1. 19 (s. S. 280) auf Antrag für anwendbar erklärt wurde.

[§ 1.[1] Die regelmäßige tägliche Arbeitszeit ausschließlich der Pausen darf die Dauer von acht Stunden nicht überschreiten. Wenn in Abweichung hiervon durch Vereinbarung eine Verkürzung der Arbeitszeit an Vorabenden der Sonn- und Festtage herbeigeführt wird, kann der Ausfall der Arbeitsstunden an diesen Tagen auf die übrigen Werktage verteilt werden.]

1. S. jetzt § 1 der AZVO. S. 112.

§ 2. Sofern die tägliche Arbeitszeit mehr als sechs Stunden beträgt[1], ist den Angestellten innerhalb der Arbeitszeit eine mindestens halbstündige Pause zu gewähren[2]. Fällt das Ende der Arbeitszeit in die Zeit nach vier Uhr nachmittags, so muß die Pause für die Angestellten, die ihre Hauptmahlzeit[3] außerhalb des die Arbeitsstätte enthaltenden Gebäudes einnehmen, auf mindestens ein und eine halbe Stunde verlängert werden[4].

Nach Beendigung der täglichen Arbeitszeit ist den Angestellten eine ununterbrochene[5] Ruhezeit von mindestens elf Stunden[6] zu gewähren.

1. Besonders im Fall der durchgehenden Arbeitszeit.

2. Es genügt nicht, daß statt Gewährung einer Pause die Beschäftigungsdauer entsprechend gekürzt wird; vgl. Syrup: „Die Regelung der Arbeitszeit kaufmännischer, technischer und Bureauangestellter auf Veranlassung des Reichsministeriums für wirtschaftliche Demobilmachung herausgegeben" (Heymann 1919). Nach der gleichen Quelle ist die Dauer der Pause, die ursprünglich „angemessen" sein sollte, auf übereinstimmenden Wunsch auf eine halbe Stunde bemessen worden. Aus dem gleichen Grund ist vermieden worden, von einer „Mittagspause" zu sprechen (aaO. S. 9).

3. Eine Erläuterung hierzu gibt das Demob.-Minist. (WirtschDemobBl. S. 856): Erläuterung zur Verordnung über die Regelung der Arbeitszeit der Angestellten v. 18. 3. 19.

Unter dem Begriff „Hauptmahlzeit" des § 2 der VO. v. 18. 3. 19 (RGBl. S. 315, WDemBl. 19, S. 582) ist die Mittagsmahlzeit zu verstehen, sofern sie die größte des Tages ist.

Nehmen von den Angestellten eines Betriebes

a) die einen ihre Hauptmahlzeit mittags außerhalb des die Arbeitsräume enthaltenden Gebäudes ein,

b) die anderen innerhalb der Betriebsräume,

c) weitere innerhalb der Arbeitszeit nur einen Imbiß und erst nach Beendigung der Tagesarbeitszeit die Hauptmahlzeit,

so braucht die $1^1/_2$stündige Mittagspause nur den zu a) Genannten gewährt zu werden.

4. Zur Gewährung einer Pause von $1^1/_2$ Stunden müssen also drei Bedingungen erfüllt sein:

a) die Arbeitszeit muß mehr als 6 Stunden betragen,

b) sie darf erst nach 4 Uhr nachmittags beendet sein,

c) die Mahlzeit muß außer dem Hause eingenommen werden.

Vgl. den Bescheid des Reichsarbeitsministers v. 14. 1. 21 (RABl. S. 561).

5. Während dieser Zeit darf der Angestellte auch nicht zu gelegentlichen oder zu Arbeiten außerhalb der Arbeitsstätte herangezogen werden.

6. Verlängerung der 10stündigen Frist des § 139c GO., die aber für Gemeinden von mehr als 20000 Einwohnern bereits 11 Stunden betragen hatte.

§ 3. Beginn und Ende der Arbeitszeit und der Pausen sind, sofern keine tarifliche Regelung[1] erfolgt ist, vom Arbeitgeber im Einverständnisse mit dem Angestelltenausschuß[2] oder, wenn ein solcher nicht besteht, mit der Angestelltenschaft des Betriebs oder des Bureaus entsprechend den Bestimmungen dieser Verordnung für den Gesamtbetrieb oder einzelne Abteilungen gesondert festzulegen und durch Aushang[3] bekanntzumachen.

1. S. Ziff. VIII der ArbAO. v. 23. 11. 18 S. 56 oben.

2. S. die Anm. zu Ziff. VIII der ArbAO.; jetzt treten die Betriebsräte und Angestelltenräte (§§ 66 Z. 1, 78 Z. 2, 75 Abs. 1 S. 3 Betriebsrätegesetz) an Stelle der Angestellten ausschüsse.

3. Es genügt, daß ein Aushang auch beim Vorhandensein mehrerer Räume angebracht ist. Sind mehrere Abteilungen vorhanden und sind für jede gesonderte Vereinbarungen getroffen, so ist für jede Abteilung ein gesonderter Aushang in einem Raume der Abteilung anzubringen.

Eine Mitteilung der Arbeitszeit (Bureaustunden) auf Schildern an der Tür genügt nicht (JW. 1919 S. 353).

[§ 4[1]. Die Bestimmungen der §§ 1 bis 3 finden keine Anwendung auf Arbeiten, die

1. in Notfällen,
2. im öffentlichen Interesse,
3. zur Verhütung des Verderbens von Waren oder des Mißlingens von Arbeitserzeugnissen

unverzüglich vorgenommen werden müssen.

Arbeitgeber, welche Angestellte mit Überarbeiten der in Ziffer 1 bis 3 bezeichneten Art beschäftigen, sind verpflichtet, ein Verzeichnis anzulegen, in welches für jeden Tag, an dem Überstunden geleistet worden sind, die Zahl der daran beteiligten Angestellten, die Zahl der von ihnen geleisteten Überstunden und die Art der vorgenommenen Arbeiten einzutragen sind. Das Verzeichnis ist auf Erfordern den zuständigen Aufsichtsbeamten (§ 16) jederzeit zur Einsicht vorzulegen.]

1. S. jetzt § 10 der AZVO. S. 155.

[§ 5.[1] Unbeschadet der Vorschriften des § 4 dürfen Angestellte über die im § 1 festgesetzte Arbeitszeit an zwanzig der Bestimmung des Arbeitgebers überlassenen Tagen im Jahre beschäftigt werden. Die Beschäftigung darf zehn Stunden täglich nicht überschreiten und nicht länger als bis zehn Uhr abends dauern.

Hierbei kommt jeder Tag in Anrechnung, an dem auch nur ein Angestellter über die nach § 1 festgesetzte Arbeitszeit hinaus beschäftigt ist.

Arbeitgeber, die ihre Angestellten auf Grund der vorstehenden Bestimmung über die im § 1 festgesetzte Zeit beschäftigen, sind verpflichtet, an einer in die Augen fallenden Stelle des Arbeitsraums eine Tafel auszuhängen, auf der jeder Tag, an dem Überarbeit stattfindet, vor Beginn der Überarbeit einzutragen ist.]

1. S. jetzt § 3 der AZVO. S. 120.

[§ 6.[1] Wenn Naturereignisse, Unglücksfälle oder andere unvermeidliche Störungen den Betrieb eines Arbeitgebers unterbrochen haben, so kann eine von den Bestimmungen der §§ 1 bis 3 abweichende Regelung durch den zuständigen Aufsichtsbeamten (§ 16) nach Anhörung des Angestelltenausschusses oder, wenn ein solcher nicht besteht, der Angestelltenschaft widerruflich genehmigt werden. Die auf Grund vorstehender Bestimmung zu treffenden Verfügungen müssen schriftlich erlassen werden. Abschrift der Genehmigungsverfügung ist an einer in die Augen fallenden Stelle des Arbeitsraums auszuhängen.]

1. S. jetzt § 6 der AZVO. S. 131.

[§ 7.[1] Abweichend von den Bestimmungen der §§ 1 bis 3 und 5 kann durch Tarifvertrag eine anderweitige Regelung der Arbeitszeit und der Überstunden getroffen werden.

Insbesondere kann durch Tarifvertrag vereinbart werden, daß an die Stelle der achtstündigen Tagesarbeitszeit die achtundvierzigstündige werktägige Wochenarbeitszeit oder die sechsundneunzigstündige werktägige Doppelwochenarbeitszeit tritt.

Die Zahl der durch Tarifvertrag zugelassenen Überarbeitstage darf höchstens dreißig im Jahre betragen, sofern nicht durch Festlegung von ganz oder teilweise freien Tagen oder verkürzter Arbeitsdauer zu bestimmten Jahreszeiten für Ausgleich der Überstunden gesorgt wird.

Die Arbeitgeber sind verpflichtet, eine Abschrift der auf die Regelung der Arbeitszeit und der Überstunden bezüglichen Bestimmungen des Tarifvertrags den zuständigen Aufsichtsbeamten einzureichen.]

1. S. jetzt § 5 der AZVO. S. 126.

§ 8. Die Vorschriften des § 105b Abs. 2 und 3 der Gewerbeordnung finden auf alle Angestellten im Sinne dieser Verordnung Anwendung[1].

Die Ausnahme- und Sonderbestimmungen über die Sonntagsruhe der Angestellten im Handelsgewerbe[2] gelten auch für die sonstigen Angestellten im Sinne dieser Verordnung.

Die hiernach für Sonn- und Festtage zugelassenen Überstunden sind auf die in den §§ 5 und 7 dieser Verordnung festgelegte Höchstzahl nicht anzurechnen[3].

1. § 105b Abs. 2 GO. ist durch VO. über Sonntagsruhe im Handelsgewerbe und in Apotheken v. 5. 2. 19 (RGBl.

S. 176) abgeändert und unten S. 335 in der seit 1. 4. 19 gültigen Fassung wiedergegeben.

2. S. S. 336.

3. Da §§ 5 und 7 fortgefallen sind, ist Abs. 3 hier gegenstandslos geworden. § 5 ist ersetzt durch § 3, § 7 durch § 5 AZVO. S. 126. S. auch § 14 AZVO. S. 166.

§ 9. Von sieben Uhr abends bis sieben Uhr morgens müssen offene Verkaufsstellen[1] mit Ausnahme der Apotheken[2] für den geschäftlichen Verkehr geschlossen sein. Die beim Ladenschlusse schon anwesenden Kunden dürfen noch bedient werden.

Nach sieben Uhr abends, jedoch bis spätestens neun Uhr[3], dürfen Verkaufsstellen an jährlich höchstens zwanzig von der Ortspolizeibehörde zu bestimmenden Tagen[4] für den geschäftlichen Verkehr geöffnet sein.

Vor sieben Uhr, jedoch nicht vor fünf Uhr morgens, dürfen Lebensmittelgeschäfte nach näherer Bestimmung der Ortspolizeibehörde geöffnet sein.

Die Ortpolizeibehörden haben vor der Genehmigung der Ausnahmen die Äußerung des zuständigen Aufsichtsbeamten (§ 16) einzuholen und diesem die erteilte Ausnahmegenehmigung in Abschrift mitzuteilen. Glaubt der Aufsichtsbeamte, daß die Ausnahmegenehmigung mit dem Schutze der Angestellten nicht zu vereinbaren ist, so hat er unverzüglich die Entscheidung der höheren Verwaltungsbehörde[5] herbeizuführen.

1. Das sind Läden und ihnen wirtschaftlich gleichstehende Verkaufslokale, Buden, Automaten, sämtliche Einrichtungen für den direkten Verkauf an das Publikum. S. auch § 139e GO.

Die Vorschriften bez. des Ladenschlusses gelten auch für offene Verkaufsstellen, in denen Angestellte nicht beschäftigt werden (Urteil des Reichsgerichts, Strafsachen, v. 7. 2. 21).

Auf Bahnhofsverkaufsstellen finden die Vorschriften keine Anwendung (Urteil des Reichsgerichts, Strafsachen, v. 3. 4. 24, Bd. 58 S. 137). Um den zahlreichen Beschwerden über die längere Verkaufszeit der Bahnhofsgeschäfte abzuhelfen, sind bez. der Ladenschlußstunden der Bahnhofsverkaufsstellen und der Friseurstuben auf den Bahnhöfen besondere Richtlinien vom Reichswirtschaftsminister erlassen, die auch die Bahnhofswirtschaften behandeln. Diese Richtlinien (durch RT. Drucks. Nr. 2889, III. WP. 1924/26 dem Reichstag zur Kenntnis gegeben) sind wiedergegeben im Erlaß des Preuß. Ministers für Handel und Gewerbe v. 9. 3. 27 (RABl. S. 210). Der Erlaß ist seiner großen Bedeutung wegen unten S. 92 abgedruckt.

2. S. auch S. 335 f.

3. Auch in diesem Falle ist das Zuendebedienen der Kunden gestattet.

4. Besonderes vor dem Weihnachtsfest.

5. In Preußen die Regierungspräsidenten (in Berlin der Oberpräsident von Brandenburg).

§ 10. Die Demobilmachungskommissare[1] sind befugt, nach Anhörung der Aufsichtsbeamten oder Aufsichtsbehörden (§ 16)[2] widerruflich weitergehende Ausnahmen, als in den vorstehenden Bestimmungen vorgesehen sind, abgesehen von Arbeitszeitverlängerungen[3], zu erteilen, wenn diese Ausnahmen im öffentlichen Interesse, insbesondere zur Durchführung der geordneten Demobilmachung, zur Verhinderung der Arbeitslosigkeit[4] oder zur Sicherstellung der Volksernährung dringend nötig werden. Abschriften der erteilten Genehmigung sind binnen zwei Tagen dem Demobilmachungsamte vorzulegen[5].

1. Jetzt die Obersten Landesbehörden.

2. Gemäß §§ 66 Z. 5, 8 und 78 Z. 3, 6 Betriebsrätegesetz ist der Betriebsrat bzw. Angestelltenrat zuzuziehen.

3. Eingefügt durch Art. II der AZVO. v. 14. 4. 27 S. 111 unten. S. auch Anm. 2 zu Ziff. VII ArbAO. S. 54.

4. S. auch § 74 Betriebsrätegesetz.

5. Jetzt Reichsarbeitsministerium.

§ 11. Die vorstehende Regelung umfaßt diejenigen Angestellten[1], die

1. mit kaufmännischen Diensten beschäftigt werden, insbesondere Handlungsgehilfen[2],
2. mit technischen Diensten beschäftigt werden, mit Ausnahme derjenigen technischen Angestellten (Betriebsbeamte[3], Werkmeister, Techniker), die hinsichtlich der Regelung ihrer Arbeitszeit der Anordnung über die Regelung der Arbeitszeit gewerblicher Arbeiter vom 23. November 1918 (Reichs-Gesetzbl. S. 1334) unterliegen[4],
3. mit Schreib-, Rechen- oder ähnlichen Arbeiten beschäftigt werden (Bureauangestellte) einschließlich derjenigen, die für Bureaus niedere oder lediglich mechanische Dienste leisten[5],
4. sich als Lehrlinge[6] in einer geregelten Ausbildung zu einer der vorgenannten Beschäftigungen befinden.

1. Also nicht Arbeiter, Beamte, Dienstboten, in der Regel auch nicht den Ehemann, die Ehefrau und die Kinder des Arbeitgebers, jedoch den mit kaufmännischen Arbeiten beschäftigten Volontär.

2. S. § 59 HGB.

3. S. § 133a GO.

4. Oben S. 49ff.

5. Der Kreis der Angestellten, für die die VO. gilt, ist also auch gegenüber dem § 1 des Angestelltenversicherungsgesetzes v. 28. 5. 24 (RGBl. S. 563) ein größerer. Hier sind die Bureauangestellten, die mit Botengängen, Reinigung und Aufräumung und ähnlichen, also mit niederen oder lediglich mechanischen Arbeiten beschäftigt werden, ausdrücklich ausgenommen. S. a. § 12 Betriebsrätegesetz.

6. Wichtig ist, ob die Beschäftigung ausschließlich oder wenigstens hauptsächlich zum Ausbildungszwecke erfolgt. (Syrup, S. 25. S. a. § 11 Betriebsrätegesetz.) Bez. der Berufsausbildung der Lehrlinge liegt zurzeit der Entwurf eines Berufsausbildungsgesetzes (abgedruckt im 39. Sonderheft zum RABl.) vor, der auch die angelernten und ungelernten Arbeiter erfaßt.

§ 12. Die Bestimmungen finden keine Anwendung auf

1. Generalbevollmächtigte[1] und die im Handelsregister oder Genossenschaftsregister eingetragenen Vertreter eines Unternehmens[2],
2. auf sonstige Angestellte in leitender Stellung, die Vorgesetzte von in der Regel mindestens zwanzig Angestellten[3] oder fünfzig Arbeitnehmern[4] sind oder deren Jahresarbeitsverdienst siebentausend[5] Mark übersteigt,
3. Angestellte, die in Betrieben der Land- und Forstwirtschaft einschließlich ihrer Nebenbetriebe beschäftigt sind[6],
4. Gehilfen und Lehrlinge in Apotheken.

1. D. h. die eine dauernde Tätigkeit für ihre Vollmachtgeber ausüben.

2. Vgl. § 12 Abs. 2 Betriebsrätegesetz.

3. Also die § 11 Ziff. 1—4 aufgeführten Angestellten.

4. Arbeiter und Angestellte. S. § 10 Betriebsrätegesetz.

5. Die neue Versicherungsgrenze beträgt jetzt 6000 RM.; s. Anm. 10 zu § 14 AZVO. S. 168 unten; die Abgrenzung in § 12 des Betriebsrätegesetzes ist eine andere und engere.

6. D. h. Nebenbetriebe, die ihrem Wesen nach zu dem Betriebe der Land- und Forstwirtschaft gehören. Haben diese Nebenbetriebe aber einen selbständigen, kaufmännischen Charakter, so müssen auch die Vorschriften dieser Verordnung Platz greifen (wegen der Begriffsbestimmung der landwirtschaftlichen Nebenbetriebe s. die Anm. zur VLAO. unten S. 278). Vgl. § 3 der VLAO. S. 280 ff.

§ 13. Die Regelung gilt für alle Arbeitgeber einschließlich der Körperschaften des öffentlichen Rechtes[1]. Es macht keinen Unterschied, ob der Arbeitgeber seinen Betrieb oder sein Bureau mit der Absicht der Gewinnerzielung führt oder nicht[2].

1. Z. B. die Ministerien, Reichsämter, die Gemeindebehörden, die Behörden der sozialen Versicherungsgerichtsbarkeit, Handelskammern, Handwerkskammern, Innungen, also alle durch Gesetz und Organisation mit Korporationsrechten ausgestatteten Einrichtungen. S. Z. I der VO. v. 23. 11. 18 (oben S. 49). Vgl. auch § 64 Betriebsrätegesetz.

2. Es fallen also auch gemeinnützige Stiftungen, Wohltätigkeitsanstalten unter die Regelung. Syrup, S. 26.

§ 14. Soweit von Körperschaften des öffentlichen Rechtes Angestellte gemeinsam mit Beamten[1] beschäftigt werden, sind für die Regelung der Beschäftigung dieser Angestellten mangels abweichender Vereinbarungen die für die Beamten gültigen Dienstvorschriften maßgebend[2].

1. Beamte des Reichs, der Deutschen Reichsbahngesellschaft, der Reichsbank, der Länder, der Gemeinden und Gemeinde-

verbände, sowie Arbeitnehmer, denen die Rechte und Pflichten von Reichs- oder Landesbeamten übertragen sind; den Beamten stehen Personen gleich, die in den Vorbereitungs- oder Probedienst als Beamtenanwärter einberufen sind (ASchG. S. 3).

2. S. § 13 AZVO. unten S. 164. Dort sind auch die Arbeiter einbegriffen. Vgl. auch die Dienstdauervorschriften oben S. 58, den Lohntarif für die Arbeiter der Reichsbahn S. 61 oben, den Tarifvertrag für die Arbeiter im Bereiche der Deutschen Reichspost, den Reichsangestelltentarif S. 74, 206 unten.

§ 15. Für die in Verkehrsgewerben erforderlichen allgemeinen Ausnahmen von vorstehenden Vorschriften sind alsbald Vereinbarungen zwischen Betriebsleitungen und den Arbeitnehmerverbänden zu treffen[1]. Solange derartige Vereinbarungen nicht zustandegekommen sind, bleiben weitere Anordnungen den zuständigen Demobilmachungskommissaren vorbehalten.

1. S. die Anm. 2 zu § 14.

§ 16. Die Aufsicht über die Ausführung der vorstehenden Bestimmungen ist von den Landeszentralbehörden ausschließlich oder neben den ordentlichen Polizeibehörden[1] den Gewerbeaufsichtsbeamten oder besonderen Beamten zu übertragen[2]. An die Stelle der Gewerbeaufsichtsbeamten treten bei bergbaulichen Betrieben die Bergrevierbeamten[3]. Die Aufsichtsbeamten sind befugt, mit den Angestelltenausschüssen im Beisein des Arbeitgebers oder mit beiden Teilen allein zu verhandeln und zu diesem Zwecke die Angestelltenausschüsse einzuberufen.

Die Aufsicht über Betriebe und Bureaus der Körperschaften des öffentlichen Rechtes fällt den die allgemeine Dienstaufsicht ausübenden Behörden zu.

1. Dies entspricht der bisherigen Übung, die aber nicht mehr als hinreichend erachtet wird, weil auch diese Art Aufsicht fachmännische Kenntnisse, über die die Ortspolizeibehörden nicht verfügen, verlangt.

2. S. § 9 Abs. 4 und § 10 S. 1; unter Mitwirkung der Betriebs- und Angestelltenräte (§§ 66 Z. 8, 78 Z. 6 Betriebsrätegesetz).

3. S. Berggesetze.

§ 17[1]. Den Aufsichtsbeamten stehen bei Ausübung dieser Aufsicht alle amtlichen Befugnisse der Ortspolizeibehörden[2] zu, insbesondere das Recht zur jederzeitigen Besichtigung der Betriebe und Bureaus. Sie sind, vorbehaltlich der Anzeige von Gesetzwidrigkeiten, zur Geheimhaltung der amtlich zu ihrer Kenntnis gelangenden Geschäfts- und Betriebsverhältnisse der ihrer Aufsicht unterliegenden Betriebe und Bureaus verpflichtet.

Die auf Grund der vorstehenden Bestimmungen auszuführenden amtlichen Besichtigungen müssen die Arbeitgeber zu jeder Zeit, namentlich auch in der Nacht[3], während des Betriebs gestatten.

Die Arbeitgeber sind ferner verpflichtet, den genannten Beamten oder der Polizeibehörde diejenigen statistischen Mitteilungen über die Verhältnisse ihrer Angestellten zu machen, welche vom Reichsministerium für die wirtschaftliche Demobilmachung[4] oder von den Landeszentralbehörden unter Festsetzung der dabei zu beobachtenden Fristen und Formen vorgeschrieben werden.

1. Dem § 139b GO. nachgebildet.

2. Gemäß RStPO. (§§ 453ff.) und den landesrechtlichen Bestimmungen. Eine Erweiterung der durch RStPO. den Behörden überwiesenen Befugnisse bedeutet die Vorschrift der Kontrolle zur Nachtzeit (Abs. 2 der VO.).

3. S. Anm. 2.

4. Jetzt Reichsarbeitsministerium.

[§ 18.[1] Mit Geldstrafe bis zu zweitausend Mark, im Unvermögensfalle mit Gefängnis bis zu sechs Monaten, wird bestraft, wer den vorstehenden Bestimmungen oder den auf Grund derselben erlassenen Anordnungen zuwiderhandelt.

War der Täter zur Zeit der Begehung der Straftat bereits wegen Zuwiderhandlung nach Abs. 1 bestraft, so tritt, falls die Straftat vorsätzlich begangen wurde, Geldstrafe von einhundert bis dreitausend Mark oder Gefängnis bis zu sechs Monaten ein.

Die Bestimmung des Abs. 2 findet auch Anwendung, wenn die frühere Strafe nur teilweise verbüßt oder ganz oder teilweise erlassen ist.]

1. S. jetzt § 11 der AZVO. S. 159.

§ 19. Im übrigen finden die in Reichs- und Landesgesetzen und die auf Grund dieser Gesetze erlassenen Vorschriften im bisherigen Umfang so weit Anwendung, als sie nicht den vorstehenden Bestimmungen zuwiderlaufen.

§ 20. Diese Verordnung tritt am 1. April 1919 in Kraft[1], den Zeitpunkt ihres Außerkrafttretens bestimmt das Reichsministerium für die wirtschaftliche Demobilmachung[2].

1. Am 1. 1. 24 von neuem mit Gesetzeskraft ausgestattet. S. die Anm. 5 zu § 1 der AZVO. S. 113 unten.

2. Jetzt Reichsarbeitsministerium.

Berlin, den 18. März 1919.

Reichsministerium für die wirtschaftliche Demobilmachung.

Koeth.

Erlaß des Preuß. Ministers für Handel und Gewerbe und des Preuß. Ministers des Innern

vom 9. März 1927 Nr. III 883, IIb 1802, VI 1. 11. 726 M. f. H., II E 201 M. d. J., betr. Richtlinien für die Behandlung der Bahnhofswirtschaften und der Bahnhofsverkaufsstellen in gewerbepolizeilicher Beziehung.

(Handels-Ministerialbl. S. 84.)

Die Ausnahmestellung, die den Bahnhofswirtschaften und den Bahnhofsverkaufsstellen in gewerbepolizeilicher Beziehung vielfach eingeräumt worden ist, hat namentlich seit Übergang der Staatsbahnen an die Deutsche Reichsbahn-Gesellschaft zu lebhaften Klagen des sonstigen Gastwirtsgewerbes und Einzelhandels über die Bevorzugung der Bahnhofswirtschaften und der Bahnhofsverkaufsstellen geführt. Es hat dies die Sächsische Regierung veranlaßt, im Reichsrat eine Änderung des § 6 der Gewerbeordnung in dem Sinne zu beantragen, daß derartige „Nebenbetriebe“ der Eisenbahnunternehmungen gleichfalls den Bestimmungen der Gewerbeordnung unterworfen würden. In Verhandlungen, die in Verfolg dieses Antrages mit der Hauptverwaltung der Reichsbahn-Gesellschaft geführt worden sind, wurden Richtlinien für die Behandlung der Bahnhofswirtschaften und der Bahnhofsverkaufsstellen aufgestellt, welche der Reichsrat durch Beschluß seiner Vollversammlung vom 2. Dezember v. J. den Landesregierungen zum Vollzug empfohlen hat. Diese Richtlinien lauten:

Im Verfolg der Beratungen des Reichsrats über den Gesetzentwurf, betreffend Änderung des § 6 der Reichsgewerbeordnung, sind im Wege der Verhandlungen zur praktischen Lösung der aufgetauchten Zweifelsfragen nachstehende Richtlinien aufgestellt worden. Die Deutsche Reichsbahn-Gesellschaft und die Landesregierungen werden ihre nachgeordneten Behörden mit entsprechenden Weisungen versehen. Die Deutsche Reichsbahn-Gesellschaft setzt dabei voraus, daß gegenüber Privat- und Kleinbahnen, Kommunalverbänden usw. von den Landesregierungen keine günstigere Regelung als die nachstehend vorgesehene angewendet wird. Beide Teile behalten sich nach vorheriger Verständigung des anderen Teiles den Rücktritt von diesen Vereinbarungen vor und halten ihre grundsätzliche Rechtsauffassung über die Stellung der Deutschen Reichsbahn-Gesellschaft zur Reichsgewerbeordnung aufrecht.

I. Bahnhofswirtschaften und selbständige Erfrischungshallen.

1. Bahnhofswirtschaften und selbständige Erfrischungshallen im Sinne dieser Richtlinien sind nur solche, die sich auf einem Personenbahnhof innerhalb oder außerhalb der Bahnsteigsperre befinden. Bahnhofswirtschaften und selbständige Erfrischungshallen, die außerhalb des Personenbahnhofs, wenn auch auf bahneigenem Gelände gelegen sind, unterliegen stets der Erlaubnispflicht nach § 33 der Gewerbeordnung.

2. Neue Bahnhofswirtschaften und selbständige Erfrischungshallen können von der Reichsbahndirektion nur im Einvernehmen mit der höheren Verwaltungsbehörde zugelassen werden. Eine Erlaubniserteilung auf Grund des § 33 GO. findet in diesem Falle nicht statt. Ebenso ist eine solche Erlaubniserteilung nicht erforderlich für die von der Reichsbahnverwaltung für ihr Personal eingerichteten Kantinen und Küchen.

Bahnhofswirtschaften und selbständige Erfrischungshallen, deren Pächter wechselt, oder die nach vorübergehender Schließung wieder eröffnet werden, sind nicht neue im Sinne dieser Bestimmungen.

Für die Errichtung neuer Bahnhofswirtschaften und selbständiger Erfrischungshallen ist das Bedürfnis des Reiseverkehrs maßgebend. Hierbei sind Art und Umfang des Verkehrs, in erster Linie des Fernverkehrs, gesteigerter Ausflugsverkehr, mangelnde Erfrischungsmöglichkeiten in unmittelbarer

Nähe des Bahnhofs und ähnliche Gesichtspunkte zu beachten.

3. Hinsichtlich der Polizeistunde werden Bahnhofswirtschaften und selbständige Erfrischungshallen innerhalb und außerhalb der Sperre gleichmäßig behandelt.

Nach Eintritt der örtlichen Polizeistunde ist der Ausschank von alkoholischen Getränken grundsätzlich verboten. Ausnahmen kann die Reichsbahndirektion im Einvernehmen mit der höheren Verwaltungsbehörde zulassen; solche Ausnahmen sind insbesondere zuzulassen für Bahnhöfe mit größerem Umsteigeverkehr, wenn die örtliche Polizeistunde eine frühe ist und nach ihrem Eintritt noch stärkerer Zugverkehr stattfindet.

Der Wirtschaftsbetrieb darf frühestens eine Stunde vor dem Abgang des ersten der Personenbeförderung dienenden Zuges geöffnet und nicht später als eine halbe Stunde nach Abgang oder Ankunft des letzten derartigen Zuges geschlossen werden. Die Reichsbahndirektionen sind ermächtigt, das Offenhalten der Wirtschaft bis zur örtlichen Polizeistunde zu gestatten, wenn der Zugverkehr schon früher endigt. Unabhängig von den vorstehenden Bestimmungen ist das Offenhalten der Warteräume, das sich nach der Zuglage richtet.

Unberührt durch vorstehende Bestimmungen bleiben die allgemeinen polizeilichen Befugnisse.

II. Bahnhofsverkaufsstellen.

1. Die Bahnhofsverkaufsstellen haben grundsätzlich die örtlichen Ladenschlußstunden einzuhalten.

Ausnahmen kann die Reichsbahndirektion im Einvernehmen mit der höheren Verwaltungsbehörde zulassen. Das Einvernehmen hat sich auf die Gattung der außerhalb der allgemeinen Verkaufszeiten zum Verkaufe zugelassenen Waren zu erstrecken. Für die Regelung soll das Maß des Bedürfnisses des Reiseverkehrs, insbesondere die Zuglage, maßgebend sein.

2. Dabei sind folgende Gesichtspunkte zu beachten:

a) Bei den Bahnhofsverkaufsstellen innerhalb der Sperre kann in der Regel angenommen werden, daß sie ausschließlich dem Bedürfnis des Reiseverkehrs dienen.

b) Für Bahnhofsverkaufsstellen außerhalb der Sperre dürfen Ausnahmen nur für den Verkauf von Reisebedarf zugelassen werden. Zum Reisebedarf gehören insbesondere Zeitungen und sonstige Reiselektüre, Tabakwaren sowie Lebens- und Genußmittel und Blumen. Die Reichsbahndirektionen werden die Inhaber solcher Verkaufsstellen vertraglich anweisen, außerhalb der örtlichen Ladenschlußzeit Waren nur in einem dem normalen Reisebedürfnis angepaßten Umfang abzugeben und sich nach Möglichkeit Gewißheit darüber zu verschaffen, daß der Käufer zu den Reisenden gehört. Die Beachtung dieser Anweisung wird von den Reichsbahndirektionen überwacht werden. Pächtern, die diese Vertragsbestimmungen trotz wiederholter Aufforderung nicht erfüllen, ist das Pachtverhältnis zu kündigen.

3. Innerhalb der örtlich zugelassenen Verkaufszeiten bestehen keine Beschränkungen des Warenverkaufs nach Gattung und Umfang.

4. Die außerhalb des Personenbahnhofs, wenn auch auf bahneigenem Gelände gelegenen Verkaufsstellen sind ausnahmslos den für offene Verkaufsstellen geltenden gewerbepolizeilichen Bestimmungen unterworfen.

III. Friseurstuben.

Die Geschäftsstunden der Friseurstuben werden unter Berücksichtigung der Bedürfnisse des Reiseverkehrs nach den gleichen Grundsätzen wie in Ziffer II geregelt.

IV. Arbeiter- und Angestelltenschutz.

1. Die Pächter der Bahnhofswirtschaften und selbständigen Erfrischungshallen und die Pächter der Bahnhofsverkaufsstellen sind im Wege des Pachtvertrages anzuhalten, bei der Beschäftigung ihres Personals die für die Beschäftigung der Arbeiter und Angestellten der gewerblichen Betriebe ihrer Art geltenden Arbeitnehmerschutzbestimmungen zu beachten; die Pächter sind auch anzuhalten, für Sonntagsarbeit entsprechende Ruhezeiten zu gewähren.

Die Reichsbahndirektionen werden den Vollzug der auf den Arbeiter- und Angestelltenschutz bezüglichen Pachtvertragsbestimmungen überwachen.

Pächtern, die diese Vertragsbestimmungen trotz wiederholter Aufforderung nicht erfüllen, ist das Vertragsverhältnis zu kündigen.

2. Erweist sich eine besondere Regelung der Beschäftigung des Personals als erforderlich, so wird die Reichsbahndirektion die Regelung im Einvernehmen mit der höheren Verwaltungsbehörde treffen.

V. Gemeinsame Bestimmungen.

Den Reichsbahndirektionen und den höheren Verwaltungsbehörden bleibt es unbenommen, zunächst ihre unterstellten Behörden mit den Verhandlungen zu beauftragen.

Ist ein Einvernehmen zwischen der Reichsbahndirektion und der höheren Verwaltungsbehörde nicht zu erzielen, so haben deren Aufsichtsbehörden die Entscheidung gemeinsam zu treffen.

VI. Schlußbestimmung.

1. Soweit bei den zu II Ziffer 2a und b genannten Verkaufsstellen eine erweiterte Verkaufszeit jetzt zugelassen ist, soll eine Abänderung im beiderseitigen Einvernehmen nur geschehen, soweit berechtigte Klagen erhoben worden sind.

2. Für außerhalb der Sperre gelegene Bahnhofsverkaufsstellen und Friseurstuben im Sinne der Ziffern II und III auf Bahnhöfen, die lediglich Vorort- oder Stadtbahnhöfe sind, sollen Ausnahmen von den Bestimmungen über Sonntags-

ruhe und Ladenschluß in der Regel nicht gewährt werden. Soweit eine Einigung mit der Verwaltungsbehörde bereits erzielt ist, verbleibt es bei den getroffenen Abmachungen, andernfalls findet Ziffer I Anwendung.

Für Preußen sind mit der Hauptverwaltung der Reichsbahn-Gesellschaft weiter folgende Übergangsbestimmungen für Bahnhofswirtschaften und selbständige Erfrischungshallen vereinbart worden.

1. Die vor dem 1. März 1925 zugelassenen Bahnhofswirtschaften und selbständigen Erfrischungshallen unterliegen einer Erlaubnispflicht nach § 33 der Gewerbeordnung nicht. Hinsichtlich der nach dem 1. März 1925 zugelassenen Bahnhofswirtschaften und selbständigen Erfrischungshallen wird im Einvernehmen zwischen der Reichsbahndirektion und der höheren Verwaltungsbehörde die Bedürfnisfrage nach folgenden Gesichtspunkten nachgeprüft:

a) Unter die Nachprüfung fallen nicht solche Bahnhofswirtschaften und selbständigen Erfrischungshallen, die vor dem 1. März 1925 bestanden haben und nach diesem Tage durch einen neuen Pächter besetzt oder nach vorübergehender Schließung (z. B. während der Ruhrbesetzung) wieder eröffnet worden sind.

b) Für die Entscheidung ist das Bedürfnis des Reiseverkehrs maßgebend. Ein Bedürfnis ist anzunehmen bei größerem Verkehr, insbesondere bei vorliegendem Fernverkehr, bei gesteigertem Ausflugsverkehr, bei Mangel an

Erfrischungsmöglichkeiten in unmittelbarer Nähe des Bahnhofs und beim Vorliegen ähnlicher Gesichtspunkte. Bei Beurteilung des Verkehrs sind Art und Umfang desselben zu berücksichtigen.

c) Bei Pächtern, die Kriegsbeschädigte, abgebaute Beamte oder Arbeiter der Reichsbahn oder vertriebene Bahnwirte sind, ist weitgehende Rücksicht zu üben. Auch sollen nach Möglichkeit Härten vermieden werden in den Fällen, in denen der Pächter erhebliche Aufwendungen für die Einrichtung gemacht hat.

d) Wird im beiderseitigen Einvernehmen die Bedürfnisfrage für einzelne Bahnhofswirtschaften und selbständige Erfrischungshallen verneint, so soll die Durchführung der Kündigung unter tunlichster Schonung des Pächters erfolgen (längere Kündigungsfristen, Übertragung freiwerdender Bahnwirtschaften, selbständiger Erfrischungshallen oder Verkaufsstellen und ähnliches).

e) Bei der ersten Neubesetzung der in der Zeit vom 1. März 1925 bis zum Abschluß dieser Vereinbarung neu eröffneten Bahnhofswirtschaften und selbständigen Erfrischungshallen infolge Ausscheidens eines unter Ziffer c fallenden Pächters hat eine erneute Nachprüfung des Bedürfnisses im Einvernehmen zwischen der Reichsbahndirektion und der höheren Verwaltungsbehörde zu erfolgen.

Durch das nachstehend abgedruckte Rundschreiben vom 21. v. M. hat die Deutsche Reichsbahn-Gesellschaft diese Vereinbarungen den Reichsbahndirektionen zur Beachtung mitgeteilt.

Deutsche
Reichsbahn-Gesellschaft
Hauptverwaltung
47. 470d 10.

Berlin W 8, den 21. Januar 1927.
Voßstraße 35.

An die Herren Regierungspräsidenten und den Herrn Polizeipräsidenten, hier.

Im Anschluß an die Verfügung vom 7. Dezember 1926 — 47. 470d 298 — und die Besprechung mit den Reichsbahndirektionen erhalten diese weitere 10 Abdrucke der von dem Reichsrat angenommenen Richtlinien für die Behandlung der Bahnwirtschaften und der Bahnhofsverkaufsstellen zur Kenntnis und weiteren Veranlassung. Der Reichsrat hat die Richtlinien den Länderregierungen zur Annahme empfohlen. Gegen die Annahme haben die Länder Württemberg und Thüringen gestimmt und sich weitere Verhandlungen vorbehalten. In diesen Ländern treten die Richtlinien daher vorläufig nicht in Kraft, in den anderen dagegen zu dem Zeitpunkt, in dem die entsprechende Mitteilung der Landesregierung eingeht. Weitere Nachricht hierüber erhalten die Reichsbahndirektionen von Fall zu Fall.

Die Richtlinien stellen lediglich eine Verwaltungsanordnung dar, sollen die Schwierigkeiten, die durch den Antrag Sachsens im Reichsrat auf Abänderung des § 6 der Reichsgewerbeordnung, den vom Reichstag einstimmig angenommenen Antrag Büll und Genossen und durch das Urteil des Oberverwaltungsgerichts vom 10. Dezember 1925 entstanden sind, im Vereinbarungswege regeln und dadurch unnötigen Schriftwechsel, Prozesse und gegenseitige Verärgerung der beiderseitigen Behörden vermeiden. Die Reichsbahndirektionen wollen sich daher angelegen sein lassen, an der Hand der Richtlinien alle auftauchenden Fragen in beiderseitigem Entgegenkommen zu regeln.

Zu den Richtlinien ist folgendes zu bemerken:

Zu I, 1.

Unter selbständigen Erfrischungshallen sind die Ausschankstellen zu verstehen, die auf Bahnhöfen ohne Bahnwirtschaften eingerichtet sind. Die den Bahnwirten übertragenen Ausschankstellen auf den Bahnhöfen usw. fallen unter den Begriff Bahnwirtschaften.

Was unter „Personenbahnhof" zu verstehen ist, ist Tatfrage. Es fallen unter diesen Begriff z. B. auch Wirtschaftsgärten, wenn sie unmittelbar von der Bahnwirtschaft aus bedient werden und nicht eine selbständige Ausschankstelle enthalten. Der unmittelbare Zusammenhang mit den dem Personenverkehr dienenden Anlagen ist maßgebend.

Zu I, 2.

Die Bestimmung gilt in sinngemäßer Anwendung der Ziffer 1 nur für solche Einrichtungen, die sich auf einem Personenbahnhof innerhalb oder außerhalb der Bahnsteigsperre befinden.

In der Errichtung neuer Bahnwirtschaften usw. werden die Reichsbahndirektionen größte Zurückhaltung zu üben und das Bedürfnis zuvor einer scharfen Prüfung im Sinne des 3. Absatzes dieser Nummer zu unterziehen haben, ehe sie mit der höheren Verwaltungsbehörde in Verbindung treten. Die Einholung des Einverständnisses der höheren Verwaltungsbehörde hat von Amts wegen zu erfolgen.

Baukantinen fallen nicht unter die genannten Ausnahmen.

Zu I, 3.

Unter Polizeistunde ist sowohl die Spät- wie Frühpolizeistunde zu verstehen.

Falls Vereine und dergleichen über die örtliche Polizeistunde hinaus aus Anlaß von Zusammenkünften auf dem

Bahnhof einen längeren Ausschank von alkoholhaltigen Getränken beantragen, sind sie an die zuständigen Verwaltungsstellen zu verweisen.

Zu II.

Bei Neuerrichtung von Ständen ist die Bedürfnisfrage besonders eingehend zu prüfen in allen den Fällen, in denen Ausnahmen von der Innehaltung der örtlichen Ladenschlußstunde in Betracht kommen. Von einer Aufhebung der Verfügung vom 8. Oktober 1925 — 47. 470d 179 —, durch die die Anhörung der örtlichen Organisationen des Einzelhandels angeordnet wurde, haben wir abgesehen, da wir uns von einer Anhörung dieser Stellen Erleichterungen bei den Vereinbarungen mit den Verwaltungsbehörden versprechen. Doch bleibt die Anhörung dem Ermessen der Reichsbahndirektion überlassen. Die Verfügung vom 13. August 1924 — 18 Nr. 182 d 91 — wird insoweit aufgehoben, als sie mit den Richtlinien in Widerspruch steht.

Zu II, 2b.

Die Aufzählung der Waren, die als Reisebedarf anzusehen sind, ist nicht abschließend. Es können auch Stände für nicht genannte Waren außerhalb der Sperre im gegenseitigen Einvernehmen dann länger aufgehalten werden, wenn der Reiseverkehr dies, z. B. bei größeren Bahnhöfen mit internationalem Verkehr, verlangt.

Läden im Empfangsgebäude, die nur von der Straße aus zugänglich sind, unterliegen stets der allgemeinen Ladenschlußstunde.

Die vorgesehenen Ergänzungen der Verträge wollen die Reichsbahndirektionen baldigst durchführen und ihre Innehaltung überwachen.

Zu II, 2b und II, 4.

Wo es noch nicht geschehen, sind die entsprechenden Anordnungen umgehend zu treffen. Die Reichsbahndirektionen werden ermächtigt, etwa erforderlich werdende Pachtnachlässe in eigener Zuständigkeit zu bewilligen.

Zu IV.

Die Verträge sind gegebenenfalls baldigst zu ergänzen.

Zu V.

Bei Erstattung des Berichts an uns ist der gesamte Schriftwechsel mit den Verwaltungsbehörden beizufügen. Die bayerischen Reichsbahndirektionen berichten an die Gruppenverwaltung Bayern in München.

Zusatz für die Reichsbahndirektionen in Preußen:

Da der Herr Preußische Minister des Innern der Meinung ist, daß seit der Überführung der deutschen Reichsbahn in die Gesellschaftsform die Errichtung neuer Bahnwirtschaften usw. in einem Umfange erfolgt sei, der über das Verkehrsbedürfnis hinausging, legte er auf eine Nachprüfung der erfolgten Neueinrichtungen besonderen Wert. Wir haben geglaubt, uns diesem Wunsche im Interesse einer Beilegung der bestehenden Differenzen nicht entziehen zu können und haben unter Festlegung des 1. März 1925 als Stichtag die in 10 Stücken beiliegenden Übergangsbestimmungen im Verhandlungswege vereinbart. Die Reichsbahndirektionen wollen an deren Hand die von den höheren Verwaltungsbehörden eingehenden Anträge im Geiste gegenseitigen Einvernehmens erledigen. Im einzelnen ist zu bemerken:

Für den Zeitpunkt, in dem eine Bahnwirtschaft usw. als „zugelassen" anzusehen ist, ist der Tag der Betriebseröffnung maßgebend.

Sollte im Einzelfalle eine Kündigung nicht zu vermeiden sein, so wollen die Reichsbahndirektionen im gegenseitigen Benehmen in erster Linie die anderweitige Unterbringung des bisherigen Pächters in einer freiwerdenden Wirtschaft des eigenen oder eines Nachbarbezirks veranlassen. Die Reichsbahndirektionen werden in diesem Falle zur freihändigen Vergebung ohne Berichterstattung an uns ermächtigt. Auch sind insoweit die Bestimmungen für eine bevorzugte Unterbringung vorgemerkter Kriegsbeschädigter oder abgebauter Beamter nicht anzuwenden.

Deutsche Reichsbahn-Gesellschaft.

Hauptverwaltung.

Schlesier.

An die Deutsche Reichsbahn-Gesellschaft, Gruppenverwaltung Bayern, und die Reichsbahndirektionen.

Wir ersuchen, diese Richtlinien nebst den Übergangsbestimmungen in Zukunft zu beachten und sie bei den mit den Reichsbahndirektionen über die Einrichtung und den Betrieb von Bahnhofswirtschaften und Bahnhofsverkaufsstellen zu führenden Verhandlungen gleichfalls zugrunde zu legen. Bei der Regelung im Einzelfall ersuchen wir, die beteiligten Vertretungen der Gewerbetreibenden (Gastwirtgewerbe, Einzelhandel, Handwerk) und der Arbeitnehmer sowie die Industrie- und Handelskammern zu hören.

Als höhere Verwaltungsbehörden im Sinne der Richtlinien gelten die Regierungspräsidenten, für Berlin der Polizeipräsident.

Abdrucke dieses Erlasses für die Gewerbeaufsichtsbeamten sind beigefügt. Weitere als Beilagen für das dortige Amtsblatt bestimmte Abdrucke werden Ihnen demnächst zugehen.

Der Minister des Innern.

In Vertretung:

Abegg.

Der Minister für Handel und Gewerbe.

Dr. Schreiber.

Verordnung über die Arbeitszeit.

Vom 21. Dezember 1923 (RGBl. S. 1249).

Die Verordnung ist abgeändert durch das Arbeitszeitnotgesetz (Gesetz zur Abänderung der Arbeitszeitverordnung) vom 14. April 1927 (RGBl. S. 109) und mit diesen Abänderungen neugefaßt und veröffentlicht mit der Überschrift: „Verordnung über die Arbeitszeit" (RGBl. S. 110).

Nachstehend sind nur die Teile der ursprünglichen Verordnung vom 21. Dezember 1923 abgedruckt, die nicht in die Neufassung aufgenommen worden sind, d. h. die Einleitung und der Schluß.

Auf Grund des Ermächtigungsgesetzes vom 8. Dezember 1923 (Reichs-Gesetzbl. I S. 1179) verordnet die Reichsregierung nach Anhörung eines Ausschusses des Reichsrats und eines aus 15 Mitgliedern bestehenden Ausschusses des Reichstags vorbehaltlich einer späteren endgültigen Regelung:

§ 16.

Diese Verordnung tritt am 1. Januar 1924 in Kraft.

Berlin, den 21. Dezember 1923.

Der Reichskanzler. Marx.

Der Reichsarbeitsminister. Dr. Brauns.

Arbeitszeitnotgesetz[1].

Gesetz zur Abänderung der Arbeitszeitverordnung.

Vom 14. April 1927 (RGBl. I S. 109).

Der Reichstag hat das folgende Gesetz beschlossen, das mit Zustimmung des Reichsrats hiermit verkündet wird:

Artikel I.

Die Verordnung über die Arbeitszeit vom 21. Dezember 1923 (Reichs-Gesetzbl. I S. 1249) wird, vorbehaltlich der endgültigen Regelung, wie folgt geändert[3]:

1. Der § 6 erhält folgenden Abs. 3:

„War die Arbeitszeit tarifvertraglich geregelt, und ist der Tarifvertrag seit nicht mehr als drei Monaten abgelaufen, so dürfen die im Abs. 1 bezeichneten Behörden nicht längere Arbeitszeiten zulassen, als nach dem Tarifvertrage zulässig gewesen wären."

2. Der bisherige Abs. 3 des § 6 wird Abs. 4.

3. Hinter dem § 6 wird folgender § 6a eingeschaltet:

„Wird auf Grund der §§ 3, 5, 6 oder 10 Mehrarbeit geleistet, so haben die Arbeitnehmer mit Ausnahme der Lehrlinge für die über die Grenzen des § 1 Satz 2 und 3 hinausgehende Arbeitszeit Anspruch auf eine angemessene Vergütung über den Lohn für die regelmäßige Arbeitszeit hinaus, und zwar auch dann, wenn in diesen Fällen gemäß § 9 länger als zehn Stunden gearbeitet wird. Dies gilt nicht, soweit die Mehrarbeit auch nach den §§ 2 oder 4 zulässig wäre oder lediglich infolge von Notfällen, Naturereignissen, Unglücksfällen oder anderen unvermeidlichen Störungen erforderlich ist.

Als angemessene Vergütung gilt, sofern die Beteiligten nicht nach dem Inkrafttreten dieses Gesetzes eine andere Regelung vereinbaren oder besondere Umstände eine solche rechtfertigen, ein Zuschlag von fünfundzwanzig vom Hundert.

Entsteht zwischen gesamtvertragsfähigen Parteien Streit über die Form, die Höhe oder die Art der Berechnung der Vergütung und kommt in freien Verhandlungen oder im Schlichtungsverfahren keine Gesamtvereinbarung zustande, so trifft der Schlichter auf Antrag eine bindende Regelung. Unter den gleichen Voraussetzungen entscheidet er auch bindend darüber, inwieweit die Mehrarbeit wegen Arbeitsbereitschaft nach § 2 oder wegen Vorliegens der Voraussetzungen des § 4 keinen Anspruch auf Vergütung begründet. Zuständig ist der ständige Schlichter oder, wenn die Streitigkeit seinen Bezirk wesentlich überschreitet, ein vom Reichsarbeitsminister für den Einzelfall bestellter Schlichter.

War die Mehrarbeit schon am 1. April 1927 tarifvertraglich vereinbart oder behördlich zugelassen, so gelten die Vorschriften der Abs. 1 und 2 erst vom Ablauf des Tarifvertrags oder der Genehmigung, spätestens jedoch vom 1. Juli 1927 an.

Wird in Gewerben, die ihrer Art nach in gewissen Zeiten des Jahres regelmäßig zu erheblich verstärkter Tätigkeit genötigt sind, in diesen Zeiten über die Grenzen des § 1 Satz 2 und 3 hinaus gearbeitet, so kann der Reichsarbeitsminister nach Anhörung der wirtschaftlichen Vereinigungen der Arbeitgeber und der Arbeitnehmer bestimmen, daß die Vorschriften der Abs. 1 und 2 keine Anwendung finden, soweit die Mehrarbeit durch Verkürzung der

Arbeitszeit in den übrigen Zeiten des Jahres ausgeglichen wird."

4. Der § 9 Abs. 1 erhält folgenden Wortlaut:

„Die Arbeitszeit darf bei Anwendung der in den §§ 3 bis 7 bezeichneten Ausnahmen zehn Stunden täglich nicht überschreiten; eine Überschreitung dieser Grenze ist nur in Ausnahmefällen aus dringenden Gründen des Gemeinwohls mit befristeter Genehmigung der im § 6 Abs. 1 bezeichneten Behörden oder dann zulässig, wenn es sich um Vorbereitungs- und Ergänzungsarbeiten handelt, die nicht unter § 7 fallen und bei denen eine Vertretung des Arbeitnehmers durch andere Arbeitnehmer des Betriebs nicht möglich ist und die Heranziehung betriebsfremder Arbeitnehmer dem Arbeitgeber nicht zugemutet werden kann. Der Reichsarbeitsminister erläßt nach Anhörung der wirtschaftlichen Vereinigungen der Arbeitgeber und der Arbeitnehmer Bestimmungen darüber, welche Arbeiten als Vorbereitungs- und Ergänzungsarbeiten anzusehen sind."

5. Im Abs. 3 des § 9 wird das Wort „tunlichst" gestrichen.

6. Der § 10 erhält folgenden Wortlaut:

„Die nach dieser Verordnung sich ergebenden Beschränkungen der Arbeitszeit finden keine Anwendung auf vorübergehende Arbeiten in Notfällen und in außergewöhnlichen Fällen, die unabhängig vom Willen des Betroffenen eintreten und deren Folgen nicht auf andere Weise zu beseitigen sind, besonders wenn Rohstoffe oder Lebensmittel zu verderben oder Arbeitserzeugnisse zu mißlingen drohen.

Das gleiche gilt, wenn eine geringe Zahl von Arbeitnehmern über 16 Jahren an einzelnen Tagen mit Arbeiten beschäftigt wird, deren Nichterledigung das Ergebnis der Arbeit gefährden oder einen unverhältnismäßigen wirtschaftlichen Schaden zur Folge haben würde, und wenn dem Arbeitgeber andere Vorkehrungen nicht zugemutet werden können."

7. Der § 11 Abs. 3 und der § 12 fallen weg.

8. Im § 13 wird der letzte Halbsatz „auch soweit laufende Verträge dem entgegenstehen" gestrichen.

9. Der § 15 Abs. 1 erhält folgenden Wortlaut:

„Ausführungsbestimmungen zu dieser Verordnung erläßt der Reichsarbeitsminister nach Anhörung der wirtschaftlichen Vereinigungen der Arbeitgeber und Arbeitnehmer."

1. Unter diesem Namen ist das Abänderungsgesetz allgemein bekannt, da es nach der amtlichen Begründung — RT.-Drucks. Nr. 3245 S. 2, III. WP. 1924/27 — nur eine **Notregelung** darstellt, ohne das geltende Arbeitszeitrecht völlig umzustürzen und die endgültige Regelung durch das dem Reichsrat vorliegende ASchG. vorwegzunehmen.

2. Die Erläuterungen zum AZNG. s. bei der neugefaßten AZVO. S. 112 ff. Dort sind die durch das AZNG. eingetretenen Änderungen gesperrt gedruckt.

Artikel II.

Die Ziffer VII der Anordnung über die Regelung der Arbeitszeit gewerblicher Arbeiter vom 23. November 1918/17. Dezember 1918 (Reichs-Gesetzbl. S. 1334, 1436) wird dahin geändert, daß im Abs. 3 hinter den Worten „Beschäftigungsbeschränkungen gewerblicher Arbeiter“ eingefügt wird: „abgesehen von Arbeitszeitverlängerungen“[1].

Der § 10 der Verordnung über die Regelung der Arbeitszeit der Angestellten während der Zeit der wirtschaftlichen Demobilmachung vom 18. März 1919 (Reichs-Gesetzbl. S. 315) wird dahin geändert, daß im § 10 hinter den Worten „vorgesehen sind“, eingefügt wird: „abgesehen von Arbeitszeitverlängerungen“.

1. Die Ergänzung „abgesehen von Arbeitszeitverlängerungen“ ist notwendig, um den Gegensatz zwischen der Ziff. VII der ArbAO. bzw. § 10 der AngVO. und der Fassung des AZNG. zu beseitigen, das bereits alle zulässigen Möglichkeiten der über den achtstündigen Arbeitstag hinausgehenden Arbeitszeitverlängerungen enthält.

Artikel III.

Das Gesetz tritt mit dem 1. Mai 1927 in Kraft.

Der Reichsarbeitsminister wird ermächtigt, die Verordnung über die Arbeitszeit vom 21. Dezember 1923 mit den sich durch dieses Gesetz ergebenden Änderungen in ihrer neuen Fassung zu veröffentlichen[1].

Hannover, den 14. April 1927.

Der Reichspräsident.	Der Reichsarbeitsminister.
von Hindenburg.	Dr. Brauns.

1. Die neue Fassung ist gleichzeitig mit diesem Gesetz veröffentlicht, d. h. am 14. 4. 27.

Bekanntmachung der neuen Fassung der Arbeitszeitverordnung.

Vom 14. April 1927 (RGBl. I S. 110).

Auf Grund des Artikel III Abs. 2 des Gesetzes zur Abänderung der Arbeitszeitverordnung vom 14. April 1927 (Reichs-Gesetzbl. I S. 109[1]) wird die Verordnung über die Arbeitszeit vom 21. Dezember 1923 (Reichs-Gesetzbl. I S. 1249[2]) in der neuen Fassung nachstehend bekanntgegeben.

Berlin, den 14. April 1927.

Der Reichsarbeitsminister.

Dr. Brauns.

1. S. oben S. 111.

2. Die durch das Gesetz v. 14. 4. 27 (Arbeitszeitnotgesetz) erfolgten Änderungen und Ergänzungen der VO. v. 21. 12. 23 sind im nachstehenden Text der neuen Fassung gesperrt gedruckt, die fortgefallenen Teile sind in den Anmerkungen wiedergegeben.

Verordnung über die Arbeitszeit[1].

§ 1[2].

Die Anordnung über die Regelung der Arbeitszeit gewerblicher Arbeiter vom 23. November 1918/17. Dezember 1918 — Reichs-Gesetzbl. S. 1334/1436[3] — und die Verordnung über die Regelung der Arbeitszeit der Angestellten während der Zeit der wirtschaftlichen Demobilmachung vom 18. März 1919[4] — Reichs-Gesetzbl. S. 315 — erhalten mit den nachstehenden Änderungen und Ergänzungen von neuem Gesetzeskraft[5]. Insbesondere darf bei den in Ziffer I der Anordnung vom 23. November 1918 und in den §§ 11ff.[6] der Verordnung vom 18. März 1919 bezeichneten Arbeitnehmern[7] die regelmäßige werktägliche[8] Arbeitszeit, ausschließlich der Pausen[9], die Dauer von acht Stunden[10] nicht überschreiten. Jedoch kann der an einzelnen Werktagen[11] für den Betrieb[12] oder eine Betriebsabteilung eintretende Ausfall[13] von Arbeitsstunden nach Anhörung der gesetzlichen Betriebsvertretung[14] durch Mehrarbeit[15] an den übrigen Werktagen der gleichen oder der folgenden Woche ausgeglichen werden[16].

1. Die Überschrift ist also dieselbe geblieben wie in der AZVO. v. 21. 12. 23, da der Reichsarbeitsminister von der ihm durch § 15 Abs. 3 gegebenen Befugnis bisher keinen Gebrauch gemacht hat. Im übrigen s. die Anm. zu § 15.

2. Grundsatz: Die festgelegte Arbeitsdauer ist als Obergrenze des Zulässigen zu verstehen. Die in der Doppelarbeitswoche zu leistenden 96 Arbeitsstunden können beliebig auf die Werktage der beiden Wochen verteilt werden.

3. S. oben S. 49.

4. S. oben S. 78.

5. Die ArbAO. und AngVO. waren zunächst nur als Verordnungen für die Zeit der wirtschaftlichen Demobilmachung erlassen und sollten auf Grund der VO. über die Beendigung der wirtschaftlichen Demobilmachung v. 18. 2. 21 (RGBl. S. 189) am 31. 3. 22 außer Kraft treten. Durch das Gesetz über die Verlängerung der Geltungsdauer von Demobilmachungsverordnungen v. 30. 3. 22 (RGBl. S. 285) wurde ihre Geltungsdauer zunächst bis 31. 10. 22, durch das Ermächtigungsgesetz v. 17. 8. 22 (RGBl. S. 717) auf unbestimmte Zeit, durch Gesetz v. 26. 10. 22 (RGBl. S. 802) bis zum 31. 3. 23, durch Gesetz v. 23. 3. 23 (RGBl. S. 215) bis zum 31. 10. 23 und durch Verordnung v. 29. 10. 23 (RGBl. S. 1037) bis

zum 17. 11. 23 verlängert. Am 22. 10. 23 wurde dem Reichstag der Entwurf eines vorläufigen Gesetzes über die Arbeitszeit (RT.-Drucks. Nr. 6279, I. WP. 1920/23) vorgelegt, der aber infolge der inzwischen eingetretenen weiteren Erschwerung der wirtschaftlichen und politischen Lage im Reichstag nicht mehr verabschiedet wurde. Auf Grund des Ermächtigungsgesetzes v. 8. 12. 23 (RGBl. S. 1179) setzte die Reichsregierung diesen Entwurf mit geringfügigen Änderungen in Form der AZVO. v. 21. 12. 23 in Kraft, die v. 1. 1. 24 ab wirksam wurde. In der Zeit v. 18. 11. 23 bis 31. 12. 23 waren also die ArbAO. und die AngVO. außer Kraft, es waren vielmehr nur noch die bis zum Erlaß dieser Verordnung gültigen Vorschriften der Gewerbeordnung über die Arbeitszeit wieder in Wirksamkeit.

6. Der Geltungsbereich bleibt also der aus den beiden Verordnungen ersichtliche (Ziff. I ArbAO. und § 11 AngVO.). Der Ausdruck „gewerbliche Arbeiter" (Ziff. I ArbAO.) ist im weiteren Sinne des Titels VII der GO. zu verstehen. Hausgehilfen fallen nicht darunter. Der Bergbau über und unter Tage ist wieder eingeschlossen. Vgl. die Anm. zu § 8. Hinsichtlich der Landwirtschaft, die grundsätzlich nicht als Gewerbe behandelt wird (§ 6 GO.), gilt der bisherige Rechtszustand, wie er sich aus der Ziff. I der ArbAO. im Zusammenhalte mit der VLAO. (s. unten S. 276) ergibt, insbesondere in bezug auf die landwirtschaftlichen Nebengewerbe, auch weiterhin. Beamte fallen nicht unter die VO., wohl aber Arbeiter und Angestellte in Betrieben und Verwaltungen des öffentlichen Rechts. Wegen der BäckVO. s. § 14 Abs. 4 und unten S. 247. An den Bestimmungen des bürgerlichen und des Arbeiterrechts über den Umfang der Leistungspflicht der Arbeitnehmer wird, soweit aus der VO. selbst etwas anderes nicht erhellt, nichts geändert. Insbesondere bleiben die Vorschriften des BRG. unberührt. Für das Verkehrsgewerbe ist Ziff. III der ArbAO. nach wie vor maßgebend (oben S. 51.). S. auch § 18 dieser VO. Für die in der Krankenpflege beschäftigten

Personen s. die VO. S. 306 unten. (S. RT.-Drucks. 6279 I. WP. 1920/23, S. 2).

7. Die Vorschriften der VO. sind regelmäßig für Arbeiter und Angestellte zusammengefaßt und sprechen dann von Arbeitnehmern. Wo der Ausdruck Arbeiter steht, sind also die Angestellten nicht mitbetroffen.

8. In Ziff. II der ArbAO. und § 1 der AngVO. heißt es nur „tägliche" Arbeitszeit. Durch die Umänderung in „werktägliche" Arbeitszeit soll noch besonders hervorgehoben werden, daß Sonn- und Feiertage nicht gemeint sind.

9. Pausen = Ruhepausen. Nur solche Arbeitsunterbrechungen gelten nicht als Arbeitszeit, die im voraus feststehen, und die für die Ruhe und Erholung des Arbeitnehmers bestimmt sind, in denen dieser also keine Arbeit zu verrichten hat, nicht etwa auch unvorhergesehene Unterbrechungen des Betriebes oder der Arbeit (Begründung zu § 9 ASchG.). Eine Ausnahme von der Vorschrift, daß die Pausen bei der Berechnung der Arbeitszeit auszuschließen sind, machen nur Ziff. IV und V, Abs. 2 der ArbAO. S. auch Anm. 15 zu § 9.

Strittig ist die Frage, ob der Fortbildungsschulunterricht auf die gesetzlich begrenzte Arbeitszeit (Achtstundentag) in Anrechnung zu bringen ist. Sie ist verneint durch das Demobilmachungs-Ministerium (Bekanntgabe vom 19. 2. 1919), ebenso durch das Oberlandesgericht Dresden (Urteile vom 21. 12. 1921 und 8. 3. 1922 — Neue Zeitschrift für Arbeitsrecht 1922 Sp. 455 und 698; s. Kaskel, Arbeitsrecht 1925 S. 169 und 210); den entgegengesetzten Standpunkt vertritt das Reichsarbeitsministerium, ebenso das Gewerbegericht Hamburg (GKG. 25. Jahrgang S. 129; s. Kartenauskunftei des Arbeitsrechts, Karte „Fortbildungsschule" vom 14. 6. 1922).

10. Der in Ziff. II der ArbAO. und § 1 der AngVO. festgestellte Grundsatz, daß die regelmäßige Arbeitszeit acht Stunden werktäglich nicht übersteigen darf, wird also aufrecht erhalten und durch das Wort „insbesondere" der Maximalarbeitstag von acht Stunden und die Maximalarbeitswoche

von 48 Stunden (6 Werktage × 8 = 48) noch ausdrücklicher in den Vordergrund gestellt. Die Bestimmung steht also im völligen Einklang mit dem WA. (S. unten.)

11. Nach Ziff. II der ArbAO., mit der § 1 der AngVO. wörtlich übereinstimmt, war nur eine Verteilung der Arbeitsstunden möglich, die an Vorabenden der Sonn- und Festtage fortfielen.

12. Der Ausgleich ist also nicht für den einzelnen Arbeitnehmer, sondern für den ganzen Betrieb oder eine ganze Betriebsabteilung zugelassen (s. auch die Ausführungsbestimmungen zu § 1 Satz 3, S. 186 unten). Auch Versäumnisse der einzelnen Arbeitnehmer durch Krankheit usw. sind nicht zugelassen, es sei denn, daß der Betrieb nur einen einzigen Arbeitnehmer beschäftigt.

13. Der Ausfall kann verschiedene Ursachen haben, z. B. es bleibt die Arbeitszeit an bestimmten Tagen regelmäßig unter der vorgesehenen Grenze oder es wird aus bestimmten Gründen (Kohlenersparnis) nur an fünf beliebigen Werktagen gearbeitet. Auch die völlige Freigabe der Sonnabende und der Tage vor den Festtagen ist statthaft (Bescheid des Reichsarbeitsministers v. 18. 2. 22 — RABl. S. 294. — Infolge Streiks ausgefallene Arbeitstage fallen jedoch nicht unter diese Bestimmung).

Eine Höchstdauer der täglichen Arbeitszeit ist im Falle eines solchen Ausgleichs für männliche Arbeiter über 16 Jahre und für Angestellte in der VO. nicht festgesetzt. Es darf also für den Fall, daß die 48stündige Arbeitswoche oder 96stündige Doppelarbeitswoche in Frage kommt, ausgleichshalber über 10 Stunden hinaus gearbeitet werden (Bescheid des Reichsarbeitsministers v. 22. 5. 24 — RABl. S. 264 — und Begründung zu § 9 des AZRG.).

14. Nach Ziff. II der ArbAO. und § 1 der AngVO. bedurfte es zum Ausgleich der Vereinbarung zwischen dem Arbeitgeber und dem Arbeiterausschuß oder zwischen den wirtschaftlichen Vereinigungen von Arbeitgebern und Arbeitnehmern

(Tarifvertrag). Jetzt braucht lediglich die Betriebsvertretung gehört zu werden; die Betriebsvertretung hat also nicht mitzuwirken (§ 78 Nr. 2 BRG.); auch der Schlichtungsausschuß braucht nicht angerufen zu werden.

15. Diese Mehrarbeit wird selbstverständlich nicht besonders vergütet. Anders die auf Grund der §§ 3, 5, 6 oder 10 geleisteten Überstunden.

16. Es bestehen also drei Möglichkeiten: der Ausfall kann in der gleichen Woche, in der folgenden Woche oder in diesen beiden Wochen ausgeglichen werden. Anders der Ausgleich gemäß § 6a Abs. 5.

§ 2[1].

Für Gewerbezweige[2] oder Gruppen von Arbeitnehmern[3], bei denen regelmäßig und in erheblichem Umfang Arbeitsbereitschaft[4] vorliegt, kann durch Tarifvertrag[5] oder, soweit ein solcher nicht besteht oder doch Arbeitsverhältnisse dieser Art nicht berücksichtigt, durch den Reichsarbeitsminister nach Anhörung der beteiligten wirtschaftlichen Vereinigungen der Arbeitgeber und Arbeitnehmer[6] eine vom § 1 Satz 2 und 3 abweichende Regelung getroffen werden.

1. Grundsatz: Arbeitszeit ist nicht die Dauer der wirklichen Arbeitsleistung, sondern die gesamte Zeit, während deren der Arbeitnehmer dem Arbeitgeber zur Verfügung steht. Dieser Grundsatz bedarf jedoch einer Einschränkung für die Fälle der Arbeitsbereitschaft. Jede zufällige oder gelegentliche Unterbrechung ist aber noch keine Arbeitsbereitschaft, die Unterbrechung muß vielmehr in dem Wesen der zu leistenden Arbeit begründet sein, sie muß regelmäßig und außerdem von erheblichem Umfange sein. Die Regelung erfolgt durch tarifvertragliche Vereinbarung oder mangels einer solchen durch den Reichsarbeitsminister. (Vgl. ASchG. S. 52.)

Mit der Frage der Begriffsbestimmung der Arbeitsbereitschaft hat sich der Sozialpolitische Ausschuß des Vorläufigen Reichswirtschaftsrats, dessen Hauptaufgabe die Abgabe der von der Reichsregierung geforderten Gutachten ist, in einer besonderen Sitzung am 24. 1. 24 beschäftigt Während von Arbeitgeberseite es für notwendig erklärt wurde, den Begriff der Arbeitsbereitschaft zu definieren, wurde von Arbeitnehmerseite die Forderung nach einer rein sachlichen Begriffsbestimmung abgelehnt. Nach langer Aussprache wurde schließlich nachstehender Antrag der Arbeitgeber angenommen:

Der Sozialpolitische Ausschuß des Vorläufigen Reichswirtschaftsrats wolle beschließen:

„Der Sozialpolitische Ausschuß ist der Ansicht, daß der in der Verordnung vom 21. Dezember 1923 nicht erläuterte Begriff der Arbeitsbereitschaft wegen der weitgehenden Verschiedenheit der Verhältnisse der einzelnen Gewerbe und innerhalb derselben und demgemäß wegen der Schwierigkeit einer allgemeinen Anwendung zweckmäßig nicht theoretisch festgelegt wird.

Der Ausschuß ist ferner der Meinung, daß die Berufsgruppen oder Gewerbezweige, in denen regelmäßig oder in erheblichem Umfange bloße Arbeitsbereitschaft vorliegt, durch Verhandlungen der beteiligten Arbeitgeber und Arbeitnehmer auf tariflichem Wege oder im Falle der Unterlassung mit Hilfe des Arbeitsministers festzustellen sind."

Diese Entschließung wurde dem Reichsarbeitsminister unmittelbar überwiesen (S. 335ff. der Denkschrift über den Vorläufigen Reichswirtschaftsrat 1926 — verfaßt vom Bureaudirektor beim Vorläufigen Reichswirtschaftsrat Dr. Hauschild —).

Zum Begriff „Arbeitsbereitschaft" s. auch Kaskel, „Das Schlichtungswesen" S. 75ff.

2. Z. B. Schankgewerbe, Verkehrsgewerbe. Die Reichsverw. hat seit längerer Zeit die Arbeitsbereitschaft in ihren Tarifverträgen berücksichtigt (s. unten S. 219). Siehe auch die Dienstdauervorschriften v. 19. 9. 24 oben S. 59.

3. § 13 des ASchG. führt gewisse Gruppen dieser Art von Arbeitnehmern an: Feuerwehrleute, Heilgehilfen, das Personal in Speise-, Wasch-, Bade- und Aufenthaltsräumen, sofern tatsächlich bloße Arbeitsbereitschaft vorliegt. Ferner nennt der Entwurf· Wächter, Pförtner, Ausläufer und Führer und Begleiter von Kraftfahrzeugen und Fuhrwerken, Wärter von Maschinen und sonstigen technischen Anlagen, die nicht unmittelbar der Gütererzeugung dienen, wenn die Arbeit hauptsächlich in Beobachtung besteht und nicht eine dauernde angestrengte Aufmerksamkeit verlangt. Heizer von Dampfkesseln gehören nicht hierher.

4. Arbeitsbereitschaft ist die Zeit, während derer der Arbeitnehmer ohne Arbeitsleistung auf der Dienst- oder Arbeitsstelle anwesend ist, um nach Bedarf Arbeit zu leisten. (S. oben S. 59.)

5. Die Regelung soll in erster Linie Sache der Tarifverträge sein, nur wenn eine tarifvertragliche Regelung fehlt, soll der Reichsarbeitsminister eine von § 1 abweichende Regelung treffen.

Der Sozialpolitische Ausschuß des Reichstags hatte bei der Beratutng über das AZNG. — nach dem Antrag Nr. 2961 der RT.-Drucks., III. WP. 1924/26 — beschlossen, den § 2 so zu fassen, daß nur durch Tarifvertrag eine vom § 1 abweichende Regelung getroffen werden kann. In der 2. Beratung im Plenum wurde diese Änderung wieder beseitigt, nachdem der Regierungsvertreter erklärt hatte, daß der Reichsarbeitsminister von der Befugnis bisher kaum Gebrauch gemacht habe. — Nach § 5 Abs. 2 unterliegen diese Tarifverträge bei Unvereinbarkeit mit dem Sinne des öffentlich-rechtlichen Arbeitnehmerschutzes dem behördlichen Beanstandungsrecht und für den Fall der erfolglosen Beanstandung der Abänderung durch die Behörden.

6. Begrifflich sind die Berufsvereine, oder, wie der Ausdruck der Rechtssprache in unseren Gesetzen lautet, „die wirtschaftlichen Vereinigungen der Arbeitgeber und Arbeitnehmer“ Personenvereinigungen von Arbeitgebern oder Arbeitnehmern

mit dem Zweck oder Hauptzweck der Einwirkung auf die Gestaltung der Einzelarbeitsverhältnisse (Kaskel S. 228). Die Berufsvereine bestehen also entweder aus Arbeitgebern oder aus Arbeitnehmern. Anläßlich der Beratung des Arbeitsnachweisgesetzes hat der Berichterstatter im Plenum des Reichstags am 28. 6. 22 (Stenogr. Bericht der 239. Sitzung S. 8121, I. WP. 1920/22) eine dem Beschlusse des Ausschusses entsprechende Begriffserklärung bezüglich der „wirtschaftlichen Vereinigungen", der „Vereinigungen der Arbeitgeber und Arbeitnehmer" und der „öffentlichen Berufsvertretungen" gegeben. Hiernach sind „wirtschaftliche Vereinigungen" solche Vereinigungen, die fähig sind, Parteien eines Tarifvertrags zu sein (also auch Innungen), der Begriff „Vereinigungen der Arbeitgeber und Arbeitnehmer" umfaßt alle Vereinigungen, welche die Arbeitgeber und Arbeitnehmer als solche ins Leben rufen, und denen sie als solche angehören, auch ohne daß die Vereinigungen tariffähig sind. Auch Vereinigungen, denen Arbeitgeber und Arbeitnehmer gleichzeitig angehören, fallen unter diesen Begriff. Als öffentliche Berufsvertretung ist jede durch Gesetz geschaffene Vertretung eines Berufes oder Standes anzusehen, also z. B. Handelskammern, Handwerkskammern, Landwirtschaftskammern usw.

§ 3[1].

Unbeschadet der im § 10 vorgesehenen Ausnahmen[2] dürfen die Arbeitnehmer eines Betriebs oder einer Betriebsabteilung[3] nach Anhörung der gesetzlichen Betriebsvertretung über die im § 1 Satz 2 und 3 vorgeschriebene Höchstarbeitszeit hinaus an dreißig[4] der Wahl[5] des Arbeitgebers überlassenen Tagen im Jahre mit Mehrarbeit[6] bis zu zwei Stunden[7] beschäftigt werden[8].

1. § 3 behandelt die erste gesetzliche Ausnahme vom Maximalarbeitstag (§ 1), er beschränkt sich aber nicht darauf,

die öffentlich-rechtliche Zulässigkeit der Mehrarbeit festzustellen, sondern seine Vorschrift ist zugleich auch privatrechtlicher Natur, indem sie in ihrer Wirkung dem Tarifvertrage, also einem privatrechtlichen Übereinkommen gleichgestellt wird, da nach § 5 Abs. 5 die Ausnahme aus § 3 auch neben Tarifverträgen gilt (s. auch die Anm. 5 zu § 2). Der Arbeitnehmer ist also verpflichtet, die im Rahmen des § 3 geforderte Mehrarbeit zu leisten. Diese Auffassung ist auch vom Reichsarbeitsminister in seinem Bescheide v. 8. 3. 24 vertreten (RABl. 1926 S. 320). Das neue ASchG. geht zwar in seinem § 14, der dem obigen § 3 entspricht, von der Norm des geltenden Rechts ab, indem es der vertraglichen Abmachung überläßt, ob und inwieweit eine Verpflichtung des Arbeitnehmers zur Leistung besteht, es betont aber in seiner zu § 14 gegebenen Begründung ausdrücklich, daß § 3 der AZVO. nicht nur die öffentlich-rechtliche Zulassung der Mehrarbeit feststellt, sondern zugleich auch eine Arbeitsverpflichtung vorschreibt. Ebenso das U. d. LG. Hagen v. 4. 4. 26 (abgedruckt im RABl. 1926 S. 320), das eine sehr ausführliche Begründung enthält. Zu dieser wichtigen Frage s. die Ausführungen von Kaskel (Arbeitsrecht 1925 S. 170ff.). Anderseits besteht kein privatrechtlicher Anspruch seitens der Arbeitnehmer auf Mehrarbeit.

2. Diese sind: vorübergehende Arbeiten in Notfällen und in außerordentlichen Fällen besonderer Art, Arbeiten, die unbedingt erledigt werden müssen, um das Ergebnis der Arbeit nicht zu gefährden oder einen unverhältnismäßigen wirtschaftlichen Schaden abzuwenden. Die Zulassung dieser Arbeiten ist außerdem noch an gewisse Bedingungen gebunden. S. Anm. zu § 10.

3. § 3 berücksichtigt nur den Fall, daß alle Arbeitnehmer des ganzen Betriebes oder zum mindesten einer Betriebsabteilung Mehrarbeit leisten. Anders können die Worte „eines Betriebes oder einer Betriebsabteilung" nicht ausgelegt werden. Es ist daher wohl angängig, jede Betriebsabteilung für sich, unabhängig von den anderen, 30 Tage im Jahre länger arbeiten

zu lassen, nicht dagegen, jeden einzelnen Arbeitnehmer auf Grund des § 3 an 30 Tagen zur Mehrarbeit heranzuziehen. Das letztere ist nach dem Wortlaut selbst dann nicht zulässig, wenn der Arbeitgeber bereit wäre, die Mehrarbeit eines einzelnen Arbeitnehmers auf die nach § 3 für den ganzen Betrieb oder für ganze Betriebsabteilungen zulässigen 30 Tage anzurechnen. S. den Bescheid des Reichsarbeitsministers v. 2. 5. 24 (RABl. S. 185).

4. Eine dem § 3 entsprechende Bestimmung hat schon bisher in § 5 der AngVO. bestanden, nur mit dem Unterschiede, daß an 20 Tagen im Jahre ohne weiteres länger gearbeitet werden konnte. Die Höchstzahl der Tage ist im § 3 gleichmäßig auf 30 festgesetzt, um dem Arbeitgeber eine gewisse Bewegungsfreiheit für diejenigen Fälle zu geben, in denen das Bedürfnis so plötzlich eintritt, daß sofort mit Längerarbeit begonnen werden muß. Aus diesem Grunde soll der Arbeitgeber durch § 3 in die Lage versetzt werden, die Mehrarbeitstage von sich aus lediglich nach Anhörung der Betriebsvertretung zu bestimmen. Als Mehrarbeit im Sinne des § 3 rechnet nicht eine Überschreitung des Achtstundentages, die dadurch veranlaßt ist, daß der an einzelnen Werktagen eintretende Ausfall von Arbeitsstunden durch Mehrarbeit an anderen Tagen der gleichen Woche ausgeglichen wird. (RT.-Drucks. 6279, I. WP. S. 4.)

Die Anhörung der gesetzlichen Betriebsvertretung soll dieser unter anderem ermöglichen, für die Schonung der Arbeitskraft der jugendlichen und weiblichen Arbeitnehmer einzutreten.

5. Es kann also auch 30 Tage hintereinander zulässige Mehrarbeit geleistet werden, ohne daß es besonderer Umstände bedarf.

6. Für diese Mehrarbeit ist die in § 6a vorgesehene Vergütung zu zahlen, jedoch nur, sofern sie über die gemäß § 1 Satz 3 ausgleichsweise geleistete Mehrarbeit hinausgeht, d. h. soweit wirkliche Überstunden über die Maximalarbeitswoche hinaus geleistet werden.

7. Die zulässige Obergrenze ergibt sich aus § 9, während auf Grund des § 10 geleistete Mehrarbeit auf die Höchstgrenze von 30 Tagen nicht angerechnet zu werden braucht.

An den Tagen also, an denen bereits auf Grund des § 1 Abs. 3 neun Stunden gearbeitet wird, ist nur noch eine Überstunde gemäß § 3 gestattet.

8. Der Arbeitgeber hat über die nach § 3 in Anspruch genommenen Mehrarbeitstage ein Verzeichnis zu führen, in das die Zahl der an den Mehrarbeitstagen beschäftigten Arbeitnehmer, unter besonderer Angabe der Zahl der weiblichen und jugendlichen, und die Dauer ihrer Beschäftigung einzutragen sind. Das Verzeichnis ist den Aufsichtsbeamten auf Verlangen vorzulegen.

§ 4[1].

Die für den Gesamtbetrieb[2] zulässige Dauer der Arbeitszeit kann nach Anhörung der gesetzlichen Betriebsvertretung[3] für weibliche[4] und jugendliche[5] Arbeitnehmer um höchstens eine Stunde, für männliche Arbeitnehmer über sechzehn Jahre um höchstens zwei Stunden täglich in folgenden Fällen überschritten werden:

1. bei Arbeiten zur Bewachung der Betriebsanlagen, zur Reinigung und Instandhaltung, durch die der regelmäßige Fortgang des eigenen oder eines fremden Betriebs bedingt ist,
2. bei Arbeiten, von denen die Wiederaufnahme oder Aufrechterhaltung des vollen Betriebs arbeitstechnisch abhängt[6],
3. bei Arbeiten[7] zum Be- und Entladen von Schiffen im Hafen und zum Be- und Entladen sowie zum Verschieben von Eisenbahn-

wagen, soweit die Mehrarbeit zur Vermeidung oder Beseitigung von Verkehrsstockungen oder zur Innehaltung der gesetzten Ladefristen notwendig ist,

4. bei der Beaufsichtigung[3] der vorstehend unter Nr. 1 bis 3 aufgeführten Arbeiten[4].

1. § 4 erstreckt sich auf die zweite Ausnahme vom Achtstundentag. Er behandelt im wesentlichen diejenigen Arbeiten, die außerhalb der regelmäßigen Arbeitszeit vorgenommen werden müssen, um die volle Ausnutzung der regelmäßigen Arbeitszeit für den Gesamtbetrieb zu ermöglichen, und die man allgemein als Vorbereitungs- und Ergänzungsarbeiten bezeichnet. Auch § 105c der GO. enthält derartige Bestimmungen, die sich allerdings nur auf die Sonntagsarbeit beziehen. § 4 ist wie § 3 auch neben Tarifverträgen anwendbar, d. h. er hat wie dieser nicht nur öffentlich-rechtlichen Charakter, sondern den Sinn einer Privatrechtsnorm (s. auch die Anm. 1 zu § 3).

2. Die für den Gesamtbetrieb zulässige Dauer der Arbeitszeit richtet sich nach § 1 oder nach den sonstigen Bestimmungen der VO.; auch bei Anwendung der Ausnahmen des § 4 darf jedoch die festgesetzte Höchstgrenze von 10 Stunden nicht überschritten werden. Beträgt z. B. die Arbeitszeit auf Grund des § 3 an einem Tage bereits 9 Stunden, so dürfen die Arbeitnehmer gemäß § 4 nur noch eine Überstunde leisten. Ausnahmen s. die Anm. zu § 9. Es braucht sich nicht um Arbeiten der ganzen Belegschaft, sondern nur um die Arbeit einzelner Arbeitnehmer zu handeln. Beträgt aber die Arbeitszeit des Gesamtbetriebes schon 10 Stunden, so darf auch ein einzelner Arbeitnehmer aus § 4 keine Mehrarbeit leisten.

3. Wegen Anhörung der gesetzlichen Betriebsvertretung s. auch § 1 und § 3.

4. Arbeiterinnen aller Altersstufen.

5. Als jugendliche Arbeitnehmer sind Arbeitnehmer zwischen 14 und 16 Jahren anzusehen. S. die Ausführungsbestimmungen zu § 4 S. 172. Die Altersgrenze ist also dieselbe geblieben wie in der GO. Arbeitnehmer unter 14 Jahren gelten als Kinder.

6. Die in Ziff. 1 und 2 aufgeführten Arbeiten versucht das ASchG. schärfer, als es hier geschieht, zu umschreiben, um dadurch die Anwendung der Vorschriften auf die Überwachung der Durchführung zu erleichtern. Zu diesen Arbeiten zählt § 12 aaO.: 1. Bedienung von Kraft-, Beleuchtungs-, Heizungs- und Aufzugsanlagen, Arbeiten an Öfen und sonstigen Feuerstellen und Pflege von Arbeitstieren, soweit die Arbeit erforderlich ist, um den eigenen oder einen fremden Betrieb voll aufzunehmen oder weiterzuführen; 2. Vorbereitung von Hilfsstoffen und Instandsetzung von Hilfsgeräten und sonstigen Betriebseinrichtungen, soweit sich die Arbeit während des regelmäßigen Betriebes nicht ohne dessen Störung oder Unterbrechung ausführen läßt, und soweit sie erforderlich ist, um den vollen Betrieb in der nächsten Schicht aufzunehmen; 3. Reinigung und Instandhaltung von Betriebsräumen, Maschinen, Öfen und anderen Betriebseinrichtungen, soweit sich die Arbeit während des regelmäßigen Betriebs nicht ohne dessen Störung oder Unterbrechung ausführen läßt; 4. Arbeiten von Vorarbeitern, Werkführern und sonst bei Beaufsichtigung der Arbeitnehmer oder des Arbeitsvorgangs Beteiligten, soweit ihre Tätigkeit unerläßlich ist, um die Arbeiten vorzubereiten oder abzuschließen oder die Arbeit zweier unmittelbar aufeinanderfolgenden Schichten zu verbinden. S. Anm. 9 zu § 9 unten S. 151.

Diese Arbeiten betreffen mehr die Arbeiter als die Angestellten (s. § 105c GO.).

7. Die unter Ziff. 3 angeführten Arbeiten zum Be- und Entladen von Schiffen und von Eisenbahnwagen können sowohl eine Ergänzung des Gesamtbetriebs darstellen als auch für sich unabhängig vorgenommen werden. Es hat sich gezeigt,

daß zur Vermeidung drohender oder zur Beseitigung eingetretener Verkehrsstockungen ein größerer Spielraum in der Vornahme dieser Arbeiten dringend erwünscht ist. Insbesondere ist der durch den Wagenmangel ohnedies behinderte Güterwagenumlauf durch die Beschränkung der Be- und Entladearbeiten auf acht Stunden täglich zum großen Schaden der Allgemeinheit vielfach außerordentlich verzögert worden. (B. S. 4.)

8. Im Gegensatz zur Bewachung der Betriebsanlagen (Ziff. 1) Beaufsichtung der Arbeiten, d. h. der Arbeitnehmer oder des Arbeitsvorganges unter Ziff. 1—3, z. B. durch Vorarbeiter, Werkführer oder auch durch Angestellte.

9. Wegen des vom Arbeitgeber zu führenden Verzeichnisses s. die Ausführungsbestimmungen S. 172 unten.

§ 5[1].

Wird durch Tarifvertrag[2] die Arbeitszeit über die im § 1 Satz 2 und 3 festgesetzten Grenzen[3] ausgedehnt, so gelten für die Beschäftigung der Arbeitnehmer[4], für die der Tarifvertrag verbindlich[5] ist, dessen Bestimmungen an Stelle der Vorschriften des § 1[6].

Enthält ein nicht für allgemein verbindlich erklärter Tarifvertrag Bestimmungen über die Arbeitszeit, die mit dem Sinne des öffentlich-rechtlichen Arbeitnehmerschutzes, insbesondere mit der Rücksicht auf die Schutzbedürftigkeit der weiblichen und jugendlichen Arbeitnehmer[7] unvereinbar sind, so kann die oberste Landesbehörde[8] sie beanstanden[9] und, wenn sie innerhalb einer von ihr festgesetzten Frist nicht geändert werden, selbst Bestimmungen über die zulässige Dauer der Arbeitszeit[10] treffen.

Dies gilt auch für die im § 2 erwähnten Tarifverträge[11].

Sind in einem Tarifvertrage[12] die näheren Bestimmungen über die Arbeitszeit besonderer Vereinbarung oder der Entscheidung durch besondere Stellen vorbehalten, so kann, wenn eine Vereinbarung oder Entscheidung in einer von der obersten Landesbehörde bestimmten angemessenen Frist nicht zustande kommt, die oberste Landesbehörde Bestimmungen über die zulässige Dauer der Arbeitszeit[13] treffen[14], die so lange gelten, bis die Vereinbarung oder Entscheidung vorliegt.

In den Fällen der Abs. 2 und 3 tritt bei Tarifverträgen, die für mehrere Länder gelten, an die Stelle der obersten Landesbehörde der Reichsarbeitsminister.

Die Ausnahmen der §§ 3, 4 und 10[15] gelten auch neben Tarifverträgen[16].

1. Der § 5 weist für sonstige, in den §§ 2—4 dieser VO. nicht behandelte Fälle die Einführung einer längeren Arbeitszeit — nicht etwa auch Abweichungen von gesetzlichen Schutzvorschriften im allgemeinen — den Tarifverträgen, also der Selbstverwaltung der Beteiligten, zu. Er entspricht damit soweit als möglich der Absicht der Arbeitgeber- und Arbeitnehmervertreter des Vorläufigen Reichswirtschaftsrats, den Tarifen möglichste Freiheit in der Festsetzung der Arbeitszeit einzuräumen. Die gewünschte Beseitigung jeder behördlichen Beeinflussung würde aber unter Umständen weder im Interesse der Arbeitgeber noch der Arbeitnehmer liegen. Daher ist einmal im § 5 für Tarife, die im übrigen keiner behördlichen Prüfung unterliegen, ein behördliches Beanstandungsrecht gegen zu weitgehende Vereinbarungen geschaffen und für den

Fall der Beanstandung die Möglichkeit vorgesehen, durch die Behörden eine vorläufige oder endgültige Entscheidung über die zulässige Arbeitszeit zu treffen. (B. S. 5.) Die Innehaltung der tariflich über die im § 1 Satz 2 und 3 bestimmten Grenzen hinaus festgesetzten Arbeitszeiten unterliegt der Aufsicht durch Aufsichtsbeamte (Ziff. IX der ArbAO. und § 16 der AngBO.) und ist unter den Strafschutz des § 11 gestellt. Die Freiheit der Tarifverträge schränkt dagegen das ASchG. stark ein und begründet dies damit, daß die weitgehende Befreiung des Tarifvertrages von dem öffentlichen Arbeitszeitschutz, wie sie die §§ 2 und 5 der AZBO. vorsähen, nur für die besonderen Verhältnisse einer Übergangszeit möglich gewesen wäre, jedoch in die endgültige Arbeitszeitregelung nicht übernommen werden könnte, da sie zu einem starken Schwanken des Schutzes nach dem jeweiligen Kräfteverhältnis der Parteien führe und dadurch Unsicherheit über den Umfang des Schutzes hervorrufe und dessen Durchführung und Überwachung erschwere (S. 36 aa O.).

2. S. BO. über Tarifverträge v. 23. 12. 18 (RGBl. S. 1456). Für Betriebsvereinbarungen gilt also der § 5 nicht, es sei denn, daß in einem Tarifvertrage die Regelung der Arbeitszeit nach betrieblichen Sonderbedürfnissen durch Betriebsvereinbarung ausdrücklich vorgesehen ist. Der Betriebsrat als solcher kann also eine Verlängerung der Arbeitszeit nicht vereinbaren. Ebenso sind Einzelverträge über verlängerte Arbeitszeit oder ein allgemeiner Verzicht auf den Maximalarbeitstag seitens des Arbeitnehmers rechtsunwirksam. Auch einem Tarifvertrage etwa entgegenstehende Bestimmungen in der Arbeitsordnung über die Arbeitszeit sind hinfällig.

Über das Verhältnis von Tarifvertrag und Arbeitsordnung bei tariflich vereinbarter längerer Arbeitszeit s. den Bescheid des Reichsarbeitsministers v. 10. 6. 24 (RABl. S. 261 — s. auch die Ausführungsbestimmungen S. 173 unten).

3. D. h. Achtstundentag, 48stündige Arbeitswoche oder 96stündige Arbeitsdoppelwoche einschließlich der zugelassenen Verteilung (§ 1).

4. Eine Verweigerung der Arbeitsaufnahme durch unterstützte Erwerbslose bei einer tariflich verlängerten Arbeitszeit ist nicht zulässig (Bescheid des Reicharbeitsministers v. 7. 1. 24 — RABl. S. 36 —).

5. Der Tarifvertrag kann verbindlich sein im Sinne sowohl des § 1 als auch des § 2 der VO. über Tarifverträge v. 23. 12. 18 (s. Anm. 2). Verbindlich ist der Tarifvertrag für die beteiligten Personen, d. h. „Arbeitgeber und Arbeitnehmer, die Vertragsparteien des Tarifvertrags oder Mitglieder der vertragschließenden Vereinigungen sind oder bei Abschluß des Arbeitsvertrags gewesen sind oder die den Arbeitsvertrag unter Berufung auf den Tarifvertrag abgeschlossen haben". Also auch ein nichtorganisierter Arbeitnehmer, der in den Betrieb eines tarifangehörigen Arbeitgebers eintritt, ist zur Mehrarbeit verpflichtet, die auf Grund des für den Arbeitgeber bestehenden Tarifvertrages gefordert wird, wenn der Arbeitsvertrag unter Berufung auf die Vereinbarung abgeschlossen wird; dabei ist eine ausdrückliche Berufung nicht erforderlich, vielmehr schließt bei Arbeitsaufnahme in einem Betriebe, die die verlängerte Arbeitszeit eingeführt hat, die Tatsache der Arbeitsaufnahme in der Regel eine stillschweigende Berufung auf den Tarifvertrag in sich, da ja die Beschäftigung durchweg zu den für den Betrieb eingeführten tariflichen Bedingungen erfolgt. (RABl. 1924 S. 36.)

6. Wegen der Verpflichtung des Arbeitgebers zum Aushang einer Abschrift der die Arbeitszeit regelnden Bestimmungen des Tarifvertrags s. die Ausführungsbestimmungen S. 174 unten.

7. Auch Lehrlinge können, wenn der Arbeitgeber zur Verlängerung der Arbeitszeit über die Achtundvierzigstundenwoche durch Tarifvertrag berechtigt ist, ebenfalls entsprechend länger beschäftigt werden. Im übrigen hat der Reichsarbeitsminister folgenden sehr beachtenswerten Bescheid bez. der Arbeitszeit der Jugendlichen auf Grund des § 5 erlassen: Soweit die AZVO. allgemein von Arbeitnehmern oder Arbeitern handelt, sind die jugendlichen Arbeitnehmer oder Arbeiter, d. h. die

Arbeitnehmer oder Arbeiter unter 16 Jahren mit eingeschlossen. Der § 5, der sich allgemein auf Arbeitnehmer bezieht, ist daher auch auf jugendliche Arbeitnehmer anwendbar. Für den § 5 gilt aber, abgesehen von dem in § 5 Abs. 2 vorgesehenen Beanstandungsrecht, durch das die Rücksicht auf die Schutzbedürftigkeit der Jugendlichen besonders gewahrt werden soll, die im § 9 Abs. 1 als Regel festgesetzte Höchstgrenze von 10 Stunden. Außerdem ist nach § 9 Abs. 2, wie in den Ausführungsbestimmungen v. 17. 4. 24 (s. unten S. 170) zu § 1 Abs. 3 ausgeführt ist, für jugendliche Arbeiter zwischen 14 und 16 Jahren bei den nach der VO. zugelassenen Überschreitungen der durch § 1 Satz 2 festgesetzten Arbeitszeit die durch den § 135 Abs. 3 der GO. festgesetzte Höchstdauer von 10 Stunden als maßgeblich anzusehen. Eine Überschreitung dieser Grenze ist nur unter den besonderen, eng umschriebenen Voraussetzungen der §§ 138a, 139, 139a der GO. zulässig (RABl. 1925 S. 63).

8. S. die sehr beachtlichen Preußischen Ausführungsbestimmungen zu diesem Paragraphen (S. 186 unten).

9. Von den nach Abs. 2 ausgesprochenen Beanstandungen ist der Reichsarbeitsminister durch die oberste Landesbehörde in Kenntnis zu setzen, während er im Falle des Abs. 4 hinsichtlich der den obersten Landesbehörden eingeräumten Befugnis an die Stelle dieser Landesbehörde tritt. — Die Beanstandung bedeutet noch keine Änderung der tariflichen Bestimmungen. In dem Beanstandungsbeschluß ist der Grund des Mangels zugleich mit der Fristfestsetzung zur Beseitigung mitzuteilen.

10. Die nach Abs. 2 und 3 behördlich festgesetzten Arbeitszeiten haben lediglich die Bedeutung einer gesetzlich zugelassenen Höchstarbeitszeit (s. die Ausführungsbestimmungen S. 174 unten).

11. S. Anm. 5 zu § 2.

12. Abs. 3 behandelt im Gegensatz zu Abs. 2 alle Tarifverträge, also auch die für allgemein verbindlich erklärten.

13. S. Anm. 10.

14. Die behördlicherseits getroffenen Bestimmungen haben lediglich den Charakter einer öffentlich-rechtlichen Vorschrift, werden also nicht Bestandteile des mangelhaften Tarifvertrages.

15. Die Ausnahmen des § 3 (Mehrarbeit an 30 Tagen), des § 4 (Vorbereitungs- und Abschlußarbeiten) und des § 10 (Notfälle und außergewöhnliche Fälle) gelten also auf jeden Fall ohne Unterschied, ob in einem Tarifvertrage über diese Ausnahmen vom Gesetz abweichende, für den Arbeitgeber ungünstige Vereinbarungen getroffen sind, oder ob sie überhaupt keine Berücksichtigung gefunden haben.

16. Wenn in einem Tarifvertrag bestimmt ist, daß Überstunden ohne Begrenzung „nach Bedarf" zu leisten sind, so ist die Bestimmung zwar nichtig, für den Arbeitnehmer besteht aber trotzdem die Verpflichtung zur Mehrleistung aus §§ 3, 4 und 10.

§ 6[1].

Soweit die Arbeitszeit nicht tariflich[2] geregelt ist, kann auf Antrag[3] des Unternehmers für einzelne Betriebe oder Betriebsabteilungen eine vom § 1 Satz 2 und 3 abweichende Regelung der Arbeitszeit[4] durch den zuständigen Gewerbeaufsichtsbeamten[5] oder Bergaufsichtsbeamten nach Anhörung der gesetzlichen Betriebsvertretung[6] widerruflich[7] zugelassen[8] werden, sofern sie aus betriebstechnischen Gründen, insbesondere bei Betriebsunterbrechungen[9] durch Naturereignisse, Unglücksfälle oder andere unvermeidliche Störungen, oder aus allgemein[10] wirtschaftlichen[11] Gründen geboten ist. Für den Bereich mehrerer Gewerbeaufsichtsämter oder Bergaufsichtsämter sowie für ganze Gewerbezweige oder Berufe steht die gleiche Befugnis nach Anhörung der beteiligten wirtschaftlichen Vereinigungen der Arbeitgeber und Arbeitnehmer[13] der obersten Landesbehörde, für Fälle, die sich auf mehrere Länder erstrecken, dem Reichsarbeitsminister[13] zu.

Gegen den Bescheid ist, soweit er nicht von einer obersten Reichs- oder Landesbehörde erlassen ist, jederzeit die Beschwerde[14] an die vorgesetzte Behörde zulässig, die endgültig entscheidet. Die Beschwerde hat keine aufschiebende Wirkung[15].

War die Arbeitszeit tarifvertraglich geregelt, und ist der Tarifvertrag seit nicht mehr als drei Monaten abgelaufen, so dürfen die im Abs. 1 bezeichneten Behörden nicht längere Arbeitszeiten zulassen, als nach dem Tarifvertrage zulässig gewesen wären[16].

Kommt nachträglich eine tarifliche Regelung zustande, so tritt diese ohne weiteres an die Stelle der behördlichen[17].

1. § 6 behandelt im wesentlichen die dritte Ausnahme von der gesetzlichen Arbeitszeit des § 1, und zwar die Regelung außerhalb der tarifvertraglichen Vereinbarung auf Antrag des Unternehmers durch behördliche Anordnung. § 6 ist also nur anwendbar, soweit eine tarifliche Regelung der Arbeitszeit überhaupt nicht oder nicht für alle Beteiligten besteht, oder soweit eine bestehende tarifliche Regelung die Fragen, für die der § 6 Vorsorge treffen will, offen gelassen hat. Die Voraussetzungen liegen also auch dann vor, wenn eine Betriebsvereinbarung oder die Arbeitsordnung die Arbeitszeit regelt. Die Entscheidung darüber, ob der § 6 anwendbar ist, steht der zur Bewilligung der Ausnahme befugten Behörde zu (s. die Ausführungsbestimmungen S. 175 unten). Die Bedenken, die gegen das Recht der Aufsichtsbehörden sprechen, regelnd in die Arbeitszeit einzugreifen, sind nach der Erklärung der Reichs-

regierung im Sozialpolitischen Ausschuß des Reichstags nicht stichhaltig, da von allen Fällen der Arbeitszeitverlängerung knapp 5 v. H. auf behördlicher Genehmigung beruhten. Trotz dieser Auffassung seien gesetzliche Bestimmungen doch notwendig, um einen Betrieb konkurrenzfähig zu erhalten, für welchen aus anderen Gründen, vielleicht wegen Lohnstreitigkeiten, noch kein Tarifvertrag zustande gekommen sei.

2. Die tarifvertragliche Regelung geht also der behördlichen vor.

3. Anders die Ausnahmen aus §§ 1, 2, 3 und 4, welche keines Antrages bedürfen.

4. Die Regelung bezieht sich also nur auf die Dauer der Arbeitszeit selbst, nicht auch auf die Bestimmungen, die mit der Dauer der Arbeitszeit in unmittelbarem Zusammenhange stehen, wie z. B. Lage der Arbeitsstunden, Dauer der Pausen, Ausschluß und Berücksichtigung der jugendlichen Arbeitnehmer. — Für die Dauer der Arbeitszeit sind die Höchstgrenzen des § 9 maßgebend.

5. Die allgemeinen Voraussetzungen für die Bewilligung sind im § 6 Abs. 1 erschöpfend geregelt. Die Gewerbeaufsichtsbeamten oder Bergaufsichtsbeamten können daher nicht, etwa durch landesrechtliche Vorschriften, auf die Erfüllung weiterer allgemeiner Voraussetzungen verpflichtet werden; das schließt jedoch die Anhörung auch anderer als die im § 6 Abs. 1 bezeichneten Stellen, z. B. der zuständigen amtlichen Berufsvertretungen, in einzelnen besonderen Fällen nicht aus (im übrigen vgl. auch die Preußischen Ausführungsbestimmungen hierzu S. 188 unten sowie den Erlaß des Reicharbeitsministers v. 9. 11. 26, die Aufsichtsbeamten anzuweisen, mit äußerster Vorsicht bei der Bewilligung von Arbeitsverlängerungen vorzugehen, S. 197 unten).

6. Die Anhörung der gesetzlichen Betriebsvertretung ist auch wie in den Fällen der §§ 1, 3, 4 obligatorisch (vgl. §§ 78 Ziff. 2 und 66 Ziff. 9 BRG.). Hierzu der wichtige Bescheid des Reichsarbeitsministers v. 15. 4. 24 (RABl. S. 264): „Die

Bedingung des § 6 Abs. 1 der VO. über die Arbeitszeit vom 21. 12. 23 über die Anhörung der Betriebsvertretung kann nur erfüllt werden, wenn überhaupt eine Betriebsvertretung vorhanden ist. Nun sind aber Fälle denkbar, in denen ein Betrieb bei Stellung des Antrages auf Mehrarbeit nicht arbeitet und die Arbeit unter wirtschaftlichen Bedingungen nur wieder aufnehmen kann, wenn die Mehrarbeit durch eine behördliche Genehmigung vorher gesichert ist. Eine vorherige Anhörung der Betriebsvertretung ist also ebensowenig möglich, wie für den Fall, daß die Belegschaft eines Betriebes sich beharrlich weigert, eine Betriebsvertretung zu bilden. Da aber auf der anderen Seite das Wirtschaftsleben und auch das Interesse des einzelnen Arbeiters unter Umständen eine Genehmigung der Mehrarbeit verlangt, muß der § 6 trotz der Unmöglichkeit der Anhörung der Betriebsvertretung angewendet werden."

7. Die Zulassung der abweichenden Regelung kann also jederzeit zurückgenommen werden.

8. Die Ausführungsbestimmungen (s. unten S. 175) verlangen, daß der § 6 bei Fehlen einer tariflichen Regelung erst anzuwenden ist, nachdem zuvor alle Möglichkeiten, auch die, welche die VO. über das Schlichtungswesen v. 30. 10. 23 (RGBl. S. 1043) gibt, um eine tarifliche Vereinbarung zustande zu bringen, versucht worden sind. Bei der Prüfung der Anträge ist ferner unter möglichster Wahrung der sozialpolitischen Belange auf die bei der heutigen wirtschaftlichen Lage erforderliche Steigerung und Verbilligung der Gütererzeugung gebührend Rücksicht zu nehmen. — Je eine Abschrift der Bewilligung ist im Betriebe auszuhängen und dem Reichsarbeitsminister zu übersenden.

9. Z. B. wegen Ausbleibens der Rohstoffe oder Betriebsstoffe, sofern die Unterbrechung infolge eines Naturereignisses oder eines Unglücksfalles oder anderer unvermeidlicher (d. h. solcher, die unabhängig vom Willen des Betroffenen eintreten, s. § 10) Störungen erfolgt. Hierher gehören: Feuersbrunst, Überschwemmung, Hauseinsturz, Erdbeben, Explosion. Dieser

Sonderfall der Betriebsunterbrechungen infolge von Naturereignissen usw. entspricht dem nunmehr fortgefallenen § 6 der AngVO., während die ArbAO. v. 23. 11. 18 ihn nicht aufgenommen hat.

10. Es muß sich also um ein Interesse der Allgemeinheit, nicht etwa nur um das des Unternehmers oder Arbeitnehmers handeln.

11. Gedacht ist hierbei hauptsächlich an eine im Interesse einer volkswirtschaftlich notwendigen Steigerung oder Verbilligung der Gütererzeugung zugelassenen Ausnahme. Da aber auch noch andere Gründe wirtschaftlicher Natur die Zulassung der Ausnahmen rechtfertigen können, ist der Ausdruck „allgemeinwirtschaftlich" gewählt worden.

12. Also statt Anhörung der gesetzlichen Betriebsvertretung im Einzelfalle hier die Beteiligung der Berufsverbände der Arbeitgeber und Arbeitnhemer (s. Anm. 6 zu § 2).

13. Der Reichsarbeitsminister hält den § 6 nur dann für anwendbar, wenn alle Möglichkeiten, welche die VO. über das Schlichtungswesen gibt, zuvor versucht sind, um eine tarifliche Regelung zustande zu bringen. Daher soll zunächst ein Schlichtungsverfahren eingeleitet werden, bevor die Behörde eingreift (Bescheid v. 25. 2. 24, RABl. S. 92).

14. Die Beschwerde kann sowohl vom Arbeitgeber wie vom Arbeitnehmer eingelegt werden, sie ist an keine Frist gebunden, d. h. sie kann auch noch nach Beginn der Arbeitsleistung erhoben werden. Bez. des Personenkreises der zur Beschwerde Berechtigten vertritt der Reichsarbeitsminister den Standpunkt, daß jeder, dessen Belange berührt werden oder der ein Interesse an der Abänderung des angefochtenen Bescheides hat, berechtigt ist (Bescheid v. 15. 5. 24, RABl. S. 264).

15. Sonst könnte der durch die abweichende Regelung erstrebte Erfolg illusorisch gemacht werden.

16. Abs. 3 ist durch das AZNG. eingefügt mit folgender Begründung: „Es ist wiederholt vorgekommen, daß Tarifverträge von der Arbeitgeberseite gekündigt worden sind, um

nach Außerkrafttreten der tarifvertraglichen Arbeitszeitregelung durch eine nach § 6 erteilte behördliche Genehmigung eine längere als die im Tarifvertrage vorgesehene Arbeitszeit bewilligt zu erhalten. Ein solches Verfahren ist sozialpolitisch unerwünscht und widerspricht dem Grundsatz der Arbeitszeitverordnung, die den Tarifvertrag gegenüber der behördlichen Regelung fördern und stützen will. Es erscheint daher erforderlich, durch die vorgeschlagene Einfügung den Anreiz zu dem bezeichneten Verfahren zu nehmen."

17. Diese Vorschrift entspricht der Tendenz der Verordnung, der privatrechtlichen Regelung der öffentlich-rechtlichen gegenüber den Vorzug einzuräumen. Die tarifliche Regelung kann also auch nach Erhebung der Beschwerde und nach der darauf erteilten behördlichen Entscheidung eintreten.

§ 6a[1].

Wird auf Grund der §§ 3, 5, 6 oder 10 Mehrarbeit[2] geleistet, so haben die Arbeitnehmer[3] mit Ausnahme der Lehrlinge[4] für die über die Grenzen des § 1 Satz 2 und 3 hinausgehende Arbeitszeit Anspruch auf eine angemessene Vergütung über den Lohn für die regelmäßige Arbeitszeit hinaus, und zwar auch dann, wenn in diesen Fällen gemäß § 9 länger als zehn Stunden gearbeitet wird. Dies gilt nicht, soweit die Mehrarbeit[5] auch nach den §§ 2 oder 4[6] zulässig wäre oder lediglich infolge von Notfällen, Naturereignissen, Unglücksfällen oder anderen unvermeidlichen Störungen erforderlich ist.

Als angemessene Vergütung gilt, sofern die Beteiligten nicht nach dem Inkrafttreten dieses Gesetzes[7] eine andere Regelung vereinbaren oder besondere Umstände eine solche rechtfertigen, ein Zuschlag von fünfundzwanzig vom Hundert[8].

Entsteht[9] zwischen gesamtvertragsfähigen Parteien Streit über die Form, die Höhe oder die Art der Berechnung der Vergütung und kommt in freien Verhandlungen oder im Schlichtungsverfahren keine Gesamtvereinbarung zustande, so trifft der Schlichter auf Antrag eine bindende Regelung[10]. Unter den gleichen Voraussetzungen entscheidet er auch bindend darüber, inwieweit die Mehrarbeit wegen Arbeitsbereitschaft nach § 2 oder wegen Vorliegens der Voraussetzungen des § 4[11] keinen Anspruch auf Vergütung begründet. Zuständig ist der ständige Schlichter oder, wenn die Streitigkeit seinen Bezirk wesentlich überschreitet, ein vom Reichsarbeitsminister für den Einzelfall bestellter Schlichter.

War die Mehrarbeit schon am 1. April 1927[12] tarifvertraglich vereinbart[13] oder behördlich[14] zugelassen, so gelten die Vorschriften der Abs. 1 und 2 erst vom Ablauf des Tarifvertrags oder der Genehmigung, spätestens jedoch vom 1. Juli 1927 an.

Wird in Gewerben, die ihrer Art nach in gewissen Zeiten[15] des Jahres regelmäßig zu erheblich verstärkter Tätigkeit genötigt sind, in diesen Zeiten über die Grenzen des § 1 Satz 2 und 3 hinaus gearbeitet, so kann der Reichsarbeitsminister nach Anhörung der wirtschaftlichen Vereinigungen der Arbeitgeber und der Arbeitnehmer[16] bestimmen, daß die Vorschriften der Abs. 1 und 2 keine Anwendung finden, soweit die Mehrarbeit durch Verkürzung der Arbeitszeit in den übrigen Zeiten des Jahres[17] ausgeglichen wird.

1. § 6a behandelt die besondere Vergütung für Überstunden, während die Frage der Überstundenbezahlung nach der Begründung des der AZVO. zugrunde liegenden Gesetzentwurfes ausdrücklich ausgeschaltet werden sollte, da die Lohnregelung der Verständigung der Beteiligten, vor allem im Wege des Tarifvertrags überlassen bleiben sollte.

Nunmehr ist die Bestimmung durch die Novelle v. 14. 4. 27 doch eingefügt, weil unter der Geltung der AZVO. vielfach die vor ihrem Inkrafttreten üblichen Lohnzuschläge für die über 48 Stunden wöchentlich hinausgehende Arbeitszeit in Fortfall gekommen sind. Die aus solchen Zuschlägen sich ergebende finanzielle Belastung wirkt zweifellos im Sinne einer Einschränkung entbehrlicher Überarbeit. Da die Novelle dieses Ziel gleichfalls verfolgt, ist die Sondervergütung für Überstunden nunmehr gesetzlich vorgeschrieben.

Diese Bestimmung weicht also nicht nur in sozialpolitischer Hinsicht von dem früheren Grundsatz, die Lohnregelung nicht mit in die AZVO. einzubeziehen, ab, sondern bringt auch in juristischer Beziehung ein dem öffentlich-rechtlichen Charakter des VO. bisher fremdes Moment mit sich, indem sie den Arbeitgeber privatrechtlich zur Zahlung eines Mehrarbeitszuschlags verpflichtet. Eine gleiche Vorschrift befindet sich im § 10 Abs. 6 des ASchG., allerdings in Übereinstimmung mit Art. 6 des

WO. nur für die Arbeiter, während hier auch die Angestellten eingeschlossen sind.

Während Abs. 1 den Rechtsgrund behandelt, regelt Abs. 2 die Höhe des Anspruchs, Abs. 3 das Verfahren bei Streitigkeiten, Abs. 4 enthält eine Übergangsvorschrift, Abs. 5 den Ausnahmefall. (Erdmann, Arbeitszeit-Kommentar 1927 S. 86.)

2. Die besondere Vergütung soll grundsätzlich dann gewährt werden, wenn es sich um eigentliche Mehrarbeit handelt. Hierher gehören die Ermächtigung des Arbeitgebers, an 30 Tagen im Jahre Mehrarbeit zu verlangen (§ 3), die tarifvertragliche Mehrarbeit (§ 5), die behördlich genehmigte Mehrarbeit (§ 6), und zwar alle diese Fälle auch dann, wenn die Zehnstundengrenze ausnahmsweise überschritten wird (§ 9), endlich die in § 10 bezeichneten Arbeiten (Ausnahmen s. Anm. 5).

3. Die Vergütung soll also allen Arbeitnehmern zugute kommen. Die Angestellten sind trotz gewisser Bedenken einbezogen worden. Diese Bedenken erläutert die Begründung zum ASchG., das nur die Arbeiter berücksichtigt: „Die Vorschrift (Lohnzuschlag für Mehrarbeit) soll nur für Arbeiter gelten, nicht auch für Angestellte, bei denen die stundenweise Berechnung der Mehrbezahlung Schwierigkeiten verursachen würde" (S. 53).

4. Lehrlinge sind ausgenommen, weil das Lehrlingsverhältnis überhaupt nicht als Arbeitsverhältnis zu betrachten ist und ihre Arbeit weniger durch Barlohn als durch Unterweisung und durch Sachbezüge entgolten wird. Sie leisten Arbeit lediglich zur Berufsausbildung, nicht gegen Entgelt (Begründung zum Entwurf eines Berufsausbildungsgesetzes, RABl. 39. Sonderheft S. 35). Die sonstigen jugendlichen Arbeiter fallen unter die AZVO.

5. Ein Zwang zur Gewährung einer besonderen Vergütung soll nicht ausgeübt werden bei den außerhalb der Arbeitszeit des Gesamtbetriebes geleisteten Vorbereitungs- und Ergänzungsarbeiten im Sinne der §§ 4 und 9 Abs. 1, bei denen

die Mehrarbeit auf technischen Notwendigkeiten beruht und regelmäßig in der gesamten Lohnbemessung ihre Abgeltung findet. bei Arbeiten in Notfällen in § 10 Abs. 1 und bei sonstigen Arbeiten, die lediglich infolge von Naturereignissen, Unglücksfällen oder anderen unvermeidlichen Störungen erforderlich sind. Auch in den Fällen der Verlängerung der Schichtdauer durch Arbeitsbereitschaft im Sinne des § 2 und bei gewissen Saisonarbeiten (§ 6a Abs. 5) würde der Zwang, für die über 8 Stunden hinausgehende Arbeit eine besondere Vergütung zu gewähren, unter Umständen ungerecht wirken. (B. S. 3.)

6. Leistet ein Arbeiter nach Beendigung der Arbeitszeit der ganzen Belegschaft, auch wenn diese Arbeitszeit 8 Stunden übersteigt und die Mehrarbeit durch den Zuschlag besonders vergütet wird, noch weitere Arbeit zur Ergänzung und Vorbereitung auf Grund des § 4, so fällt der Zuschlag für die über die gesamte Arbeitszeit der Belegschaft geleistete Arbeit fort.

7. D. h. des „Gesetzes zur Abänderung zur Arbeitszeitverordnung vom 14. April 1927", das jetzt durch die Neufassung dieser VO. ein Bestandteil derselben geworden ist. Das Gesetz ist am 1. 5. 27 in Kraft getreten. Im § 15 Abs. 1 heißt es: „Ausführungsbestimmungen zu dieser Verordnung erläßt der Reichsarbeitsminister." Ursprünglich lauteten die Worte im Entwurf: „Ausführungsbestimmungen zu diesem Gesetz" usw. In der 2. Beratung wurde im Plenum (RT.-Drucks. Nr. 3347, III. WP. 1924/27) die Änderung in „dieser Verordnung" beschlossen. Anscheinend ist, weil die alte AZVO. bereits seit 1. 1. 24 in Kraft ist, hier die Bezeichnung der die AZVO. ändernde Gesetzesnovelle stehen geblieben, trotzdem § 16 die ganze Verordnung einschließlich des Änderungsgesetzes am 1. 5. 27 von neuem in Kraft treten läßt.

8. Die Vergütung soll also grundsätzlich 25 v. H. der Vergütung für die regelmäßige Arbeitsstunde betragen. Nur wenn die Beteiligten selbst nach Inkrafttreten der VO., d. h. am 1. 5. 27, etwas anderes vereinbaren oder besondere Um-

stände eine andere Regelung rechtfertigen, soll die Höhe des Zuschlags anders bemessen werden können, d. h. es kann sowohl nach oben wie nach unten abgegangen werden. Unter den gleichen Voraussetzungen soll es auch zulässig sein, die Vergütung in einer anderen Form als in der eines Lohnzuschlags zu gewähren, z. B. in Form einer Pauschvergütung, eine Regelung, die gerade bei Angestellten unter Umständen der stundenweisen Bemessung der Vergütung vorzuziehen sein wird. (B. S. 3.)

9. Der Abschnitt 3 lautet im Entwurf als Schlußsatz des Abs. 2: „Über die Verpflichtung zur Zahlung der Vergütung, über ihre Höhe und über ihre Berechnung entscheidet im Streitfall bindend der Schlichter.“

Entsteht Streit zwischen Arbeitgeber und Arbeitnehmer darüber, ob zuschlagspflichtige Mehrarbeit vorliegt, so kann der Arbeitnehmer die Leistung nicht verweigern, da er nach § 614 BGB. vorzuleisten hat.

10. In dem Verfahren zur Entscheidung von Streitigkeiten über die Vergütung nach Abs. 3 sind die Beteiligten stets zu hören. In geeigneten Fällen kann die Anhörung auch durch den Vorsitzenden des Schlichtungsausschusses, den Gewerbeaufsichtsbeamten oder andere behördliche Stellen erfolgen. Bei der Anhörung ist zu versuchen, eine Vereinbarung unter den Parteien herbeizuführen (s. die Ausführungsbestimmungen unten S. 177).

Die Entscheidung des Schlichters nach Abs. 3 ist in einem Rechtsstreit der Beteiligten über die Vergütung auch für das Gericht (gegebenenfalls das Gewerbe- oder das Kaufmannsgericht, vom 1. Juli ab das Arbeitsgericht) bindend. Unter dem Begriff „bindende Entscheidung“ ist zu verstehen, daß eine Entscheidung dann, wenn sie beim Fehlen einer übergeordneten Instanz an diese nicht überwiesen werden kann, endgültig ist. Deshalb kann in diesem Falle nicht von einer endgültigen Entscheidung gesprochen werden, weil der Schlichter selbst die letzte Instanz ist (Erklärung des Regierungsvertreters im Ausschuß, Bericht S. 5). Liegt eine Gesamtvereinbarung oder eine bindende Regelung durch den Schlichter nicht vor und kommt eine Vereinbarung unter den Beteiligten nicht zustande, so hat das Gericht auch über die Form, die Höhe und die Art der Berechnung der Vergütung selbständig zu entscheiden.

11. S. Anm. 6.

12. Die Einführung der Zuschläge für die über 8 Stunden hinausgehende Arbeitszeit wird in vielen Fällen nicht ohne Rückwirkung auf die sonstigen Lohn- oder Gehaltsvereinbarungen bleiben. Um eine allzu starke Beunruhigung der Wirtschaft zu vermeiden, erschien eine gewisse Übergangszeit für die am 1. 4. 27 schon tariflich vereinbarte oder behördlich zugelassene Mehrarbeit unerläßlich. Während dieser Frist, die die VO. bis zum 1. 7. 27 erstreckt, werden die notwendigen Verhandlungen über die Höhe des Zuschlags und die etwa sonst erforderlich werdende Änderung der Arbeitsbedingungen geführt sein können. Die Frage, wie weit durch den Lohnzuschlag die Rechtsgültigkeit sonstiger Abmachungen etwa berührt wird, kann nur nach den allgemeinen Vorschriften des bürgerlichen Rechts beurteilt werden. Insbesondere scheint es nicht möglich, jede Rückwirkung der gesetzlich vorgeschriebenen Vertragsänderung auf den sonstigen Vertragsinhalt auszuschließen (aus der Begründung RT.-Drucks. Nr 3245, III. WP. 1924/27).

13. S. § 5.

14. S. § 6.

15. Sog. Saisongewerbe (z. B. Rohzuckerfabriken, Herstellung von Schokoladenwaren, bestimmte Zweige der Konfektion, Tabakindustrie, Konservenfabriken). Hier wird die längere Arbeitszeit in der Saison durch verkürzte Arbeitszeit in der stillen Zeit ausgeglichen. Für solche Fälle soll dem Reichsarbeitsminister das Recht gegeben werden, die Anwendbarkeit der Vorschriften der Abs. 1 und 2 auszuschließen, insoweit als die angeführten Billigkeitsgründe die Gewährung einer besonderen Vergütung sinnwidrig erscheinen lassen. Der

Reichsarbeitsminister wird ein Gewerbe von der Zuschlagspflicht selbstverständlich dann nicht entbinden, wenn der Zuschlag schon bisher üblich war oder die Umstände ihn angebracht erscheinen lassen. Außerdem handelt es sich nur um die Befreiung von einem gesetzlichen Zwange, die keineswegs ausschließt, daß ein Zuschlag, sei es einzelvertraglich, sei es tarifvertraglich, trotzdem freiwillig vereinbart wird. (B. S. 3.)

Die Anordnung des Reichsarbeitsministers nach Abs. 5 setzt voraus, daß der Ausgleich der Arbeitszeit durch bindende Vereinbarung für die Dauer der Anordnung rechtlich gesichert ist. Tarifvereinbarungen oder sonstige Unterlagen, die dies dartun, und Nachweise über die Zahl der Beschäftigten in den verschiedenen Zeiten des Jahres sind dem Antrage (Abs. 1) beizufügen. (S. unten S. 178.)

16. Wegen des Begriffs der wirtschaftlichen Vereinigungen usw. s. die Anm. 6 zu § 2.

17. Anders der Ausgleich auf Grund des § 1, nach dem der Ausgleich sich höchstens auf zwei Wochen erstrecken darf (s. die Anm. 2 und 16 zu § 1).

§ 7[1].

Eine Überschreitung[2] der im § 1 Satz 2 und 3 festgesetzten Grenzen auf Grund tariflicher Vereinbarungen (§ 5)[3] oder behördlicher Zulassung (§ 6) ist für Gewerbezweige oder Gruppen von Arbeitern[4], die unter besonderen Gefahren[5] für Leben oder Gesundheit arbeiten, insbesondere für Arbeiter im Steinkohlenbergbau unter Tage[6] sowie für Arbeiter, die in außergewöhnlichem Grade der Einwirkung von Hitze, giftigen Stoffen, Staub und dergleichen oder der Gefährdung durch Sprengstoffe ausgesetzt sind[7], nur zulässig, wenn die Überschreitung aus Gründen des Gemeinwohls[8] dringend erforderlich ist oder wenn sie sich in langjähriger Übung als unbedenklich erwiesen hat und eine halbe[9] Stunde nicht übersteigt.

Der Reichsarbeitsminister bestimmt, für welche Gewerbezweige oder Gruppen von Arbeitern diese Beschränkung Platz greift[10].

1. § 7 behandelt in erster Linie besondere, die vorhergehenden Ausnahmemöglichkeiten einschränkende Bestimmungen für Gewerbezweige und Gruppen von Arbeitern mit besonders schwerer oder gesundheitsschädlicher Arbeit. Für solche Arbeiter, insbesondere die Arbeiter im Steinkohlenbergbau unter Tage, soll der Achtstundentag in jedem Fall auch weiterhin als Höchstmaß gelten. Abs. 2 ist dabei so zu verstehen, daß die danach zulässigen Überschreitungen der im § 1 Abs. 2 und 3 festgesetzten Grenzen auf dem Wege tariflicher Vereinbarungen (§ 5) oder behördlicher Zulassung (§ 6) und nur auf diesem Wege herbeigeführt werden können. Zulässig ist unter dieser Voraussetzung: a) eine Überschreitung, die aus Gründen des Gemeinwohls dringend erforderlich ist, bis zu 10 Stunden täglich (§ 9), b) eine Überschreitung, die sich in langjähriger Übung als unbedenklich erwiesen hat, bis zu 8½ Stunden täglich (§ 7). Dabei sind die Arbeiter im Steinkohlenbergbau unter Tage nicht anders zu behandeln als die übrigen dem § 7 unterliegenden Arbeiter.

2. Eine Überschreitung aus § 3 (30 Mehrarbeitstage) und § 4 (Betriebsausnutzungsarbeiten und Notarbeiten) ist auf Grund des § 7 nicht verboten, sofern die Obergrenze von 10 Stunden (§ 9 Abs. 1) gewahrt bleibt.

3. Bei tariflicher Regelung bleibt das im § 5 vorgesehene Beanstandungsrecht auch für diese Fälle bestehen. Tarifverträge, die für solche Arbeiter Überschreitungen festsetzen, werden sogar einer besonders sorgfältigen Nachprüfung durch die Behörden bedürfen. (B. S. 5.)

4. Die Angestellten sind nicht mit einbegriffen, weil Betriebsverhältnisse, wie sie § 7 voraussetzt, für sie kaum in Frage kommen.

5. Es genügt also bereits die bloße Gefährdung des Lebens und der Gesundheit, ein Schaden braucht bisher noch nicht eingetreten zu sein, sofern eine Beeinträchtigung nur mit Wahrscheinlichkeit zu erwarten ist (Kaskel, S. 168).

6. Wegen der Schwere der Arbeit besonders hervorgehoben. Die obigen Zweige des Bergbaues (Kali, Erz, Braunkohle, Steinkohlen über Tage) sind nicht besonders hervorgehoben, können aber durch Abs. 2 ebenfalls als unter die Beschränkung des § 7 fallend bezeichnet werden.

7. Beispiele s. Anm. 10.

8. Aus Gründen des Gemeinwohls dringend erforderlich, wie § 9: dringende Gründe des Gemeinwohls; dagegen fordert § 6 nur allgemein wirtschaftliche Gründe.

9. Im ersteren Falle darf also höchstens 10 Stunden, im letzteren höchstens 8½ Stunden gearbeitet werden (s. Anm. 1).

10. Es sind bisher folgende Verordnungen auf Grund des Abs. 2 ergangen: VO. über die Arbeitszeit a) in Kokereien und Hochofenwerken v. 20. 1. 25 (RGBl. S. 5), b) in Gaswerken v. 9. 2. 27 (RGBl. S. 59), c) in Metallhütten v. 9. 2. 27 (RGBl. S. 59), d) in Glashütten und Glasschleifereien v. 9. 2. 27 (RGBl. S. 60), sämtlich abgedruckt S. 230 f. unten. Ferner ist während der Drucklegung die VO. über die Arbeitszeit in Stahlwerken, Walzwerken und anderen Anlagen der Großeisenindustrie vom 16. 7. 27 erlassen worden. Diese VO. ist kommentarlos S. 244 unten abgedruckt.

Hierher gehören auch die Bestimmungen der §§ 120e bis 120g GO. und der auf Grund dieser Vorschriften für einzelne in besonders gesundheitsschädlichen Betrieben arbeitenden Personen erlassenen Verordnungen (s. Anm. 13 zu § 9).

§ 8[1].

Im Bergbau[2] unter Tage[3] ist für Betriebspunkte mit einer Wärme über 28 Grad Celsius durch Tarifvertrag[4] eine Verkürzung der Arbeits-

zeit[5] zu vereinbaren. Kommt eine derartige Vereinbarung nicht zustande, so ordnet die zuständige Bergbehörde nach Anhörung der beteiligten wirtschaftlichen Vereinigungen der Arbeitgeber und Arbeitnehmer die Verkürzung an[6]. Weitergehende bergpolizeiliche Bestimmungen bleiben unberührt.

Im Steinkohlenbergbau[7] gilt als regelmäßige tägliche Arbeitszeit die Schichtzeit[8]; sie wird gerechnet vom Beginne der Seilfahrt bei der Einfahrt bis zum Wiederbeginne bei der Ausfahrt oder vom Eintritt des einzelnen Arbeiters in das Stollenmundloch bis zu seinem Wiederaustritt[9].

1. § 8 ist eine Ergänzung der in § 7 enthaltenen Bestimmungen für Gewerbezweige und Gruppen von Arbeitern mit besonders schwerer und gesundheitsschädlicher Arbeit. Er entspricht den §§ 1 und 4 des Bergarbeitszeitgesetzes v. 17. 7. 22 (RGBl. S. 628) und stellt den verkürzten Maximalarbeitstag dar, ohne daß die Höchstdauer der Arbeitszeit gesetzlich bestimmt ist.

2. Der Bergbau über und unter Tage, der bisher nicht unter dem Arbeitsschutz der GO. (§§ 6, 154a) stand, sondern landesrechtlicher Regelung überlassen war, wurde durch die ArbAO. in den Arbeitszeitschutz einbegriffen. Dabei nimmt die Arbeit unter Tage wegen ihrer großen Gefahren eine besondere Stellung ein. Diese Arbeit unter Tage wurde aus bestimmten Gründen durch das Gesetz v. 17. 7. 22 (s. oben) besonders geregelt und bei Gelegenheit des Erlasses der AZVO. v. 21. 12. 23 in diese VO. hineingenommen, so daß das Gesetz v. 17. 7. 22 hinfällig wurde (§ 14).

3. Im Gegensatz zu Abs. 2, der nur den Steinkohlenbergbau unter Tage behandelt.

4. Die Verkürzung ist zwar obligatorisch, die VO. will aber auch hier der freien Vereinbarung den Vorzug geben.

5. Arbeitszeit = Achtstundentag.

6. Die Verfügung ist endgültig, Beschwerde also nicht zulässig.

7. Im Steinkohlenbergbau, d. h. „unter Tage": Abs. 2 entspricht dem § 1 des Gesetzes v. 17. 7. 22. Nur ist hier die Schichtzeit für den einzelnen Arbeiter geregelt, während jetzt bei der Verkürzung von der für den Gesamtbetrieb unter Tage zulässigen Arbeitszeit auszugehen ist.

8. Die außerhalb der Schichtzeit stattfindende Ausfahrt der Belegschaft soll nicht durch die Vornahme etwa erforderlicher Vorausarbeiten für die Ausfahrt (Kontrolle des Schachtes, Herrichtung des Förderkorbes u. dgl.) verzögert und dadurch der Aufenthalt der Belegschaft unter Tage unnötig verlängert werden. (S. unten S. 177.)

9. Der Weg zur Arbeit und der Rückweg von der Arbeit gehören sonst grundsätzlich nicht zur Arbeitzeit. Eine weitere Ausnahme besteht in der Landwirtschaft (s. die VLAO. unten S. 276).

§ 9[1].

Die Arbeitszeit darf[2] bei Anwendung der in den §§ 3 bis 7 bezeichneten Ausnahmen zehn Stunden[3] täglich nicht überschreiten; eine Überschreitung[4] dieser Grenze ist nur[5] in Ausnahmefällen aus dringenden Gründen des Gemeinwohls[6] mit befristeter[7] Genehmigung der im § 6 Abs. 1 bezeichneten Behörden[8] oder dann zulässig, wenn es sich um Vorbereitungs- und Ergänzungsarbeiten[9] handelt, die nicht unter § 7[10] fallen und bei denen eine Vertretung des Arbeitnehmers durch andere Arbeitnehmer des Betriebs nicht möglich ist und die Heranziehung betriebsfremder

Arbeitnehmer dem Arbeitgeber nicht zugemutet werden kann[11]. Der Reichsarbeitsminister erläßt[12] nach Anhörung der wirtschaftlichen Vereinigungen der Arbeitgeber und der Arbeitnehmer Bestimmungen darüber, welche Arbeiten als Vorbereitungs- und Ergänzungsarbeiten anzusehen sind.

Die sonstigen gesetzlichen Vorschriften über den Schutz der Arbeitnehmer[13], insbesondere der weiblichen und jugendlichen Arbeitnehmer[14] bleiben unberührt.

Weibliche Arbeitnehmer sind[15] auf ihren Wunsch[16] während der Schwangerschaft und der Stillzeit von einer die Grenzen des § 1 Satz 2[17] überschreitenden Arbeit zu befreien.

1. Die neue Fassung stellt eine Änderung des bisherigen Abs. 1 des § 9 der VO. v. 21. 12. 23 dar; dieser lautete: „Die Arbeitszeit darf auch bei Anwendung der in den §§ 3—7 bezeichneten Ausnahmen 10 Stunden täglich nicht überschreiten; eine Überschreitung dieser Grenze ist im Falle des § 7 überhaupt nicht und sonst nur aus dringenden Gründen des Gemeinwohls zulässig." Der § 9 gibt keine selbständige Ausnahmemöglichkeit, sondern regelt lediglich für die auf den sonstigen Bestimmungen beruhenden Ausnahmefälle das Ausmaß der Arbeitszeitverlängerung. Die für die Genehmigung zuständige Behörde hat daher zu prüfen, ob die Mehrarbeit nach den §§ 3—7 zulässig ist (S. 179). Beruht die Mehrarbeit auf § 6, so kann die Genehmigung zur Überschreitung der Zehnstundengrenze nach § 9 mit der Genehmigung zur Mehrarbeit aus § 6 verbunden werden. Die Überschreitung des Zehnstunden-

tages aus § 9 Abs. 1 ist also an folgende Voraussetzungen gebunden: a) die Mehrarbeit muß an sich nach §§ 3—7 zulässig sein; b) es kommen nur zwei Fälle zur Anwendung. Die Überschreitung ist nur zulässig: 1. wenn es sich um Arbeiten handelt, die aus dringenden Gründen des Gemeinwohls erledigt werden müssen; 2. bei Vornahme von Vorbereitungs- und Ergänzungsarbeiten, und zwar unter folgenden Bedingungen: α) die Arbeiten dürfen nicht unter § 7 fallen, β) die Arbeiten müssen in den vom Reichsarbeitsminister erlassenen Bestimmungen aufgeführt sein, γ) für die Arbeiter, die bereits 10 Stunden gearbeitet haben, darf kein Ersatz im Betriebe selbst vorhanden sein, δ) die Herbeiziehung betriebsfremder Arbeiter kann dem Arbeitgeber billigerweise nicht zugemutet werden. Die Entscheidung über das Vorhandensein dieser Voraussetzungen zu 2 α—δ trifft der Arbeitgeber allein ohne Anhörung der Betriebsvertretung.

2. Im ersten, sonst unverändert gebliebenen Halbsatze ist hinter dem Wort „darf" das Wort „auch" fortgelassen. Die bisherige Fassung hatte zu Zweifeln darüber Anlaß gegeben, ob die Höchstgrenze von 10 Stunden nur für die Fälle der §§ 3—7 oder auch für die in den §§ 1 und 2 der Arbeitszeitverordnung zugelassenen sonstigen Fälle der Überschreitung der achtstündigen Arbeitszeit gelten soll. Da nach der bei Erlaß der Arbeitszeitverordnung bestehenden Absicht die Ausnahmen der §§ 1 und 2 durch die Höchstgrenze nicht betroffen werden sollten, ist das irreführende „auch" beseitigt worden. (B. S. 3.)

3. § 9 setzt also die Obergrenze des besonderen Maximalarbeitstages auf 10 Stunden fest, während die §§ 7 und 8 den besonderen, verkürzten Maximalarbeitstag und § 1 den normalen Maximalarbeitstag behandeln.

4. In der neuen Fassung des zweiten Halbsatzes kommt der Ausnahmecharakter der über 10 Stunden hinausgehenden Arbeitszeit stärker als bisher zum Ausdruck. In sachlicher Hinsicht enthält die neue Fassung zwei Änderungen. Die erste bezweckt eine schärfere Nachprüfung des Vorliegens der gesetz-

lichen Voraussetzungen. Nach dem bisherigen Wortlaut war es zulässig, die Grenze von 10 Stunden dann zu überschreiten, wenn dringende Gründe des Gemeinwohls dies geboten erscheinen ließen. Die Entscheidung über das Vorliegen der Gründe war aber, sofern es sich um eine tarifliche Regelung handelt, ganz dem freien Ermessen der Tarifparteien überlassen. Nur in seltenen Ausnahmefällen führte das Beanstandungsrecht der Landesbehörden oder die Befassung eines Gerichts mit der Angelegenheit zu einer wirklichen Prüfung der Verhältnisse. Diesen Zustand, der zu den vielen Klagen über überlange Arbeitszeiten wesentlich beigetragen hat, ändert die Novelle, indem die Mehrarbeit über 10 Stunden hinaus stets von einer behördlichen Genehmigung abhängig gemacht und damit die Anwendung der Ausnahme auch wirklich auf diejenigen Fälle beschränkt wird, in denen die Rücksicht auf die Belange der Allgemeinheit sie geboten erscheinen läßt. (B. S. 3.)

5. Die Herausnahme des § 7 ist also jetzt fortgefallen. In der praktischen Auswirkung bedeutet die Einbeziehung der in § 7 bezeichneten Arbeiten unter die Vorschriften des § 9 insoweit eine Verbesserung gegenüber dem bisherigen Zustande, als auch früher schon die Möglichkeit der Arbeitsverlängerung nach dem jetzt fortgefallenen Abs. 3 des § 11 bestanden hat, jetzt aber eine strenge Genehmigungspflicht vorgesehen ist.

6. Der Ausdruck „Gemeinwohl" ist im ausdrücklichen Gegensatz zu Privatinteressen gebraucht. Es muß also ein Allgemeininteresse an der betreffenden Arbeit vorliegen, nicht nur das Interesse des Privatunternehmers (Erklärung des Reichsarbeitsministers, Sten. Bericht über die 308. Sitz. S. 10 626, III. WP. 1924/27).

7. Es darf sich also nur um vorübergehende Zustände und nur um bestimmte einzelne Arbeiten handeln. Die Frist ist nicht länger zu bemessen, als nach sicherer Voraussicht die

gesetzlichen Voraussetzungen zur Mehrarbeit gegeben sein werden.

8. Bergaufsichtsbeamte, Gewerbeaufsichtsbeamte, oberste Landesbehörden, Reichsarbeitsminister. Die strengere Nachprüfung der gesetzlichen Voraussetzungen ermöglicht es, die Überschreitung der Zehnstundengrenze künftig auch für die Gewerbezweige zuzulassen, in denen sie nach dem Wortlaut des § 9 bisher überhaupt nicht möglich ist, nämlich für den Steinkohlenbergbau unter Tage und die sonstigen Gewerbezweige, die der Reichsarbeitsminister nach § 7 als besonders gesundheitsgefährlich bezeichnen kann. Ein Bedürfnis nach Überschreitung der Höchstgrenze kann auch in diesen Gewerbezweigen ausnahmsweise gegeben sein. Insbesondere leisten nach den bisherigen Erfahrungen die Bergarbeiter eine notwendige Mehrarbeit lieber in Form von halben Schichten als durch Überstunden, die innerhalb der Zehnstundengrenze liegen. Diese Form der Mehrarbeit ist trotz des entgegenstehenden Wortlauts des § 9 der Arbeitszeitverordnung auch bisher im Steinkohlenbergbau angewandt worden und nur deshalb nicht strafbar gewesen, weil die Voraussetzungen der Straflosigkeit nach § 11 Abs. 3 vorlagen. Die Änderung ermöglicht also auch nach Wegfall des § 11 Abs. 3 diese Art von Mehrarbeit. (Aus der Begründung.)

9. Das Bedürfnis, einzelnen Arbeitern gewisse Vor- oder Nacharbeiten auch über 10 Stunden hinaus ausnahmsweise zu gestatten, hat sich als unabweisbar herausgestellt. Es würde daher eine unnötige und kaum erträgliche Belastung der Unternehmer und der Aufsichtsbehörden sein, wenn man jeden derartigen Fall von einer Genehmigung abhängig machen wollte. Auch handelt es sich bei den Vorbereitungs- und Ergänzungsarbeiten nicht um eine selbständige neue Ausnahme, die der Arbeitgeber etwa auf Grund des Gesetzes ohne weiteres in Anspruch nehmen könnte. Vielmehr stellt die Vorschrift auch in diesen Fällen lediglich die Zuständigkeit der Überschreitung der Zehnstundengrenze für den Fall fest, daß auf einem der

sonst in der VO. vorgesehenen Wege, insbesondere im Wege des Tarifvertrags oder der Genehmigung, eine entsprechende Verlängerung der Arbeitszeit herbeigeführt ist. (B.) Wegen des Begriffs der Vorbereitungs- und Ergänzungsarbeiten s. § 4 Anm. 6. Diese im ASchG. aufgeführten Arbeiten sind im wesentlichen dieselben wie sie in den zu § 9 Abs. 1 erlassenen Ausführungsbestimmungen ausgeführt sind (s. S. 183 unten). Irgendwelche produktiven Arbeiten fallen nicht unter diesen Begriff.

10. Die Worte „die nicht unter den § 7 fallen" sind erst auf Beschluß des Sozialpolitischen Ausschusses des Reichstags zugesetzt worden, so daß also bei den besonders schwierigen und gefährlichen Arbeiten, die der § 7 erfaßt, nur die Überschreitung der zehnstündigen Arbeitszeit aus dringenden Gründen des Gemeinwohls die einzige Ausnahme bildet.

11. Zur Vornahme der Vorbereitungs- und Ergänzungsarbeiten ist die Genehmigung nicht erforderlich.

12. Dies ist bereits geschehen (s. oben Anm. 9).

13. Die VO. regelt nur die Arbeitszeit im eigentlichen Sinne, nicht die Lage der Arbeitsstunden, Mindestruhezeit (AngVO. § 2 Abs. 2) usw. Um jeden Zweifel zu nehmen, wird das Weiterbestehen dieser Vorschriften noch einmal ausdrücklich hervorgehoben.

Zu solchen Vorschriften gehören die §§ 120e und 120f GO. und die auf Grund dieser Vorschriften erlassenen, noch in Kraft befindlichen Verordnungen: a) Bekanntmachung des Reichskanzlers, betr. die Einrichtung und den Betrieb von Anlagen zur Herstellung elektrischer Akkumulatoren aus Blei oder Bleiverbindungen. Vom 6. Mai 1908 (RGBl. S. 172); b) Bekanntmachung des Reichskanzlers, betr. die Einrichtung und den Betrieb der Bleihütten. Vom 16. Juni 1905 (RGBl. S. 545); c) Bekanntmachung des Reichskanzlers, betr. den Betrieb von Getreidemühlen. Vom 26. April 1899 (RGBl. S. 273); d) Bekanntmachung des Reichskanzlers, betr. die Einrichtung und den Betrieb gewerblicher Anlagen zur Vulkanisierung von Gummiwaren. Vom 1. März 1902 (RGBl. S. 59); e) Bekanntmachung des Reichskanzlers, betr. die Einrichtung und den Betrieb von Steinbrüchen und Steinhauereien (Steinmetzbetrieben). Vom 31. Mai 1909 (RGBl. S. 471), abg. durch Bekanntmachung vom 20. November 1911 (RGBl. S. 955); f) Bekanntmachung des Reichskanzlers, betr. die Einrichtung und den Betrieb gewerblicher Anlagen, in denen Thomasschlacke gemahlen oder Thomasschlackenmehl gelagert wird. Vom 3. Juli 1909 (RGBl. S. 543), abg. durch Bekanntmachung vom 23. Dezember 1911 (RGBl. S. 1153). Hierher gehört auch die Bekanntmachung des Reichskanzlers, betr. die Beschäftigung von Gehilfen und Lehrlingen in Gast- und in Schankwirtschaften. Vom 23. 1. 1902 (RGBl. S. 33). Ferner die nach dem 9. November 1918 ergangenen Verordnungen: a) Verordnung des Reichsarbeitsministers über den Schutz der Preßluftarbeiter. Vom 28. Juni 1920 (RGBl. S. 1375); b) Verordnung des Reichsarbeitsministers über die Einrichtung und den Betrieb der Anlagen zur Herstellung von Bleifarben und anderen Bleiverbindungen. Vom 27. Januar 1920 (RGBl. S. 109ff.); c) Verordnung über die Ausführung von Anstreicherarbeiten in Schiffsräumen. Vom 2. Februar 1921 (RGBl. S. 142). Diese drei VO. sind, soweit sie den Arbeitszeitschutz betreffen, unten S. 223ff. abgedruckt. Auch die BäckVO. gehört hierher, S. 247ff.; s. § 14 Abs. 4.

14. Unter diese Vorschriften fallen u. a. die §§ 135, 136, 137, 137a, 139a GO. S. auch die VO. S. 329ff.

15. Diese Vorschrift stellt einen Teil der Bestimmungen über den Mutterschutz dar. Sie ist auch im § 22 des ASchG. enthalten, welcher der Entschließung des Reichstags (Drucks. Nr. 2428, III. WP. 1924/26) „die Reichsregierung zu ersuchen, unverzüglich die Gesetzentwürfe zur Anpassung der Deutschen Gesetzgebung an den Inhalt des Washingtoner Abkommens über Beschäftigung der Frauen vor und nach der Niederkunft (RT.-Drucks. Nr. 601, III. WP. 1924/26) vorzulegen“ entspricht. (S. auch § 137 Abs. 6 GO.) — Diesem Er-

suchen ist inzwischen die Reichsregierung nachgekommen und hat mit RT.-Drucks. Nr. 3521 — III. WP. 1924/27 — den „Entwurf eines Gesetzes über die Beschäftigung vor und nach der Niederkunft“ sowie gleichzeitig den „Entwurf eines Gesetzes über das Washingtoner Übereinkommen, betreffend die Beschäftigung der Frauen vor und nach der Niederkunft“ (RT.-Drucks. Nr. 3524) vorgelegt, durch das dem (im Entwurf abgedruckten) Internationalen Übereinkommen vom 29. 11. 1919 (3. Übereinkommen auf der 1. Jahrestagung Washington 1919, S. 19 der in Anm. 1 S. 347 unten erwähnten Druckschrift) zugestimmt wird. Beide Gesetze sind am 7. 7. 27 (336. Sitzung) vom Reichstag angenommen worden.

Die §§ 2 und 3 des erstgenannten, im RGBl. S. 183 veröffentlichten und am 1. 8. 27 in Kraft tretenden „Gesetzes über die Beschäftigung vor und nach der Niederkunft“, die obigen Abs. 3 ergänzende Vorschriften enthalten, lauten:

§ 2. Aussetzen der Arbeit.

(1) Schwangere sind berechtigt, die ihnen aus dem Arbeitsvertrag obliegende Arbeitsleistung zu verweigern, wenn sie durch ärztliches Zeugnis nachweisen, daß sie voraussichtlich binnen sechs Wochen niederkommen.

(2) Wöchnerinnen dürfen binnen sechs Wochen nach ihrer Niederkunft nicht beschäftigt werden; ihr Wiedereintritt ist an den Ausweis geknüpft, daß seit ihrer Niederkunft wenigstens sechs Wochen verflossen sind. Während weiterer sechs Wochen sind sie berechtigt, die ihnen aus dem Arbeitsvertrag obliegende Arbeitsleistung zu verweigern, wenn sie durch ärztliches Zeugnis nachweisen, daß sie wegen einer Krankheit, die eine Folge ihrer Schwan-

gerschaft oder Niederkunft ist, oder die dadurch eine wesentliche Verschlimmerung erfahren hat, an der Arbeit verhindert sind.

(3) Der Arbeitgeber ist zur Gewährung des Entgelts für die Zeit, in der Arbeit nicht geleistet wird, nur verpflichtet, soweit dies ausdrücklich vereinbart ist.

§ 9. Stillpausen.

Stillenden Frauen ist auf ihr Verlangen während sechs Monaten nach ihrer Niederkunft die zum Stillen erforderliche Zeit bis zu zweimal einer halben oder einmal einer Stunde täglich von der Arbeit freizugeben. Eine Verpflichtung des Arbeitgebers zur Zahlung eines Entgelts wird hierdurch nicht berührt.

16. Die AZVO. v. 21. 12. 23 enthielt hinter dem Wort „Stillzeit" das Wort „tunlichst". Dies ist auf Grund eines Beschlusses des Sozialpolitischen Ausschusses gestrichen. Die Befreiung darf also einerseits nur auf Wunsch geschehen, anderseits muß sie auf Wunsch erfolgen, so daß die sozialen Belange der Arbeitnehmerinnen in jedem Falle gewahrt bleiben.

17. Also selbst der im § 1 Satz 3 zugelassene Ausgleich darf im Falle des Abs. 3 nicht stattfinden, sofern die weiblichen Arbeitnehmer es nicht wünschen.

§ 10[1].

Die nach dieser Verordnung sich ergebenden Beschränkungen[2] der Arbeitszeit finden keine Anwendung auf vorübergehende[3] Arbeiten in Notfällen[4] und in außergewöhnlichen Fällen[5], die unabhängig vom

Willen des Betroffenen eintreten und deren Folgen nicht auf andere Weise zu beseitigen sind, besonders, wenn Rohstoffe oder Lebensmittel zu verderben oder Arbeitserzeugnisse zu mißlingen drohen[6].

Das gleiche gilt, wenn eine geringe Zahl[7] von Arbeitnehmern[8] über sechzehn[9] Jahren an einzelnen Tagen[10] mit Arbeiten beschäftigt wird, deren Nichterledigung das Ergebnis[11] der Arbeit gefährden oder einen unverhältnismäßigen wirtschaftlichen Schaden[12] zur Folge haben würde, und wenn dem Arbeitgeber andere Vorkehrungen[13] nicht zugemutet werden können[14].

1. In der alten Fassung lautete der § 10: „Die nach dieser Verordnung sich ergebenden Beschränkungen der Arbeitszeit finden keine Anwendung auf vorübergehende Arbeiten, die in Notfällen oder zur Verhütung des Verderbens von Rohstoffen oder des Mißlingens von Arbeitserzeugnissen unverzüglich vorgenommen werden müssen." Eine dem § 10 entsprechende Ausnahme für Notfälle war schon in den beiden Demobilmachungsverordnungen (Ziff. VI der ArbAO. und § 4 Ziff. 1 der AngVO.) vorhanden. Für Angestellte bestand ferner auch schon die Ausnahme für Arbeiten zum Verhüten des Verderbens von Rohstoffen oder des Mißlingens von Arbeitserzeugnissen (§ 4 Ziff. 3 der AngVO.). Diese Ausnahme ist durch obige Bestimmung auch auf die Arbeiter ausgedehnt worden. Um den Wirkungen, die die Aufhebung des § 11 Abs. 3 (freiwillige Mehrarbeit) haben könnte, zu begegnen, ist der § 10 jetzt dahin ergänzt worden, daß neben den Notfällen auch außergewöhnliche Fälle zu einer Ausnahme berechtigen sollen.

2. In den Fällen des § 10 entfallen lediglich die Beschränkungen nach der AZVO.; dagegen bleiben die Schutzvorschriften sonstiger Gesetze, insbesondere die Vorschriften der Gewerbeordnung und des Kinderschutzgesetzes über die Beschäftigung der Frauen, der Jugendlichen und der Kinder unberührt (s. auch § 9 Abs. 2).

3. Im Gegensatz zu regelmäßig: § 10 der VO. v. 21. 12. 23 (s. oben) ließ die Ausnahme ebenfalls nur auf vorübergehende Arbeiten zu. Im Entwurf der Novelle war das Wort „vorübergehende" fortgelassen, durch Beschluß des Sozialpolitischen Ausschusses ist es wieder eingefügt worden.

4. Über den Begriff des Notfalles hat sich in der Rechtsprechung § 105c Abs. I Nr. 1 der GO., der eine Ausnahme vom Verbot der Sonntagsruhe zuläßt, eine einheitliche Auslegung herausgebildet. Die Auslegung des § 105c GO. durch die Preuß. Ausführungsbestimmungen lautet: „Zu Arbeiten in Notfällen gehören solche Arbeiten, welche zur Beseitigung eines Notstandes oder zur Abwendung einer Gefahr sofort vorgenommen werden müssen, ferner aber auch dringende Arbeiten, die durch Todesfälle, Erkrankungen, unvorhergesehene, erhebliche geschäftliche Zwischenfälle usw. erforderlich werden und nicht wohl auf den nachfolgenden Tag verschoben werden können; dagegen kann nicht etwa schlechthin die Erledigung eiliger Arbeiten hierher gerechnet werden." § 15 des ASchG. führt einige besonders häufig vorkommende Arten von Notfällen ausdrücklich an: 1. unaufschiebbare Arbeiten an Maschinen, Öfen und anderen Betriebseinrichtungen, soweit die Arbeiten sich während des regelmäßigen Ganges des Betriebes nicht ohne ernstliche Störung oder Unterbrechung ausführen lassen; 2. Beendigung von Arbeiten, wenn deren Unterbrechung das Ergebnis der Arbeit gefährden oder einen unverhältnismäßigen wirtschaftlichen Schaden zur Folge haben würde, und dem Arbeitgeber andere Vorkehrungen nicht zugemutet werden können (ASchG. S. 10). Der Entwurf lehnt sich hierbei an Art. 3 des WA. eng an.

5. § 15 des ASchG. bezeichnet sämtliche in § 10 der geltenden AZVO. aufgeführten Arbeiten als „außergewöhnliche" Fälle, rechnet also auch die „Notfälle" hierzu. Kaskel (Arbeitsrecht S. 170) bezeichnet die im alten § 10 aufgeführten Arbeiten „in Notfällen und zur Verhütung des Verderbens" usw. gemeinsam als Notarbeiten. Die neue VO. unterscheidet also ausdrücklich: a) Notfälle, b) außerordentliche Fälle (Abs. 1), c) andere Fälle (Abs. 2): bei den Fällen zu b ist die Voraussetzung, daß sie 1. unabhängig vom Willen des Betroffenen eintreten, 2. ihre Folgen auf andere Art nicht zu beseitigen sind; zu c) wird gefordert, daß 1. mit den Arbeiten nur eine geringe Anzahl von Arbeitnehmern beschäftigt wird, 2. diese über 16 Jahre alt sind, 3. dem Arbeitgeber andere Vorkehrungen nicht zugemutet werden können. Außerdem muß es sich um Arbeiten handeln, deren Nichterledigung 1. das Ergebnis der Arbeit gefährden oder 2. einen unverhältnismäßigen wirtschaftlichen Schaden zur Folge haben würde.

6. Auch die unbedingte Notwendigkeit, bestimmte seltene Beförderungsmöglichkeiten (namentlich zur See) auszunutzen, kann unter Umständen die Anwendung dieser Ausnahme rechtfertigen. In allen Fällen aber soll die Ausnahme nur ein letztes Hilfsmittel sein, das erst in Frage kommt, wenn alle anderen Ausnahmemöglichkeiten versagen. (ASchG. S. 78.)

7. Es bedeutet dies, daß vor allem in handwerksmäßigen Betrieben mit wenigen Arbeitnehmern unter den sonst gegebenen Voraussetzungen Arbeiten noch über die normale Arbeitszeit hinaus ausgeführt werden können. Jedoch beschränkt sich die Ausnahme nicht auf Kleinbetriebe, sondern sie wird auch dann anwendbar sein, wenn in größeren Betrieben eine im Verhältnis zur Gesamtbelegschaft geringe Zahl von Arbeitnehmern beschäftigt wird. Es wird sich bei großen Betrieben stets nur um einen geringen Bruchteil der Arbeitnehmerschaft handeln dürfen. (B. S. 4.)

8. Also auch weibliche.

9. Durch Ausschußbeschluß eingefügt. Ausgelassen sind also die Jugendlichen bis zu 16 Jahren (junge Leute).

10. Es können dies unter Umständen auch mehrere Tage hintereinander sein, keinesfalls aber bestimmte Tage in der Woche, da dies mit dem Ausnahmecharakter der Vorschrift nicht vereinbar wäre.

11. Das wird z. B. der Fall sein, wenn eine Bauarbeit, etwa die Herstellung einer Betonbrücke, aus technischen Gründen ohne Unterbrechung der Arbeit zu Ende geführt werden muß.

12. Wenn z. B. ein außerhalb seines Betriebes arbeitender Handarbeiter die beinahe fertiggestellte Arbeit unterbrechen und durch Verschiebung der Fertigstellung auf den nächsten Tag eine unverhältnismäßige Zeit für den Weg verbrauchen müßte.

13. Z. B. die Inanspruchnahme zulässiger Mehrarbeit oder die Heranziehung von Aushilfsarbeitern oder einer zweiten Arbeitsschicht. In der Regel wird es sich in Abs. 2 um Arbeitszeitverlängerungen handeln, die nicht rechtzeitig vorhergesehen werden können. (ASchG. S. 78.)

14. Der Arbeitgeber hat ein Verzeichnis zu führen, in das die Zahl der gemäß § 10 über die regelmäßige Arbeitszeit hinaus beschäftigten Arbeitnehmer, unter besonderer Angabe der Zahl der weiblichen und der jugendlichen, die Dauer ihrer Beschäftigung sowie die Art der vorgenommenen Arbeiten einzutragen sind. Das Verzeichnis ist den Aufsichtsbeamten auf Verlangen vorzulegen.

§ 11[1].

Wer den Vorschriften dieser Verordnung oder den in Kraft bleibenden Bestimmungen der im § 1 bezeichneten Verordnungen[2] oder den daraufhin erlassenen Anordnungen[3] zuwiderhandelt[4], wird mit Geldstrafe[5] bestraft[6].

Wer wegen einer im Abs. 1 unter Strafe gestellten Handlung bestraft worden ist[7] und darauf vorsätzlich[8] abermals[9] eine dieser Handlungen begeht, wird mit Gefängnis bis zu sechs Monaten[10] und mit Geldstrafe oder mit einer dieser Strafen bestraft[11].

1. Der im § 11 durch die Novelle fortgefallene Abs. 3 lautete:

„Der Arbeitgeber ist bei Duldung oder Annahme freiwilliger Mehrarbeit, soweit es sich um männliche Arbeitnehmer über sechzehn Jahre handelt, nicht strafbar, wenn die Mehrarbeit durch besondere Umstände veranlaßt und keine dauernde ist, und wenn sie weder durch Ausbeutung der Notlage oder der Unerfahrenheit des Arbeitnehmers von dem Arbeitgeber erwirkt wird, noch auch offensichtlich eine gesundheitschädliche Gefährdung mit sich bringt."

Die Aufhebung des Abs. 3 ist wohl die wichtigste der durch das AZNG. vorgenommenen Änderungen der Arbeitszeitverordnung. Abs. 3 erklärte eine an sich ungesetzliche, aber von den Arbeitnehmern freiwillig geleistete Mehrarbeit unter gewissen Voraussetzungen für straffrei. — Diese Vorschrift bildete zweifellos die Hauptursache für die vielfachen Klagen und Beschwerden über allzu lange Arbeitszeiten und unzureichende Durchführung der Arbeitszeitverordnung. Sie fand ihre Rechtfertigung in der schweren, zur Zeit des Erlasses der AZVO. bestehenden wirtschaftlichen Notlage und ist damals in Rücksicht auf kleine Betriebe, insbesondere Handwerksbetriebe, aufgenommen worden, um zu verhindern, daß diese für jede, manchmal unvermeidliche Überschreitung, eine behördliche Genehmigung nachsuchen müßten oder sich strafbar machten. Die Vorschrift ist aber, weit über ihren eigentlichen Zweck hinaus, auf zahlreiche andere Betriebe ohne Rücksicht auf deren Größe angewandt worden und hat die Durchführung des Arbeitsschutzes sehr ungünstig beeinflußt. Unter den wesentlich veränderten Verhältnissen der Gegenwart kann sie nicht mehr aufrecht erhalten werden. Es gilt also jetzt wieder ausnahmslos der öffentlich-rechtliche Grundsatz der Schutzbestimmungen, daß die Pflicht des Arbeitgebers zur Unterlassung der Mehrarbeit dem Staate und nicht dem Arbeitnehmer gegenüber besteht, von diesem also auch nicht dem Arbeitgeber erlassen werden kann. (Aus der Begründung zum AZStG. B. S. 4).

Der § 11 entspricht im wesentlichen den bisher in den Demobilmachungsverordnungen enthaltenen Strafbestimmungen.

2. Die Rechtsgültigkeit der ArbAO. v. 23. 11. 18 war angezweifelt. Sie ist durch das Urteil des Reichsgerichts v. 6. 7. 20 (Bd. 55 S. 70) ausdrücklich festgestellt. Ebenso die AngVO. v. 18. 3. 19 (s. hierzu den Bescheid des Reichsarbeitsministers v. 4. 10. 20, RABl. 1921 S. 98).

3. Hierher gehören auch die auf Grund des § 7 erlassenen Verordnungen (s. unten S. 230), sowie die Ausführungsbestimmungen und die behördlichen Verfügungen, die auf Grund der Verordnungen erlassen werden.

4. Strafbar ist nur der Arbeitgeber. Diese Auffassung, daß nicht auch der Arbeitnehmer bei Zuwiderhandlungen sich strafbar macht, entspricht dem Sinn und dem Zweck der lediglich dem Schutze der Arbeitnehmer erlassenen Bestimmungen durchaus und steht auch mit den höchstinstanzlichen Gerichtsentscheidungen (U. d. RG. v. 6. 7. 20 s. oben) im Einklang (s. auch RABl. 1921, nichtamtl. Teil, S. 303, wo die Frage ausführlich behandelt ist). S. ferner das Rundschreiben des RAMinisters vom 7. 12. 21 (RABl. 1922 S. 103). Um allen Zweifeln zu begegnen, nennt § 26 des ASchG. ausdrücklich die Arbeitgeber als die im Falle der Zuwiderhandlung mit Bestrafung bedrohten Personen. Hierher gehören auch die verantwortlichen Personen, denen der Arbeitgeber die ihm aus den Verordnungen erwachsenen Pflichten übertragen kann; das sind Betriebsleiter oder sonstige Auf-

sichtspersonen (§ 151 GO.). Diese werden also als Täter (nicht als Gehilfen) in gleicher Weise wie der Arbeitgeber selbst bestraft.

Die strafbare Handlung kann vorsätzlicher oder fahrlässiger Art (z. B. Irrtum über das Alter eines jugendlichen Arbeiters) sein und Verstöße gegen Formvorschriften (Aushänge, Verzeichnisse, Anzeigen) oder gegen materielle Schutzvorschriften darstellen. Vgl. auch die sog. Rechtsirrtumsverordnung v. 18. 1. 17 (RGBl. S. 58), ergänzt durch VO. v. 12. 2. 20 (RGBl. S. 230), und VO. v. 13. 7. 23 (RGBl. S. 699).

Bez. der anderen allgemeinen Grundsätze gilt der allgemeine Teil des Strafgesetzbuches (z. B. Verjährung, Verhältnis von Freiheitsstrafe und Geldstrafe, Verjährung der Strafvollstreckung usw.). In dem jetzt dem Reichstag zugegangenen „Entwurf eines Allgemeinen Deutschen Strafgesetzbuches" (RT.-Drucks. Nr. 3390, III. WP. 1924/27) ist der allgemeine Teil in den §§ 1—85 behandelt.

5. Da die Zuwiderhandlungen schlechthin mit Geldstrafe geahndet werden, sind sie also Vergehen im Sinne des § 1 Abs. 2 StrGB. Hierunter würden also nach geltendem Recht auch die formellen Verstöße fallen, während sie § 26 Abs. 3 des ASchG. nur als Übertretung behandelt, in dem sie mit Geldstrafe bis zu 150 RM. bedroht sind (§ 1 StrGB.). Die Höhe der Geldstrafen kann nach der VO. über Vermögensstrafen und Bußen v. 6. 2. 24 — Abänderung der §§ 1 Abs. 2 und 3, 27 bis 29, 70, 78 StrGB. (RGBl. S. 44) — im allgemeinen bis auf 10 000 RM., bei Gewinnsucht bis 100 000 RM. bemessen werden. Eine nicht beizutreibende Geldstrafe ist in Gefängnis umzuwandeln (§§ 28, 29 StrGB.), mit Rücksicht auf den Abs. 2 des § 11 darf diese Gefängnisstrafe sich höchstens auf sechs Monate erstrecken. Die Verjährung tritt nach drei Jahren, im Falle des Abs. 2 nach fünf Jahren ein (§ 67 Abs. 2 StrGB.).

6. Die Frage, ob die Strafverfolgung nur auf Antrag erfolgt, war früher strittig; das Urteil des Kammergerichts

v. 15. 12. 22 (R. Z. f. Arbeitsrecht 1923 S. 198) setzt zur Strafverfolgung einen förmlichen Antrag der zuständigen Behörde voraus. Fehlt ein solcher Antrag, so ist das Verfahren einzustellen (§ 259, Abs. 2 StrPO.). Das oben erwähnte Urteil des Reichsgerichts v. 6. 7. 20 hatte entgegengesetzt entschieden. Aus dem Neuerlaß der Strafbestimmungen ohne den Zusammenhang mit anderen VO. (§ 7 der VO. über wirtschaftliche Demobilmachung v. 7. 11. 18 — RGBl. S. 1292 — und VO. über den Erlaß von Strafbestimmungen v. 27. 11. 18 — RGBl. S. 1339 —) geht deutlich hervor, daß es sich nicht um sog. Antragsdelikte handelt (§ 61 StrGB.). Infolgedessen ist eine Strafverfolgung von Amts wegen einzuleiten. Die Strafanzeige kann von jedermann erstattet werden.

7. Die Strafe muß also rechtskräftig geworden sein.

8. Der zweite Verstoß muß also vorsätzlich begangen sein, während die erste strafbare Handlung aus Vorsatz oder Fahrlässigkeit begangen sein kann.

9. Also schon beim ersten Rückfall; anders § 146 GO. und § 12 der BäckVO. (s. S. 260 unten).

10. Im § 146 GO. ist der zulässige Höchstbetrag der an die Stelle der Geldstrafe tretenden Freiheitsstrafe ebenfalls auf sechs Monate beschränkt. Darüber hinaus soll auch hier in keinem Falle gegangen werden. Falls das Delikt noch einer höheren Bestrafung würdig ist, kann neben der Gefängnisstrafe noch auf eine Geldstrafe erkannt werden, endlich kann bei geringeren Vergehen auch im Rückfall nur Geldstrafe verhängt werden.

11. Wegen der strafrechtlichen Durchführung des Arbeitszeitschutzes s. das unten S. 199 abgedruckte Ersuchen des Reichsarbeitsministers an den Reichsminister der Justiz.

§ 12

ist weggefallen.

Der weggefallene § 12 lautete:

§ 12. Bestimmungen von Tarif- und Arbeitsverträgen, die beim Inkrafttreten dieser Verordnung gelten und eine geringere als nach dieser Verordnung zulässige Arbeitszeit vorsehen, können mit dreißigtägiger Frist gekündigt werden.

Ist in solchen Verträgen der Lohn als Zeitlohn bemessen, so wirkt die Kündigung auch für diese Bestimmungen.

Arbeitsverträge, die in der Zeit vom 18. November 1923 bis zum Inkrafttreten dieser Verordnung abgeschlossen sind, bleiben unberührt, soweit die nach den §§ 3 bis 9 zulässigen Höchstgrenzen nicht überschritten werden.

Der Aufhebung kommt nur formale Bedeutung zu, da der § 12 durch den Zeitablauf überholt ist.

§ 13[1].

Für Betriebe und Verwaltungen[2] des Reichs (auch der Reichsbank) und der Länder sowie für Verwaltungen[3] der Gemeinden und Gemeindeverbände steht die Ausübung der durch dieses Gesetz dem Reichsarbeitsminister oder anderen Behörden übertragenen Befugnisse den diesen Betrieben oder Verwaltungen vorgesetzten Dienstbehörden zu. Diese können[4] die für Beamte gültigen Dienstvorschriften über die Arbeitszeit auf die übrigen Arbeitnehmer[5] der genannten Betriebe und Verwaltungen übertragen[6].

1. Die Vorschrift des § 13 soll den schon im § 155 Abs. 3 der GO. ausgesprochenen Grundsatz auf das Anwendungsgebiet dieser VO. ausdehnen. Die den Betrieben und Verwaltungen des Reiches und der Länder vorgesetzten Dienst-

behörden sollen daher mit der Ausübung der nach dieser VO. im allgemeinen anderen Behörden zustehenden Befugnisse betraut werden. (RT.-Drucks. 6279, I. WP. 1920/23, S. 5.)

2. Also nicht nur auf die gewerblichen Betriebe des § 155 GO., sondern auf alle Betriebe und Verwaltungen des Reichs und der Länder findet § 13 Anwendung.

3. Auf Betriebe der Gemeinden und Gemeindeverbände ist § 13 nicht anwendbar. Im übrigen bezieht sich der Satz 1 nur auf die Befugnisse der §§ 2, 6 und 9 Abs. 1 Satz 1, während die Befugnisse des § 5, des § 6a Abs. 5, des § 7 Abs. 2 und des § 9 Abs. 1 Satz 2 nach Art und Zweck für eine Übertragung nicht in Betracht kommen.

4. Der für alle Körperschaften des öffentlichen Rechtes geltende § 14 der AngVO. (s. S. 88 oben), der die für die Beamten gültigen Dienstvorschriften für die gemeinsam mit den Beamten beschäftigten Angestellten mangels abweichender Vereinbarungen ohne weiteres maßgebend macht, ist neben der Kannvorschrift des § 13 Satz 2 bestehen geblieben; die Voraussetzungen der gemeinsamen Beschäftigung mit Beamten sind in der letzteren Bestimmung nicht mehr vorgeschrieben. Die Dienstvorschriften über die Arbeitszeit können unter Umständen die Vorschriften über die Entlohnung mit umfassen. Die Dienstzeit der Angestellten und Arbeiter ist im Reiche durch Tarifvertrag geregelt. Der Reichsangestelltentarifvertrag (abgedruckt S. 206 unten) enthält die Vereinbarung, daß die Arbeitszeit der Angestellten, deren Tätigkeit aus Betriebsrücksichten mit derjenigen der Arbeiterschaft in Verbindung steht, sich nach der Arbeitszeit der Arbeiterschaft richtet, daß hingegen die Arbeitszeit der Angestellten in den Dienststellen, in denen sie zusammen mit Beamten tätig sind, nach der für die Beamten geltenden Regelung festgesetzt wird. Ebenso ist durch Tarifvertrag für die Arbeiter im Bereiche der deutschen Reichspost (abgedruckt S. 74 oben), soweit sie im Betriebs- und Verwaltungsdienst beschäftigt werden, vereinbart, daß sich die Arbeit nach den für Beamte jeweils geltenden Bestimmungen

regelt, während der übrige Dienst bei der Post nicht unter das Abkommen fällt. Wegen ihres diesbezüglichen Geltungsbereichs sind die Bestimmungen über die Arbeitszeit der Beamten gleichfalls (S. 202 unten) wiedergegeben.

5. Die Arbeiter sind also jetzt einbegriffen.

6. Die in der AZVO. nach dem Wort „übertragen" enthaltenen Worte „auch soweit laufende Verträge dem entgegenstehen", sind auf Grund eines Ausschußbeschlusses als überholte Übergangsvorschrift fortgefallen, so daß künftig eine Übertragung nicht mehr erfolgen kann, sofern laufende Verträge etwas anderes bestimmen.

§ 14.

Die Ziffern II[1], VI[2], VII Abs. 1, 2[3] und X[4] der Anordnung über die Regelung der Arbeitszeit gewerblicher Arbeiter vom 23. November 1918/17. Dezember 1918, die §§ 1[1], 4[2], 5[5], 6[3], 7[5] und 18[4] der Verordnung über die Regelung der Arbeitszeit der Angestellten während der Zeit der wirtschaftlichen Demobilmachung vom 18. März 1919 bleiben[6] aufgehoben. Das Gesetz über die Arbeitszeit im Bergbau unter Tage vom 17. Juli 1922 (Reichs-Gesetzbl. I S. 628) tritt außer Kraft[7].

An die Stelle der in den vorbezeichneten Verordnungen genannten Demobilmachungskommissare[8] treten die obersten Landesbehörden[9].

Die im § 12 Nr. 2 der Verordnung vom 18. März 1919 festgesetzte Grenze von siebentausend Mark wird durch die im Versicherungsgesetze für Angestellte für die Versicherungspflicht jeweils bestimmte Höchstgrenze des Jahresarbeitsverdienstes ersetzt[10].

Für die Bäckereien und Konditoreien und die ihnen gleichgestellten Anlagen bewendet es bei der Verordnung über die Arbeitszeit in den Bäckereien und Konditoreien vom 23. November 1918 (Reichsgesetzbl. S. 1329)[11].

1. Ziff. II ArbAO. und § 1 AngVO. (normaler Maximalarbeitstag und Ausgleich bei Verkürzung der Arbeitszeit) ist jetzt durch § 1 ersetzt.

2. Ziff. VI ArbAO. und § 4 AngVO. entspricht dem § 10. Die Aufhebung des § 4 der AngVO. schließt die Aufhebung der Nr. 2 im Abs. 1 dieses § 4 ein, wonach die Bestimmungen über den Achtstundentag auf Arbeiten, die im öffentlichen Interesse unverzüglich vorgenommen werden müssen, keine Anwendung finden. Daß diese Ausnahme nur für die Angestellten, nicht auch für die gewerblichen Arbeiter galt, entbehrte der inneren Berechtigung. Zudem hat ihre Anwendung zu Unzuträglichkeiten geführt, namentlich durch überlange Beschäftigung der Bankangestellten (s. den Bescheid RABl. 1921 S. 664). Sie kann im Hinblick auf die durch diese VO. geschaffenen Ausnahmemöglichkeiten (§§ 3, 5, 6 und 10) nunmehr auch für Angestellte aller Art entbehrt werden. Die Bestimmungen des § 4 Abs. 1 Nr. 1 und 3 der AngVO. sind in den § 10 übernommen. (RT.-Drucks. 6279, I. WP. 1920/23, S. 6.)

3. Ziff. VII Abs. 1 und 2 ArbAO. und § 6 AngVO. ist ersetzt durch § 6. Die Bestimmungen der Ziff. VII Abs. 3 der ArbAO. und des § 10 der AngVO. sind gemäß Artikel II des AZNG. nicht mehr auf Arbeitszeitverlängerungen anwendbar. Mit dem Inkrafttreten dieser Gesetzesänderung verlieren daher auch die bereits erteilten Genehmigungen zu Arbeitszeitverlängerungen ihre Gültigkeit. Die genannten Bestimmungen können künftig also nur noch für sonstige Beschäftigungsbeschränkungen in Betracht kommen. Insbesondere werden sie für die Abkürzung der in der GO. für Arbeiterinnen und jugendliche Arbeiter bei mehr als achtstündiger Be-

schäftigung vorgeschriebenen Pausen eine Rolle spielen. In solchen Fällen soll für die zur Genehmigung zuständigen Stellen Richtlinie sein, daß den Anträgen auf Pausenverkürzung im allgemeinen nur unter bestimmten Bedingungen stattzugeben ist (s. die Ausführungsbestimmungen S. 182 unten).

4. Ziff. X ArbAO. und § 18 AngVO. entspricht dem § 11.

5. § 5 AngVO. ist ersetzt durch § 3, § 7 durch § 5.

6. Sie waren am 17. 11. 23 außer Kraft getreten (s. § 1 Anm. 5).

7. Seine wesentlichen Bestimmungen sind nunmehr im § 8 enthalten (s. dort Anm. 1).

8. Das Amt der Demobilmachungskommissare ist durch Gesetz v. 25. 3. 24 (RGBl. S. 375) aufgehoben.

9. Die obersten Landesbehörden können ihre Befugnisse auf andere Stellen übertragen (s. § 15 Anm. 4).

10. Zurzeit beträgt die im Versicherungsgesetz festgesetzte Höchstgrenze 6000 RM. (VO. über die Jahresarbeitsverdienstgrenze in der Angestelltenversicherung v. 23. 4. 25 — RGBl. S. 51 —).

11. Abgedruckt und erläutert S. 247 unten.

§ 15.

Ausführungsbestimmungen[1] zu dieser Verordnung erläßt der Reichsarbeitsminister nach Anhörung der wirtschaftlichen Vereinigungen der Arbeitgeber und Arbeitnehmer[2].

Der Reichsarbeitsminister ist ferner ermächtigt, die sonstigen ihm durch diese Verordnung übertragenen Befugnisse[3] auf eine andere Stelle zu übertragen. Das gleiche gilt für die oberste Landesbehörde[4] hinsichtlich der ihr übertragenen Befugnisse.

Der Reichsarbeitsminister kann[5] die im § 1 Satz 1 bezeichneten[6] und die in der Reichsgewerbeordnung[7] enthaltenen Vorschriften über die Arbeitszeit mit den aus dieser Verordnung sich ergebenden Änderungen in einheitlicher Fassung als „Arbeitszeitverordnung" veröffentlichen[8].

1. Abs. 1 der alten VO. lautete: Der Reichsarbeitsminister ist ermächtigt, Ausführungsbestimmungen zu dieser Verordnung zu erlassen. — Ausführungsbestimmungen sind bereits am 17. 4. 24 (RGBl. S. 416) erlassen und ergänzt worden durch die Bestimmungen v. 29. 4. 27 (RGBl. S. 114, S. 170 f. unten abgedruckt).

2. Nunmehr müssen also vor Erlaß von Ausführungsbestimmungen die wirtschaftlichen Vereinigungen der Arbeitgeber und der Arbeitnehmer gehört werden. S. auch Anm. 6 zu § 2 S. 119 oben.

3. S. die §§ 2, 5, 6, 6a, 7, 9, 13.

4. Die anderen Stellen sind z. B. die Landesbehörden, die ordentlichen Verwaltungsbehörden, die Behörden der Gewerbeaufsicht, die Polizeibehörden.

5. Diese Befugnisse waren dem Reichsarbeitsminister bereits in dem unverändert gebliebenen § 15 Abs. 3 der alten VO. zugesprochen worden, ohne daß er bisher von dieser Befugnis Gebrauch gemacht hätte, da das Reichsarbeitsministerium den Versuch, alle in den Demobilmachungsverordnungen, der Gewerbeordnung und an anderer Stelle bestehenden Bestimmungen zusammenzuarbeiten, bisher nicht hat zu Ende bringen können.

6. Das sind also die noch in Kraft gebliebenen Teile der ArbAO. und der AngVO. (S. 49, 78 oben).

7. Das sind Titel VII sowie die Schlußbestimmungen der GO.

8. Das Ergebnis könnte allerdings nur befriedigen, wenn dem Reichsarbeitsministerium eine über den Rahmen einer bloßen Zusammenstellung hinausgehende, auch textliche Veränderungen einschließende Vollmacht erteilt würde.

§ 16.

Diese Verordnung tritt mit dem 1. Mai 1927 in Kraft[1].

1. Die alte AZVO. war am 1. 1. 24 in Kraft getreten und hat ihre Wirkung nie verloren. Jetzt treten eigentlich nur die Abänderungen, die die VO. durch die Novelle v. 14. 1. 27 erfahren hat, in Kraft.

Ausführungsbestimmungen zur Verordnung über die Arbeitszeit.

Vom 17. April 1924 (RGBl. I S. 416)

Auf Grund des § 15 Abs. 1 der Verordnung über die Arbeitszeit vom 21. Dezember 1923 (Reichs-Gesetzbl. I S. 1249) wird bestimmt:

1. Die durch die Ergänzung v. 29. 4. 27 fortgefallenen Bestimmungen zu den §§ 10, 12, 13 und 14 sind nicht abgedruckt.

Zu § 1 Satz 3.

Eine Höchstdauer der täglichen Arbeitszeit im Rahmen der achtundvierzigstündigen Arbeitswoche oder der sechsundneunzigstündigen Doppelarbeitswoche ist für männliche Arbeiter über sechzehn Jahre und für Angestellte im allgemeinen in der Verordnung nicht festgesetzt; für jugendliche Arbeiter zwischen vierzehn und sechzehn Jahren und für Arbeiterinnen in Betrieben mit in der Regel mindestens zehn Arbeitern und in den diesen Betrieben gleichgestellten Anlagen ist nach § 9 Abs. 2 hier wie bei den übrigen durch die Verordnung zugelassenen Überschreitungen der durch § 1 Satz 2 festgesetzten

Arbeitszeit, die durch die §§ 135 Abs. 3 und 137 Abs. 2 der Gewerbeordnung festgesetzte Höchstdauer von zehn Stunden, für Arbeiterinnen an den Vorabenden der Sonn- und Festtage von acht Stunden als maßgeblich anzusehen, wie auch für erwachsene männliche Arbeiter die auf Grund des § 120 e der Gewerbeordnung festgesetzten Höchstarbeitszeiten weiterhin in Kraft sind. Soweit hiernach eine Höchstgrenze nicht besteht, ist es Aufgabe der Aufsichtsbehörden, darauf zu achten, daß überlange Arbeitszeiten infolge des zugelassenen Ausgleichs ausgefallener Arbeitsstunden nicht eintreten. Der Ausgleich ist nur für den ganzen Betrieb oder eine ganze Betriebsabteilung, nicht auch für einzelne Arbeitnehmer zugelassen.

Die Bestimmungen der Ziffer VIII der Anordnung vom 23. November 1918 und des § 3 der Verordnung vom 18. März 1919 über die Bekanntgabe von Beginn und Ende der Arbeitszeit und der Pausen durch Aushang sind wieder in Kraft.

Zu § 2.

Eine Obergrenze für eine Ausdehnung der Beschäftigungsdauer gemäß § 2 ist vorbehaltlich der bereits zum § 1 Satz 3 bezeichneten Beschränkungen in der Verordnung nicht vorgeschrieben. Das im § 5 Abs. 2 der Verordnung festgesetzte Beanstandungsrecht findet auf eine tarifliche Regelung Anwendung.

Zu § 3.

Die Anwendung des § 3 ist nur für den ganzen Betrieb oder für eine ganze Betriebsabteilung zulässig; will der Arbeitgeber einzelne Arbeitnehmer länger arbeiten lassen, so kann er sich nicht auf den § 3 berufen. Die zulässige Obergrenze ergibt sich aus § 9 der Verordnung. Auf die Schutzbedürftigkeit der weiblichen und jugendlichen Arbeitnehmer ist bei Anwendung des § 3 besondere Rücksicht zu nehmen.

Der Arbeitgeber hat über die nach § 3 in Anspruch genommenen Mehrarbeitstage ein Verzeichnis zu führen, in das die Zahl der an den einzelnen Mehrarbeitstagen beschäftigten Arbeitnehmer, unter besonderer Angabe der Zahl der weiblichen und jugendlichen, und die Dauer ihrer Beschäftigung einzutragen sind. Das Verzeichnis ist den Aufsichtsbeamten auf Verlangen vorzulegen.

Der § 3 entspricht dem nunmehr aufgehobenen § 5 der Verordnung vom 18. März 1919. Nach § 8 Abs. 3 dieser Verordnung, der durch die Aufhebung der in ihm angeführten §§ 5 und 7 gegenstandslos geworden ist, war die nach § 8 Abs. 1 und 2 zulässige Sonntagsarbeit auf die zwanzig nach § 5 zulässigen Mehrarbeitstage nicht anzurechnen. Das gleiche hat sinngemäß auch für die dreißig Mehrarbeitstage des § 3 zu gelten; für den dem § 7 der Verordnung vom 18. März 1919 entsprechenden § 5 der Arbeitszeitverordnung kommt eine Anrechnung ohnedies nicht in Frage, da die tarifliche Festsetzung an eine Höchstzahl von Mehrarbeitstagen nicht mehr gebunden ist.

Zu § 4.

Die für den Gesamtbetrieb zulässige Dauer der Arbeitszeit regelt sich nach § 1 oder nach den sonstigen Bestimmungen der Verordnung; auch bei Anwendung der Ausnahmen des § 4 darf jedoch die im § 9 festgesetzte Höchstgrenze nicht überschritten werden.

Der Arbeitgeber hat ein Verzeichnis zu führen, in das die Zahl der gemäß § 4 beschäftigten Arbeitnehmer, unter besonderer Angabe der Zahl der weiblichen und jugendlichen, die Dauer ihrer Beschäftigung und die Art der vorgenommenen Arbeiten einzutragen sind. Das Verzeichnis ist den Aufsichtsbeamten auf Verlangen vorzulegen.

Als jugendliche Arbeitnehmer sind Arbeitnehmer zwischen vierzehn und sechzehn Jahren anzusehen.

Zu § 5.

Der § 5 gibt, vorbehaltlich des im Abs. 2 festgesetzten Beanstandungsrechts und der durch § 9 bestimmten Höchstgrenzen, den Tarifverträgen (Verordnung über Tarifverträge usw. vom 23. Dezember 1918 — Reichs-Gesetzbl. S. 1456 —) Freiheit in der Regelung der Arbeitszeit. Für Betriebsvereinbarungen gilt der § 5 nicht, es sei denn, daß in einem Tarifvertrage die Regelung der Arbeitszeit nach betrieblichen Sonderbedürfnissen durch Betriebsvereinbarung ausdrücklich vorgesehen ist. Die bisher im allgemeinen erforderliche behördliche Genehmigung ist für tariflich vereinbarte Überschreitungen nicht mehr erforderlich. Der Tarifvertrag kann verbindlich sein im Sinne sowohl des § 1 als auch des § 2 der Verordnung über Tarifverträge usw. vom 23. Dezember 1918.

Der Arbeitgeber hat eine Abschrift der die Arbeitszeit regelnden Bestimmungen des Tarifvertrags an einer in die Augen fallenden Stelle im Betrieb auszuhängen (Ziffer VIII der Anordnung vom 23. November 1918, § 3 der Verordnung vom 18. März 1919) und eine zweite Abschrift alsbald dem zuständigen Gewerbeaufsichtsbeamten oder Bergaufsichtsbeamten einzusenden; dies gilt auch für Tarifverträge, die in der Zeit vom 18. November bis 31. Dezember 1923 abgeschlossen sind. Durch Einsendung von anderer Seite, z. B. auf Grund des § 6b Abs. 2 der Verordnung über Tarifverträge usw. vom 23. Dezember 1918/31. Mai 1920 (Reichs-Gesetzbl. S. 1456/1128), wird er von seiner Verpflichtung befreit.

Die Innehaltung der tariflich über die im § 1 Satz 2 und 3 bestimmten Grenzen hinaus festgesetzten Arbeitszeiten unterliegt der Aufsicht durch die Aufsichtsbeamten und ist unter den Strafschutz des § 11 gestellt.

Von den nach § 5 Abs. 2 ausgesprochenen Beanstandungen ist der Reichsarbeitsminister durch die oberste Landesbehörde in Kenntnis zu setzen. Die nach Abs. 2 und 3 behördlich festgesetzten Arbeitszeiten haben lediglich die Bedeutung einer gesetzlich zugelassenen Höchstarbeitszeit.

Zu § 6.

Nach den einleitenden Worten des § 6 geht die tarifvertragliche Regelung der behördlichen vor. Der § 6 ist daher nur anwendbar, soweit eine tarifliche Regelung der Arbeitszeit überhaupt nicht oder nicht für alle Beteiligten besteht, oder soweit eine bestehende tarifliche Regelung die Fragen, für die der § 6 Vorsorge treffen will, offen gelassen hat. Die Entscheidung darüber ob der § 6 anwendbar ist, steht der zur Bewilligung der Ausnahme befugten Behörde zu.

Abgesehen von besonderen Fällen, in denen die Entscheidung über Mehrarbeit für einzelne Betriebe nicht hinausgeschoben werden kann oder in denen zweifellos feststeht, daß die Wirtschaft eine sofortige allgemein gültige Regelung verlangt, ist der § 6 bei Fehlen einer tariflichen Regelung erst anzuwenden, nachdem zuvor alle Möglichkeiten, auch die, welche die Verordnung über das Schlichtungswesen vom 30. Oktober 1923 (Reichs-Gesetzbl. I S. 1043) gibt, um eine tarifliche Vereinbarung zustande zu bringen, versucht worden sind. Bei der Prüfung der Anträge ist ferner unter möglichster Wahrung der sozialpolitischen Belange auf die bei der heutigen wirtschaftlichen Lage erforderliche Steigerung und Verbilligung der Gütererzeugung gebührend Rücksicht zu nehmen.

Für die Dauer der Arbeitszeit sind die Höchstgrenzen des § 9 maßgebend. Das Verfahren bei den Mehrarbeitsbewilligungen bleibt zweckmäßig das gleiche, wie bei den bisher von den Demobilmachungskommissaren auf Grund der Ziffer VII Abs. 3 der Anordnung vom 23. November 1918/17. Dezember 1918 und des § 10 der Verordnung vom 18. März 1919 erteilten Bewilligungen. Insbesondere können die Behörden die Bewilligungen in geeigneten Fällen durch besondere Bedingungen einschränken, die mit dem Schutze der Arbeitnehmer gegen Gefährdung durch die Dauer der Arbeitszeit in unmittelbarem Zusammenhange stehen (z. B. Bestimmungen über die Lage der Arbeitsstunden, die Dauer der Pausen, den Ausschluß oder die besondere Berücksichtigung der jugendlichen Arbeitnehmer), und angemessen befristen. Eine Abschrift der Bewilligung ist im Betrieb auszuhängen. Die allgemeinen Voraussetzungen für die Bewilligungen sind im § 6 Abs. 1 erschöpfend geregelt, die Gewerbeaufsichtsbeamten oder Bergaufsichtsbeamten können daher nicht, etwa durch landesrechtliche Vorschriften, auf die Erfüllung weiterer allgemeiner Voraussetzungen verpflichtet werden; das schließt jedoch die Anhörung auch anderer als der im § 6 Abs. 1 bezeichneten Stellen, z. B. der zuständigen amtlichen Berufsvertretungen, in einzelnen besonderen Fällen nicht aus.

Eine Abschrift der nach § 6 Abs. 1 Satz 2 erteilten Bewilligungen ist dem Reichsarbeitsminister zu übersenden.

Zu § 8.

Abs. 1 ist aus § 4 des Gesetzes über die Arbeitszeit im Bergbau unter Tage vom 17. Juli 1922 (Reichs-Gesetzbl. I S. 628) übernommen. Bei der Verkürzung ist von der für den Gesamtbetrieb unter Tage zulässigen Arbeitszeit auszugehen.

Abs. 2 ist nur auf den Steinkohlenbergbau unter Tage anzuwenden (vgl. § 1 des Gesetzes vom 17. Juli 1922). Es ist darauf zu achten, daß nicht die außerhalb der Schichtzeit stattfindende Ausfahrt der Belegschaft durch die Vornahme etwa erforderlicher Vorarbeiten für die Ausfahrt (Kontrolle des Schachtes, Herrichtung des Förderkorbes u. dgl.) verzögert und dadurch der Aufenthalt der Belegschaft unter Tage unnötig verlängert wird.

Berlin, den 17. April 1924.

Der Reichsarbeitsminister.

Dr. Brauns.

Ergänzung der Ausführungsbestimmungen vom 17. April 1924 zur Verordnung über die Arbeitszeit.

Vom 29. April 1927 (RGBl. S. 114).

Auf Grund des § 15 Abs. 1 der Verordnung über die Arbeitszeit in der Fassung der Bekanntmachung vom 14. April 1927 (Reichs-Gesetzbl. I S. 110) wird hiermit nach Zustimmung des Reichsrats folgendes bestimmt:

Artikel 1.

Zu § 6a. In dem Verfahren zur Entscheidung von Streitigkeiten über die Vergütung nach Abs. 3 sind die Beteiligten stets zu hören. In geeigneten Fällen kann die Anhörung auch durch den Vorsitzenden des Schlichtungsausschusses, den Gewerbeaufsichtsbeamten oder andere behördliche Stellen erfolgen. Bei der Anhörung ist zu versuchen, eine Vereinbarung unter den Parteien herbeizuführen.

Die Regelung durch den Schlichter schließt eine spätere abweichende Vereinbarung der am Streite beteiligt gewesenen Parteien nicht aus. Auch der Schlichter selbst kann auf Antrag seine Entscheidung über die Vergütung ändern, wenn eine wesentliche Veränderung der maßgebenden Verhältnisse dies notwendig macht.

Die Entscheidung des Schlichters nach Abs. 3 ist in einem Rechtsstreit der Beteiligten über die Vergütung auch für das Gericht (gegebenenfalls das Gewerbe- oder das Kaufmannsgericht, vom 1. Juli ab das Arbeitsgericht) bindend. Liegt eine Gesamtvereinbarung oder eine bindende Regelung durch den Schlichter nicht vor und kommt eine Vereinbarung unter den Beteiligten nicht zustande, so hat das Gericht in einem derartigen Rechtsstreit auch über die Form, die Höhe und die Art der Berechnung der Vergütung selbständig zu entscheiden.

Die Anordnung des Reichsarbeitsministers nach Abs. 5 setzt voraus, daß der Ausgleich der Arbeitszeit durch bindende Vereinbarung für die Dauer der Anordnung rechtlich gesichert ist. Tarifvereinbarungen oder sonstige Unterlagen, die dies dartun, und Nachweise über die Zahl der Beschäftigten in den verschiedenen Zeiten des Jahres sind dem Antrag beizufügen.

Zu § 9. Der § 9 gibt keine selbständige Ausnahmemöglichkeit, sondern regelt lediglich für die auf den sonstigen Bestimmungen beruhenden Ausnahmefälle das Ausmaß der Arbeitszeitverlängerung. Sobald die Arbeit über zehn Stunden ausgedehnt werden soll, erfordert die Verlängerung, abgesehen von den Vorbereitungs- und Ergänzungsarbeiten, eine besondere Genehmigung. Dabei hat die für die Genehmigung zuständige Behörde zu prüfen, ob die Mehrarbeit nach den §§ 3 bis 7 zulässig ist. Beruht die Mehrarbeit auf § 6, so kann die Genehmigung zur Überschreitung der Zehnstundengrenze nach § 9 mit der Genehmigung zur Mehrarbeit nach § 6 verbunden werden.

Auch wenn die Mehrarbeit tarifvertraglich vereinbart ist, so ist eine Genehmigung zur Überschreitung der Zehnstundengrenze nur möglich, wenn die Einhaltung der Voraussetzungen des § 9 feststeht. Der Tarifvertrag muß also die Fälle, in denen die Zehnstundengrenze überschritten werden kann, so umschreiben, daß ihre Ausnahmeeigenschaft und ihre Notwendigkeit aus dringenden Gründen des Gemeinwohls klar ersichtlich sind. In allen anderen Fällen kann die Überschreitung stets nur für bestimmte einzelne Arbeiten zugelassen werden, oder die Genehmigung muß die erforderlichen Einschränkungen ihrerseits festsetzen.

Das Gesetz schreibt die befristete Genehmigung vor. Die Frist ist nicht länger zu bemessen, als nach sicherer Voraussicht die gesetzlichen Voraussetzungen zur Mehrarbeit gegeben sein werden.

Die Ausführungsbestimmungen darüber, welche Arbeiten als Vorbereitungs- und Ergänzungsarbeiten anzusehen sind, sind besonders ergangen.

Auch bei Arbeiten, die unter diese Bestimmungen fallen, ist eine Überschreitung der zehnstündigen täglichen Arbeitszeit nur zulässig, wenn auch die übrigen Voraussetzungen des § 9 erfüllt sind. Es darf sich also nicht um Gewerbezweige oder Gruppen von Arbeitern handeln, für die die Beschränkungen des § 7 Platz greifen, und die Verhältnisse müssen so liegen, daß weder die Vertretung des Arbeitnehmers durch andere Arbeitnehmer des Betriebs möglich ist, noch dem Arbeitgeber die Heranziehung betriebsfremder Arbeitnehmer zugemutet werden kann.

Zu § 10. In den Fällen des § 10 entfallen lediglich die Beschränkungen nach der Arbeitszeitverordnung; dagegen bleiben die Schutzvorschriften sonstiger Gesetze, insbesondere die Vorschriften der Gewerbeordnung und des Kinderschutzgesetzes über die Beschäftigung der Frauen, der Jugendlichen und der Kinder unberührt.

Der Arbeitgeber hat ein Verzeichnis zu führen, in das die Zahl der gemäß § 10 über die regelmäßige Arbeitszeit hinaus beschäftigten Arbeitnehmer, unter besonderer Angabe der Zahl der weiblichen und der jugendlichen, die Dauer ihrer Beschäftigung sowie die Art der vorgenommenen Arbeiten einzutragen sind. Das Verzeichnis ist den Aufsichtsbeamten auf Verlangen vorzulegen.

Zu § 13. Auf Betriebe der Gemeinden und Gemeindeverbände ist § 13 nicht anwendbar. Im übrigen bezieht sich der Satz 1 nur auf die Befugnisse der §§ 2, 6 und 9 Abs. 1 Satz 1, während die

Befugnisse des § 5, des § 6a Abs. 3 und 5, des § 7 Abs. 2 und des § 9 Abs. 1 Satz 2 nach Art und Zweck für eine Übertragung nicht in Betracht kommen.

Der für alle Körperschaften des öffentlichen Rechtes geltende § 14 der Verordnung vom 18. März 1919, der die für die Beamten gültigen Dienstvorschriften für die gemeinsam mit den Beamten beschäftigten Angestellten mangels abweichender Vereinbarungen ohne weiteres maßgebend macht, ist neben der Kannvorschrift des § 13 Satz 2 der Verordnung über die Arbeitszeit bestehen geblieben; die Voraussetzung der gemeinsamen Beschäftigung mit Beamten ist in der letzteren Bestimmung nicht mehr vorgeschrieben. Die Dienstvorschriften über die Arbeitszeit können unter Umständen die Vorschriften über die Entlohnung mit umfassen.

Zu § 14. Die Bestimmungen der Ziffer VII der Anordnung vom 23. November 1918/17. Dezember 1918 und des § 10 der Verordnung vom 18. März 1919 sind gemäß Artikel II des Gesetzes vom 14. April 1927 nicht mehr auf Arbeitszeitverlängerungen anwendbar. Mit dem Inkrafttreten dieser Gesetzesänderung verlieren daher auch die auf Grund jener Bestimmungen bereits erteilten Genehmigungen zu Arbeitszeitverlängerungen ihre Gültigkeit. Die genannten Bestimmungen können künftig nur noch für sonstige Beschäftigungsbeschränkungen in Betracht kommen. Insbesondere werden sie für die Abkürzung der in der Gewerbeordnung für Arbeiterinnen und jugendliche Arbeiter bei mehr als achtstündiger Beschäftigung vorgeschriebenen Pausen in Betracht kommen. In solchen Fällen soll für die zur Genehmigung zuständigen Stellen Richtlinie sein, daß den Anträgen auf Pausenverkürzung im allgemeinen nur stattzugeben ist, wenn

1. die Belange der Gesamtarbeiterschaft (große Entfernung der Wohnungen von der Arbeitsstelle, günstige Zugverbindungen, unvermeidliches Zusammenarbeiten der verschiedenen Arbeitergruppen, Heimgartenarbeiten u. dgl.) es als besonders wünschenswert erscheinen lassen,
2. die Art der Beschäftigung der Arbeiterinnen und jugendlichen Arbeiter eine verhältnismäßig leichte und nicht gesundheitsgefährdende ist,
3. hygienisch einwandfreie Arbeitsräume sowie für die Mittagspause ein genügender, im Winter erwärmter Aufenthaltsraum vorhanden sind,
4. bei der Verkürzung der Mittagspause auf eine halbe Stunde unter gleichzeitigem teilweisen oder auch völligen Wegfall der Vor- und Nachmittagpausen für die Arbeiterinnen und jugendlichen Arbeiter, deren Gesamtarbeitszeit ohne Einrechnung der Pausen täglich nicht über achteinhalb Stunden, an den Tagen vor Sonn- und Festtagen ohne jede Pause nicht über fünfeinhalb Stunden beträgt.

Artikel 2.

In den Ausführungsbestimmungen vom 17. April 1924 zur Verordnung über die Arbeitszeit (Reichs-Gesetzbl. I S. 416) fallen die Bestimmungen zu den §§ 10, 12, 13 und 14 weg. Im übrigen bleiben die bisherigen Ausführungsbestimmungen unberührt.

Artikel 3.

Diese Bestimmungen treten am 1. Mai 1927 in Kraft.

Berlin, den 29. April 1927.

Der Reichsarbeitsminister.

In Vertretung: Dr. Geib.

Ausführungsbestimmungen zu § 9 der Verordnung über die Arbeitszeit.

Vom 29. April 1927 (RGBl. I S. 114).

Auf Grund des § 9 Abs. 1 Satz 2 der Verordnung über die Arbeitszeit in der Fassung der Bekanntmachung vom 14. April 1927 (Reichs-Gesetzbl. I S. 110) wird hiermit nach Zustimmung des Reichsrats bestimmt:

§ 1.

Als Vorbereitungs- und Ergänzungsarbeiten im Sinne des § 9 Abs. 1 der Verordnung über die Arbeitszeit sind anzusehen:

1. Bedienung von Kraft-, Beleuchtungs-, Heizungs- und Aufzugsanlagen, Öfen und ähn-

lichen Betriebseinrichtungen sowie Pflege von Arbeitstieren, soweit die Arbeit außerhalb der in dem Betrieb oder der Betriebsabteilung allgemein bestehenden Arbeitszeit erforderlich ist, um den vollen Betrieb in der nächsten Schicht aufzunehmen, einschließlich der Beaufsichtigung dieser Arbeiten;

2. Vorbereitung von Hilfsstoffen und Instandsetzung von Hilfsgeräten und sonstigen Betriebseinrichtungen, soweit sich die Arbeit während des regelmäßigen Betriebs nicht ohne Unterbrechung oder erhebliche Störung ausführen läßt und soweit sie erforderlich ist, um den vollen Betrieb in der nächsten Schicht aufzunehmen, einschließlich der Beaufsichtigung dieser Arbeiten;

3. Reinigung und Instandhaltung von Betriebsräumen, Maschinen, Öfen und anderen Betriebseinrichtungen, soweit sich die Arbeit während des regelmäßigen Betriebs nicht ohne Unterbrechung oder erhebliche Störung ausführen läßt, einschließlich der Beaufsichtigung dieser Arbeiten;

4. Arbeiten von Vorarbeitern, Werkführern und sonst bei Beaufsichtigung der Arbeitnehmer oder des Arbeitsvorganges Beteiligten, soweit ihre Tätigkeit unerläßlich ist, um die Arbeiten vorzubereiten oder abzuschließen oder die Arbeit zweier unmittelbar aufeinanderfolgenden Schichten zu verbinden.

Die unter Nr. 1 bis 4 angeführten Arbeiten sind nur insoweit als Vorbereitungs- und Ergänzungsarbeiten anzusehen, als sie insgesamt die Dauer von einer Stunde täglich oder, sofern es sich um Arbeiten auf Grund der Nummern 1 oder 2 allein oder im Zusammentreffen mit Ausnahmen auf Grund einer der übrigen Nummern handelt, die Dauer von zwei Stunden täglich nicht überschreiten.

§ 2.

Diese Bestimmungen treten am 1. Mai 1927 in Kraft.

Berlin, den 29. April 1927.

Der Reichsarbeitsminister.

In Vertretung: Dr. Geib.

Preußische Ausführungsbestimmungen zur Arbeitszeitverordnung.

Vom 24. Juni 1924 (HMBl. S. 192).

An die Herren Regierungspräsidenten und den Herrn Polizeipräsidenten, hier.

Erlaß des Ministers für Handel und Gewerbe vom 24. Juni 1924 — Nr. III 3074 —, betr.

Ausführungsbestimmungen zur Verordnung über die Arbeitszeit.

In Nr. 32 des Reichsgesetzblattes vom 25. April d. J. (Reichs-Gesetzbl. I S. 416) sind die vom Herrn Reichsarbeitsminister auf Grund des § 15 Abs. 1 der

Arbeitszeitverordnung vom 21. Dezember v. J. (Reichs-Gesetzbl. I S. 1249) erlassenen Ausführungsbestimmungen vom 17. April d. J. veröffentlicht worden. Mit Rücksicht auf die bei der Durchführung der Verordnung bisher gemachten Erfahrungen weise ich noch auf folgendes hin:

Zu § 1 Satz 3.

Der Ausgleich des an einzelnen Werktagen etwa eintretenden Ausfalls an Arbeitsstunden ist nur innerhalb der 48stündigen Woche oder der 96stündigen Doppelwoche zulässig, es sei denn, daß durch Tarifvertrag oder behördliche Ausnahmegenehmigung (§§ 5, 6 und 14) ausdrücklich etwas anderes vereinbart oder gestattet ist. Wenn also z. B. eine täglich 9stündige Arbeitszeit ohne Ausgleich vereinbart oder behördlich zugelassen worden ist, darf der an einzelnen Werktagen etwa entstandene Ausfall durch Mehrarbeit an anderen Tagen nur insoweit eingeholt werden, als dadurch die 48stündige Wochenarbeitszeit oder die 96stündige Doppelwochenarbeitszeit nicht überschritten wird.

Zu § 5.

Die Durchführung des § 5 setzt eine genaue Kenntnis der in Frage kommenden tariflichen Bestimmungen bei den Gewerbeaufsichtsbeamten voraus. Durch den Erlaß vom 13. März d. J. (HMBl. S. 84) habe ich bereits bestimmt, in welcher Weise die rechtzeitige Mitteilung dieser Bestimmungen an die Gewerbeaufsichtsbeamten sicherzustellen ist.

Das Recht der Beanstandung von Bestimmungen über die Arbeitszeit in nicht für allgemein verbindlich erklärten Tarifverträgen, die nur innerhalb eines Regierungsbezirks oder innerhalb des Bezirks der Stadt Berlin Geltung haben, habe ich durch Ziff. 1 des Erlasses vom 4. Januar d. J. (HMBl. S. 42) auf die Regierungspräsidenten bzw. auf den Polizeipräsidenten in Berlin übertragen. Wenn die Gewerberäte glauben, daß Bestimmungen eines Tarifvertrages, gleichgültig ob es sich um einen örtlich oder für einen größeren Bezirk geltenden Vertrag handelt, Anlaß zu behördlicher Beanstandung gemäß § 5 geben, so haben sie es dem Regierungspräsidenten (in Berlin dem Polizeipräsidenten) anzuzeigen. Abschrift der Verfügungen, in denen die Beanstandung ausgesprochen wird, ist mir in zweifacher Ausfertigung vorzulegen. Soweit den Regierungspräsidenten und in Berlin dem Polizeipräsidenten das Beanstandungsrecht nicht zusteht, ist mir in allen Fällen, in denen eine Beanstandung für notwendig gehalten wird, zu berichten. Entscheidungen auf Grund des § 5 Abs. 3 bleiben innerhalb der in Ziff. 1 des Erlasses vom 4. Januar d. J. gezogenen Grenzen den Regierungspräsidenten (in Berlin dem Polizeipräsidenten) überlassen. In allen anderen Fällen ist mir ebenfalls zu berichten.

Zu § 6.

Auf Grund des § 6 kann die Beschäftigung der Arbeitnehmer — vorbehaltlich der Beschränkung der Arbeitszeit der Arbeiterinnen an den Vorabenden der Sonn- und Festtage — an allen Tagen bis zu

10 Stunden zugelassen werden. Wenn dringende Gründe des Gemeinwohls es notwendig machen, kann auch diese Grenze noch insoweit überschritten werden, als erwachsene männliche Arbeiter in Frage kommen, für die ein Maximalarbeitstag auf Grund besonderer gesetzlicher Bestimmung nicht besteht. Bei Zulassung von Überarbeit für weibliche Arbeitnehmer ist auf die Vorschrift des § 9 Abs. 3 in der Genehmigungsverfügung ausdrücklich hinzuweisen.

Zu beachten ist, daß auf Grund des § 6 Ausnahmen nur hinsichtlich der Dauer der täglichen Arbeitszeit, nicht hinsichtlich ihrer Lage sowie der Pausen usw. zugelassen werden können. Die Vorschriften des § 138a GO. haben, soweit sie sich auf die Höchstdauer der Arbeitszeit beziehen, als aufgehoben zu gelten.

Die Geltungsdauer der Ausnahmegenehmigungen ist stets zu befristen.

Zwecks Förderung der tarifmäßigen Arbeitszeitregelung (vgl. Abs. 2 der Ausführungsbestimmungen zu § 6) ist es notwendig, die Beteiligten (Arbeitgeber, wirtschaftliche Vereinigungen von Arbeitgebern und Arbeitnehmern) auf den Weg der Schlichtung hinzuweisen und zugleich durch persönliche Fühlungnahme mit dem zuständigen Schlichtungsausschuß oder Schlichter festzustellen, welche Aussichten für eine tarifliche Regelung im Wege der Schlichtung — sei es auf Anruf, sei es von Amts wegen — bestehen. Eine Zurückhaltung in der Erteilung von Ausnahmen für einzelne Betriebe ist besonders dort geboten, wo bisher Tarifverträge, sei es mit einzelnen Arbeitgebern, sei es mit einem die fraglichen Betriebe umfassenden Arbeitgeberverband bestanden haben. Die Schlichtungsausschüsse, die einen Abdruck dieses Erlasses erhalten, sind auf die Notwendigkeit eines guten Zusammenarbeitens mit den Gewerbeaufsichtsbehörden hingewiesen worden.

Vor Erteilung von Ausnahmen auf Grund des § 6 ist in geeigneten Fällen auch der zuständigen Handelskammer und den interessierten wirtschaftlichen Vereinigungen der Arbeitnehmer Gelegenheit zur Äußerung zu den Überarbeitsanträgen zu geben.

Die Gewerberäte haben von jeder Ausnahmebewilligung eine Abschrift dem Regierungspräsidenten (in Berlin dem Polizeipräsidenten) vorzulegen. Abschriften der von dem Regierungspräsidenten oder dem Polizeipräsidenten in Berlin auf Grund des § 6 zugelassenen Ausnahmen sind mir mitzuteilen.

Über alle Fälle, in denen eine Erlaubnis auf Grund des § 6 erteilt worden ist, haben die Gewerberäte ein Verzeichnis der in dem § 138a Abs. 4 GO. bezeichneten Art zu führen.

Zu § 7.

Auch solange Bestimmungen auf Grund des § 7 Abs. 2 nicht bestehen, ist bei Erteilung von Ausnahmen und der Nachprüfung von Tarifverträgen auf die erhöhte Schutzbedürftigkeit der Arbeiter, die unter besonderen Gefahren für Leben oder Gesundheit stehen, Rücksicht zu nehmen.

Zu § 9[1].

1. § 9 ist durch das AZRG. abgeändert. S. oben S. 147.

Gemäß § 9 Abs. 2 der Arbeitszeitverordnung gelten für die weiblichen und jugendlichen Arbeitnehmer außer den in der Verordnung selbst und in den Verordnungen über die Regelung der Arbeitszeit der gewerblichen Arbeiter und der Angestellten enthaltenen Schutzbestimmungen auch heute noch die Bestimmungen der §§ 135 ff. GO. über die Nachtarbeit, über die Mindestruhezeit, den Sonnabendfrühschluß, die Pausenregelung und zum Teil über die Dauer der Arbeitszeit. Bei Zulassung von Ausnahmen von den Beschäftigungsbeschränkungen der gewerblichen Arbeiter und der Angestellten ist auf die besondere Schutzbedürftigkeit dieser Arbeitnehmer die gebührende Rücksicht zu nehmen. Abweichungen von den genannten Vorschriften sind nur in dringlichen Fällen zuzulassen und dabei auf den unbedingt notwendigen Umfang zu beschränken. Von einzelnen besonders liegenden Fällen abgesehen, ist für weibliche und jugendliche Arbeitnehmer eine 10stündige Arbeitszeit, für weibliche an den Sonnabenden und den Tagen vor Festtagen eine 8stündige Arbeitszeit als äußerste Grenze zu betrachten. Bei Zulassung der Beschäftigung von weiblichen und jugendlichen Arbeitnehmern in Doppelschichten ist darauf zu achten, daß die erste Schicht nicht vor 6 Uhr morgens beginnt und die zweite Schicht sich nicht über 11 Uhr abends hinaus erstreckt. Nur das Vorliegen besonderer örtlicher Verhältnisse, insbesondere die Rücksichtnahme auf Verkehrsverhältnisse, kann eine Abweichung hiervon berechtigt erscheinen lassen.

Auf die Einschaltung ausreichender Pausen ist ebenfalls mit Nachdruck hinzuwirken. Bei einer Arbeitszeit von mehr als 6 bis zu 8½ Stunden einschließlich sollen für weibliche Arbeitnehmer die Pausen in der Regel mindestens ½ Stunde dauern, bei einer Arbeitszeit von mehr als 8½ bis zu 9½ Stunden einschließlich mindestens ¾ Stunden und bei mehr als 9½stündiger Dauer der Arbeitszeit mindestens 1 Stunde. Für jugendliche Arbeitnehmer sollen mit Rücksicht auf ihre größere Schutzbedürftigkeit entsprechend längere Pausen vorgesehen werden. Außer der Dauer der Pausen ist auch ihre Lage in den einzelnen Ausnahmebewilligungen genau anzugeben, da ihr Wert nicht nur von der Gesamtdauer, sondern auch von der Zahl, der Dauer und Lage der Einzelpausen abhängig ist.

Wenn in Einzelfällen eine Abweichung von vorstehenden Richtlinien geboten erscheint, so sind die hierfür maßgebenden Gründe in dem Begleitbericht, mit welchem die Ausnahmebewilligungen der vorgesetzten Behörde vorgelegt werden, stets ausführlich zu erörtern.

Zu § 10.

Auch in den im § 10 bezeichneten Fällen bleiben die in der Gewerbeordnung und ihren Nebengesetzen enthaltenen Beschäftigungsbeschränkungen gewerblicher Arbeiter in Kraft.

Zu § 13.

Für die Durchführung des Angestelltenschutzes in den Betrieben und Verwaltungen des Reichs und der Länder, der Gemeinden und der Gemeindeverbände sind die Gewerbeaufsichtsbeamten nicht zuständig. Der Arbeiterschutz in den Betrieben der Gemeinden und Gemeindeverwaltungen liegt den Gewerbeaufsichtsbeamten in demselben Umfange ob und ist in derselben Weise wahrzunehmen, wie in den privaten gewerblichen Betrieben.

In den Reichs- und Staatsbetrieben sind für die Durchführung der in der Gewerbeordnung enthaltenen Arbeiterschutzbestimmungen auch heute noch die Erlasse vom 25. Mai 1892 (abgeändert u. a. durch Erlaß vom 12. August 1907 — HMBl. S. 326 — hinsichtlich der Eisenbahnwerkstätten, vom 22. Juli 1920 — III 9520 — hinsichtlich der ehemaligen Heeres- und Marinebetriebe und vom 8. August 1923 — HMBl. S. 298 — hinsichtlich derjenigen Betriebe der Heeresverwaltung, die noch als solche bestehen) und vom 15. Juni 1892, B 5377, maßgebend. Auf Grund von Ziff. I und IX der Anordnung über die Regelung der Arbeitszeit gewerblicher Arbeiter vom 23. November/17. Dezember 1918 (Reichs-Gesetzbl. S. 1234/1436) in Verbindung mit § 14 der Arbeitszeitverordnung sind die Gewerbeaufsichtsbeamten ermächtigt, auch in den Reichs- und Staatsbetrieben amtliche Besichtigungen jederzeit insoweit vorzunehmen, als sie dies zur Durchführung der Bestimmungen über die Arbeitszeit für geboten erachten. Der Erlaß vom 17. Dezember 1921 — III 12955 —, in welchem ich auf diese Zuständigkeit gegenüber den Heeres- und Marinebetrieben hingewiesen habe, gilt sinngemäß für alle übrigen Reichs- und Staatsbetriebe.

Zu § 14.

Für die Handhabung der durch § 14 erneuerten Ausnahmevorschriften in Ziff. VII Abs. 3 der Anordnung vom 23. November/17. Dezember 1918 gilt Abschnitt II des Erlasses vom 14. Juni 1921 — HMBl. S. 144 — auch weiterhin mit der Maßgabe, daß in die Ausnahmegenehmigungen der Regierungspräsidenten (in Berlin des Polizeipräsidenten) ein Hinweis auf die durch Ziff. 3 des Erlasses vom 4. Januar d. J. — HMBl. S. 42 — erteilte Ermächtigung aufzunehmen ist.

Abdrucke für die Oberregierungs- und Gewerberäte, die Regierungs- und Gewerberäte, die Gewerbeaufsichtsämter und die Schlichtungsausschüsse sind beigefügt.

Siering.

Erlaß des Preußischen Ministers für Handel und Gewerbe vom 26. April 1927 Nr. III 4445, I 3311, betr. Gesetz zur Abänderung der Arbeitszeitverordnung vom 14. April 1927 (RGBl. S. 109).

(RABl. S. 255.)

An die Herren Regierungspräsidenten, die Oberbergämter und den Herrn Polizeipräsidenten in Berlin.

Auf Grund der mir durch § 15 Abs. 2 der Verordnung über die Arbeitszeit in der Fassung vom 14. April 1927 (Reichsgesetzbl. I S. 110) erteilten Ermächtigung bestimme ich hiermit folgendes:

Die zur Ausführung der Verordnung über die Arbeitszeit vom 21. Dezember 1923 (Reichsgesetzbl. I S. 1249) unterm 4. Januar 1924 III 12913, I 42 (Handelsministerialblatt S. 42) erlassene Anordnung erhält folgende Fassung:

1. Die Befugnisse der obersten Landesbehörde gemäß § 5 Abs. 2 und 3 der Verordnung werden, soweit es sich um Tarifverträge handelt, die nur innerhalb eines Regierungsbezirks oder innerhalb des Bezirks der Stadt Berlin Geltung haben, auf die Regierungspräsidenten und den Polizeipräsidenten in Berlin übertragen. Die gleichen Befugnisse erhalten die Oberbergämter hinsichtlich solcher Tarifverträge, die ausschließlich für bergbauliche, im Bezirk der betreffenden Oberbergämter belegene Betriebe gelten.

2. Die der obersten Landesbehörde nach § 6 Abs. 1 der Verordnung zustehende Befugnis, eine vom § 1 Satz 2 und 3 abweichende Regelung der Arbeitszeit für den Bereich mehrerer Gewerbeaufsichtsämter oder Bergaufsichtsämter sowie für ganze Gewerbezweige oder Berufe zuzulassen, wird im Rahmen ihrer örtlichen Zuständigkeit den Regierungspräsidenten, in Berlin dem Polizeipräsidenten und bei bergbaulichen Betrieben den Oberbergämtern übertragen. Eine über den Bereich eines Regierungsbezirkes, der Stadt Berlin oder eines Oberbergamts-

bezirks hinausgehende Regelung der Arbeitszeit gemäß § 6 behalte ich mir vor.

3. Die Befugnisse, welche in der Anordnung über die Regelung der Arbeitszeit gewerblicher Arbeiter vom 23. November / 17. Dezember 1918 (Reichsgesetzbl. S. 1334/1436) und der Verordnung über die Regelung der Arbeitszeit der Angestellten vom 18. März 1919 (Reichsgesetzbl. S. 315) den Demobilmachungskommissaren übertragen waren, werden, soweit sie auf Grund des § 14 Abs. 2 der Verordnung in der Fassung vom 14. April d. J. auf die obersten Landesbehörden übergegangen sind, den zuständigen Gewerbeaufsichtsbeamten und Bergrevierbeamten übertragen. Für die Zulassung von Ausnahmen, die sich auf den Bereich mehrerer Gewerbeaufsichtsämter oder Bergreviere oder auf ganze Gewerbezweige oder Berufe erstrecken, gilt die unter Ziff. 2 getroffene Regelung der Zuständigkeit. Abschriften der auf Grund der genannten Bestimmungen erteilten Ausnahmebewilligungen sind mir wie bisher vorzulegen.

Weitere Anordnungen bleiben nach Bekanntgabe der gemäß § 15 Abs. 1 der Verordnung in der Fassung vom 14. April d. J. zu erlassenden Ausführungsbestimmungen vorbehalten.

Gleichzeitig mache ich darauf aufmerksam, daß durch Art. II des Gesetzes vom 14. April d. J. (Reichsgesetzbl. S. 109) die Ziff. VII Abs. 3 der Anordnung über die Regelung der Arbeitszeit gewerblicher Arbeiter vom 23. November 1918/17. Dezember 1918 (Reichsgesetzbl. S. 1334/1436) und der

§ 10 der Verordnung über die Regelung der Arbeitszeit der Angestellten während der Zeit der wirtschaftlichen Demobilmachung vom 18. März 1919 (Reichsgesetzbl. S. 315) dahingehend abgeändert worden sind, daß auf Grund dieser Bestimmungen Arbeitszeitverlängerungen nicht mehr zugelassen werden können. Infolgedessen verlieren auch mit dem Inkrafttreten dieses Gesetzes am 1. Mai d. J. die auf Grund der vorgenannten Bestimmungen in Verbindung mit dem § 14 Abs. 2 der Verordnung über die Arbeitszeit vom 21. Dezember 1923 (Reichsgesetzbl. I S. 1249) erteilten Ausnahmen insoweit ihre Gültigkeit, als sie eine Verlängerung der Arbeitszeit zulassen.

Abdrucke für die Gewerbeaufsichtsbeamten und die Bergrevierbeamten sind beigefügt.

Im Auftrage: von Meyeren.

Erlaß des Reichsarbeitsministers betr. Überstundenarbeit.

Vom 9. November 1926 (RABl. I S. 373).

An die Sozialministerien der Länder.

Überstundenarbeit.

In meinem Rundschreiben vom 24. August 1926 — IV 10716/26 — habe ich darauf hingewiesen, daß die Minderung der Erwerbslosigkeit, die mit dem Arbeitsbeschaffungsprogramm der Reichsregierung erstrebt wird, nicht erreicht werden kann, wenn die vermehrte Arbeitsgelegenheit durch Überstunden der vorhandenen Belegschaft aufgesogen wird. Ich habe daher gebeten, einer ungesunden Zunahme der Überstunden entgegenzuwirken.

Eine fühlbare Entlastung des Arbeitsmarktes wird jedoch nur erreicht werden, wenn auch jede andere Arbeitsgelegenheit außerhalb des Arbeitsbeschaffungsprogramms zugunsten der Erwerbslosen ausgenutzt und Überstundenarbeit allgemein nur in dem unbedingt notwendigen Maße ausgeführt wird. Sicherlich ist die Überarbeit nicht ganz vermeidbar, und zur Bewältigung eines ganz vorübergehenden Arbeitsbedarfs wird dem Arbeitgeber die Einstellung neuer Arbeitskräfte nicht zugemutet werden können. Allein in zahlreichen Fällen hat die zu erledigende Mehrarbeit einen so großen Umfang und ist voraussichtlich von so langer Dauer, daß es nicht gerechtfertigt wäre, sie als Überstundenarbeit ausführen zu lassen. Auch in Fällen, in denen es sich um einen zwar vorübergehenden, aber zu bestimmten Tagen vorauszusehenden Mehrarbeitsbedarf handelt, wird zu prüfen sein, ob ihm nicht durch Einstellung von Aushilfskräften für diese Tage oder durch Beschäftigung einer vermehrten Arbeitnehmerzahl derart, daß ihrer Mehrarbeit zu bestimmten Zeiten eine Minderarbeit zu anderen Zeiten entspricht, begegnet werden kann.

Ich bitte daher ergebenst, die Gewerbe- und Bergaufsichtsbeamten anzuweisen, bei der Bewilligung von Arbeitszeitverlängerungen mit äußerster Vorsicht vorzugehen und bei der Prüfung, ob solche „aus allgemeinen wirtschaftlichen Gründen geboten“ sind (§ 6 der Arbeitszeitverordnung), die gegenwärtige ungünstige Lage des Arbeitsmarkts mit zu berücksichtigen. Daß die obersten Landesbehörden, soweit sie selbst für die Bewilligungen zuständig sind, die Rücksicht auf die Arbeitslosigkeit nicht außer acht lassen werden, darf ich als selbstverständlich voraussetzen.

Besondere Aufmerksamkeit ist in diesem Zusammenhang denjenigen Arbeitsgelegenheiten zuzuwenden, die abgesehen vom Arbeitsbeschaffungsprogramm der Reichsregierung durch Maßnahmen der öffentlichen Hand geschaffen werden. Überstundenarbeit muß vor allem bei Regiearbeiten, aber auch bei allen Vergebungen öffentlicher Stellen ausgeschlossen werden, soweit nicht technische oder organisatorische Gründe ausnahmsweise entgegenstehen. Neue Arbeitskräfte dürfen nur durch Vermittlung der Arbeitsnachweise beschafft werden. Hierbei wird es sich ermöglichen lassen, insbesondere auch ältere Arbeitskräfte einzustellen.

Im Einvernehmen mit dem Herrn Reichswirtschaftsminister bitte ich daher ferner ergebenst, auf die staatlichen und sonstigen öffentlichen Beschaffungsstellen Ihres Landes in diesem Sinne einzuwirken.

Dr. Brauns.

Durchführung der Arbeitszeitvorschriften.

Vom 10. November 1926 (RABl. S. 374).

Der Reichsarbeitsminister.
III B 7205/26.

An den Herrn Reichsminister der Justiz, Berlin.

Durchführung der Arbeitszeitvorschriften.

Die strafrechtliche Sicherung der Durchführung des gesetzlichen Arbeitszeitschutzes ist durch die neuere Gesetzgebung nach zwei Richtungen hin gewissen Gefahren ausgesetzt. Der § 23 der Verordnung über Gerichtsverfassung und Strafrechtspflege vom 4. Januar 1924 (Reichs-Gesetzbl. I S. 15) läßt bei Übertretungen wie bei Vergehen gewisse Ausnahmen vom Verfolgungszwang zu. Ferner hat der § 11 Abs. 3 der Verordnung über die Arbeitszeit vom 21. Dezember 1923 (Reichs-Gesetzbl. I S. 1249) bestimmt, daß der Arbeitgeber bei Duldung oder Annahme freiwilliger Mehrarbeit, so weit es sich um männliche Arbeitnehmer über 16 Jahre handelt, nicht strafbar ist, wenn die Mehrarbeit durch besondere Umstände veranlaßt und keine dauernde ist, und wenn sie weder durch Ausbeutung der Notlage oder der Unerfahrenheit des Arbeitnehmers von dem Arbeitgeber erwirkt wird, noch auch offensichtlich eine gesundheitliche Gefährdung mit sich bringt. Die letztgenannte Vorschrift, die lediglich in der wirtschaftlichen Notlage, die zum Erlaß der Arbeitszeitverordnung auf Grund des Ermächtigungsgesetzes geführt hatte, ihre Erklärung findet, hat zweifellos eine gewisse Rechtsunsicherheit erzeugt, da sie dem freien Ermessen einen zu großen Spielraum gibt, und erscheint nicht geeignet, zu einem dauernden Rechtsgrundsatz erhoben zu werden. Ich habe sie daher in den dem Kabinett in den nächsten Tagen zugehenden Entwurf eines Arbeitsschutzgesetzes nicht aufgenommen — (Anmerkung: § 11 Abs. 3 ist durch die Verordnung vom 14. April 1927 aufgehoben. Siehe die Anmerkungen hierzu S. 160 oben) —. Die Vorschrift des § 23 der Verordnung vom 4. Januar 1924 stellt keine Gefahr für die Durchführung des Arbeitsschutzes dar, wenn sich die Staatsanwaltschaft, in deren Händen ihre Anwendung in der Hauptsache liegt, des hohen öffentlichen Interesses an der Durchführung der Arbeitsschutzbestimmungen bewußt bleibt.

In einem Rundschreiben an die Sozialministerien der Länder vom 30. Juni 1924 — III B 2601/24 — hatte ich diese um Äußerung gebeten, ob mit der Anwendung der bezeichneten Vorschrift ungünstige Erfahrungen gemacht worden sind. Die Frage ist im allgemeinen verneint worden. Immerhin hatte der Herr Preußische Minister für Handel und Gewerbe auf einige Fälle hingewiesen, in denen die Durchführung des Arbeitsschutzes erschwert worden ist, und es für erforderlich bezeichnet, daß in Fällen gewerbe- oder bergpolizeilicher Übertretungen und Vergehen die zuständigen Gewerbe- oder Bergaufsichtsbehörden vor Anwendung des § 23 gehört und, soweit ihre Zuständigkeit berührt ist, von der erfolgten Anwendung des § 23 in Kenntnis gesetzt werden. Ich habe daraufhin den Herrn Preußischen Minister gebeten, Entsprechendes zu veranlassen.

Inzwischen lassen die Verhältnisse auf dem Arbeitsmarkt es notwendig erscheinen, ganz allgemein die Staatsanwaltschaften da auf hinzuweisen, daß sie bei der Verfolgung von Zuwiderhandlungen gegen die Schutzvorschriften über die Arbeitszeit mit aller Strenge vorgehen. Die außerordentlich große Arbeitslosigkeit gebietet es, nicht nur bei der behördlichen Bewilligung von Überstunden äußerst vorsichtig zu sein — in dieser Hinsicht habe ich mich mit Rundschreiben vom 24. August 1926 —IV 10716/26 — und vom 9. November 1926 — III B 7153/26 / IV 13605/26 — bereits an die Landesregierungen gewandt —, sondern die Ungunst des Arbeitsmarktes stellt auch einen erschwerenden Umstand für das Verschulden eines Arbeitgebers dar, der unter Verletzung der gesetzlichen Vorschriften seine Arbeitnehmer zur Mehrarbeit veranlaßt. Derartige Verstöße schädigen nicht nur die davon unmittelbar betroffenen Arbeitnehmer, sondern können unter Umständen auch dazu beitragen, die bestehende Arbeitslosigkeit zu vermehren oder ihrer Minderung durch Neueinstellung von Arbeitskräften entgegenzuwirken.

Ich bitte daher ergebenst, die Justizministerien der Länder auf diesen Gesichtspunkt hinzuweisen und sie um entsprechende Anweisungen an die Staatsanwaltschaften ersuchen zu wollen.

Im Auftrage: Dr. Ritter.

Richtlinien für die Regelung der Dienstzeit der Reichsbeamten.

Dienstzeit der Beamten.

Die Reichsregierung hat am 14. Dezember 1923 beschlossen, die Dienstzeit der Beamten für die Zeit bis zum 31. Dezember 1925 durch nachstehende Richtlinien zu regeln.

Im Hinblick auf die Not von Volk und Reich wird die Dienstzeit der Reichsbeamten für die Zeit bis zum 31. Dezember 1925 wie folgt geregelt:

1. Jeder Beamte ist verpflichtet, seine volle Arbeitskraft in den Dienst des Reichs zu stellen. Er hat die ihm übertragenen Arbeiten rechtzeitig ohne Rücksicht auf eine festgesetzte Dienststundenzahl zu erledigen.

2. Der Dienst ist in der Regel an der Dienststelle und innerhalb der vorgeschriebenen Tagesdienstzeit zu erledigen. Die Dienstzeit beträgt wöchentlich mindestens 54 Stunden. Regelmäßige Mehrleistungen können innerhalb eines Kalenderjahres durch regelmäßige Minderleistungen ebenso wie umgekehrt ausgeglichen werden. Soweit der Dienst in bloßer Dienstbereitschaft besteht, ist die Dienstzeit entsprechend zu erhöhen.

3. Dem Dienst an der Dienststelle und innerhalb der vorgeschriebenen Tagesdienstzeit ist die Teilnahme an Sitzungen, Besichtigungen u. dgl. gleichzuachten. Soweit die Erledigung des Dienstes an der Dienststelle und in der vorgeschriebenen Tagesdienstzeit aus dienstlichen Gründen unzweckmäßig ist, kann eine anderweitige Regelung stattfinden.

4. Die Tagesdienstzeit wird von jeder Behörde nach Anhörung der Beamtenvertretung festgesetzt. Die Tagesdienstzeit ist grundsätzlich in Vor- und Nachmittagsdienst zu teilen. Nur dort, wo aus zwingenden örtlichen oder sachlichen Gründen eine solche Teilung unmöglich erscheint, kann mit Zustimmung der obersten Reichsbehörde und des Reichsministers des Innern durchgehend gearbeitet werden. Diese regeln bei Bewilligung der Ausnahme die Dienstzeit; hierbei darf die Wochendienstzeit nicht unter 51 Stunden festgesetzt werden.

5. Für eine Überschreitung der bestimmungsmäßigen Wochendienstzeit wird eine Vergütung nicht gewährt. Ein Ausgleich kann durch Dienstbefreiung zu anderen Zeiten gewährt werden.

Die Reichsregierung gibt hierbei der Erwartung Ausdruck, daß die Anordnung in Nr. 2 Satz 1, wonach der Dienst in der Regel an der Dienststelle und innerhalb der vorgeschriebenen Tagesdienstzeit zu erledigen ist, strenger als bisher durchgeführt wird, und daß von der Möglichkeit, Ausnahmen nach Nr. 3 zu gestatten, nur in solchen Fällen Gebrauch gemacht wird, in denen lediglich dienstliche Gründe zu einer Ausnahme nötigen, wobei ein grundsätzlicher Unterschied zwischen den Beamten der verschiedenen Besoldungsgruppen nicht zu machen ist. Jeder Dienstvorgesetzte, der für sich oder andere eine Ausnahme bewilligen zu müssen glaubt, muß sich über die Rückwirkungen klar sein, die eine solche Ausnahme auf die übrigen Beamten der von ihm geleiteten Behörde und auf die Beamten anderer Behörden ausübt. Die Dienstvorgesetzten sind persönlich dafür verantwortlich, daß die Anordnung der Reichsregierung über die Dienstzeit der Beamten unbedingt durchgeführt wird.

Da eine ersprießliche Arbeit in durchschnittlich 9 Tagesstunden nur dann erwartet werden kann, wenn die 9 Stunden durch eine Mittagspause in Vor- und Nachmittagsdienst geteilt werden, so kann durchgehende Arbeit nur in ganz wenigen, besonders gearteten Ausnahmefällen gestattet werden.

Die durchgehende Arbeitszeit und damit die Herabsetzung der Wochendienstzeit auf 51 Stunden gemäß Ziff. 4 der Richtlinien ist vom Herrn Reichsminister des Innern nur für Berlin und Hamburg anerkannt worden, so daß die einzelnen Verwaltungen für die Behörden in diesen Städten den durchgehenden Dienst anordnen können.

Die Regelung der Dienstzeit der Angestellten wird demnächst erfolgen.

Berlin, den 4. Januar 1924.

I B 37 777.

Der Reichsminister der Finanzen.

J. A.: Kühnemann.

Arbeitszeit der Beamten.

Die Reichsregierung hat am 3. März 1925 über die Regelung der Arbeitszeit der Beamten (RBB. 1924 Nr. 758) folgenden Beschluß gefaßt:

„Die im Hinblick auf die Notlage des Reichs über die Dienstzeit der Reichsbeamten für die Zeit bis zum 31. Dezember 1925 getroffenen Beschlüsse werden vorläufig wie folgt gemildert:

Die Dienstzeit kann auf 51 Stunden wöchentlich herabgesetzt werden, soweit dies ohne erhebliche Mehraufwendungen möglich ist.

Unberührt bleiben die allgemeinen Grundsätze über die Verpflichtung des Beamten, die ihm übertragenen Arbeiten rechtzeitig ohne Rücksicht auf die allgemeine Regelung der Dienststunden zu erledigen und über die Erhöhung der Dienstzeit bei bloßer Dienstbereitschaft.

Die Ressortminister erlassen die erforderlichen Ausführungsbestimmungen."

Berlin, den 17. März 1925.

I B 5861.

Der Reichsminister der Finanzen.

J. A.: Dr. Lothholz.

Arbeitszeit der Beamten.

Die Reichsregierung hat am 22. Dezember 1925 beschlossen, daß die Geltungsdauer der durch die Beschlüsse der Reichsregierung vom 14. Dezember 1923 und 3. März 1925 festgesetzten Richtlinien für die Regelung der Dienstzeit der Reichsbeamten (RBB. 1924 S. 1 Nr. 758 und 1925 S. 75 Nr. 1138) bis auf weiteres verlängert wird.

Berlin, den 24. Dezember 1925.

I B 25330.

Der Reichsminister der Finanzen.

J. A.: Lothholz.

Reichsangestellten-Tarifvertrag — RAT.

Vom 2. Mai 1924
mit den Änderungen vom 24. März 1925.
(Abgedruckt sind nur die Teile des RAT., welche die Arbeitszeit betreffen.)

Der Tarifvertrag für die Angestellten bei der Reichsverwaltung wird in nachstehender Fassung zwischen der Reichsregierung und den unterzeichneten Angestellten-Organisationen neu vereinbart:

Geltungsbereich.

§ 1. Die Rechte und Pflichten aller Angestellten, welche

a) bei Reichsbehörden oder
b) bei Betrieben, welche der Dienstaufsicht einer obersten Reichsbehörde oder eines obersten Verwaltungschefs unterstellt sind, oder
c) bei dem Unternehmen „Deutsche Reichsbahn" oder
d) bei der Reichsbank und ihren nachgeordneten Stellen gegen Vergütung beschäftigt sind und eine Tätigkeit der in Anlage 1 bezeichneten Art gegen Vergütung ausüben oder sich als Lehrlinge in einer geregelten Ausbildung zu einer dieser Beschäftigungen befinden, bestimmen sich nach dem vorliegenden Tarifvertrage.

§ 18. (1). Gemäß § 1 Satz 2 der Verordnung über die Arbeitszeit vom 21. Dezember 1923 (Reichs-Gesetzbl. I S. 1249) beträgt die regelmäßige werktägliche Arbeitszeit ausschließlich der Pausen 8 Stunden. Mit Rücksicht auf die wirtschaftliche Notlage des Reichs vereinbaren die Vertragsparteien in einem besonderen Zusatzabkommen[1], das als Bestandteil dieses Tarifvertrages anzusehen ist, eine Mehrleistung. Beginn und Ende der täglichen Arbeitszeit oder Arbeitsschichten sowie die Unterbrechung der Arbeitszeit durch Pausen wird von den einzelnen Dienststellen unter Mitwirkung der Angestelltenvertretung festgesetzt. Sind jedoch in der Dienststelle sowohl Beamte wie Angestellte tätig, so richten sich Beginn, Ende und Pausen nach der für die Beamten geltenden Regelung. Hinsichtlich des Nachtdienstes, der Bewertung der Dienstbereitschaft und des Wachtdienstes gelten die für die Beamten der gleichen Dienststelle getroffenen Bestimmungen.

Die Angestelltenvertretung ist zu hören.

1. Dieses Zusatzabkommen ist in nachstehender Fassung abgeschlossen worden:

Artikel 1.

Solange während der Geltung dieses Zusatzabkommens die wöchentliche Mindestdienstzeit der Reichsbeamten 54 Stunden beträgt, beträgt auch die regelmäßige Arbeitszeit der Angestellten 54, im Betriebsdienst der Reichs-Post- und Telegraphenverwaltung durchschnittlich 54 Stunden für die Woche.

Bei Dienststellen, bei denen die Mindestdienstzeit der Beamten in Anwendung des Beschlusses der Reichsregierung vom 3. März 1925 (vgl. RBB. 1925 S. 75 Nr. 1138) auf weniger als 54 Stunden wöchentlich herabgesetzt wird, ist auch die regelmäßige Arbeitszeit der Angestellten (Abs. 1) entsprechend herabzusetzen.

Artikel 2.

Beiden Vertragsparteien steht es frei, durch Kündigung unter Einhaltung einer Kündigungsfrist von 1 Monat hinsichtlich der Arbeitszeit den vor Abschluß dieses Abkommens bestehenden Rechtszustand wieder herbeizuführen.

(2) Die Arbeitszeit der Angestellten, deren Tätigkeit aus Betriebsrücksichten mit derjenigen der Arbeiterschaft in Verbindung steht, sowie der Hilfskräfte, die solchen Angestellten zur Erledigung dieser Tätigkeit zugeteilt sind, richtet sich nach der Arbeitszeit der Arbeiterschaft des Betriebes.

§ 20. (1) Bei außerordentlichem und dringendem Bedürfnis ist jeder Angestellte verpflichtet, auch über die gemäß § 18 festgesetzte Zeit hinaus zu arbeiten.

(2) Angestellte bis zum vollendeten 17. Lebensjahre sollen zur Überzeitarbeit nicht herangezogen werden.

Berlin, den 2. Mai 1924.

Für die Reichsregierung:

Der Reichsminister der Finanzen.

J. V.: Fischer.

Für das Unternehmen „Deutsche Reichsbahn“:

Der Reichsverkehrsminister.

J. V.: Bodenstein.

Für die Deutsche Reichspost sowie für die Reichsdruckerei:

Der Reichspostminister.

J. V.: Sautter.

Für die Reichsbank:

Reichsbank-Direktorium.

v. Grimm. Seiffert.

Zentralverband der Angestellten:

Otto Haußherr. Gustav Becker.

Bund der technischen Angestellten und Beamten:

Queißer. Hofmann.

Deutscher Werkmeisterverband:

P. Hölzner.

Allgemeiner Verband der Deutschen Bankangestellten:

Wilhelm Gaedtke.

Gewerkschaftsbund der Angestellten (G. D. A.):

Rud. Maßmann. Kuhnhardt. Sattler.
Margarete Roithner.

Deutschnationaler Handlungsgehilfen-Verband (D. H. V.):

Fedisch. Meißner. Knauer.

Verband der weiblichen Handels- und Büroangestellten. E. V. (V. w. A.):

Gerda Hinsche.

Reichsverband der Büroangestellten und Beamten:

E. Buchartz.

Gewerkschaft Deutscher Eisenbahner, Verband der Wasserbaubediensteten Deutschlands:

Für H. Brune:
Klein.

Tarifvertrag für die Arbeiter bei den Reichsverwaltungen (TAR.).

Vom 8. Juni 1926 mit den Änderungen vom 18. Mai 1927 (gültig vom 3. April 1927 ab).

(Abgedruckt sind nur die Bestimmungen des TAR., welche die Arbeitszeit regeln.)

§ 1. Geltungsbereich.

(1) Der nachstehende Tarifvertrag erstreckt sich unbeschadet des § 21 auf alle vollbeschäftigten Lohnempfänger, soweit sie nicht unter einen anderen vom Reiche mitabgeschlossenen oder durch Beitritt zu einer bestehenden Tarifgemeinschaft anerkannten Tarifvertrag fallen.

(2) Hiernach fallen nicht unter den Tarifvertrag:

a) die Angestellten bei der Reichsverwaltung, welche unter den Reichsangestellten-Tarifvertrag vom 2. und 3. Mai 1924 fallen;

b) die Krankenschwestern in den Krankenanstalten des Reiches (vgl. den Tarifvertrag vom 25. Juli 1925);

c) die Arbeiter der Reichswasserstraßenverwaltung;

d) die Arbeiter im Bereiche der Deutschen Reichspost;

e) die Arbeiter bei land- oder forstwirtschaftlichen Betrieben;

f) die Arbeiter bei den Werftbetrieben der Marineverwaltung.

Vollbeschäftigte Arbeiter sind solche mit mindestens 48stündiger reiner wöchentlicher Arbeitszeit.

§ 2. Arbeitszeit.

(1) Die regelmäßige Arbeitszeit beträgt ausschließlich der Pausen werktäglich 8 Stunden, für die Woche 48 Stunden. Jedoch vereinbaren die Vertragsparteien in einem besonderen Zusatzabkommen (siehe Anlage 1), das als Bestandteil der vorliegenden Bestimmung anzusehen ist, eine Mehrleistung.

(2) Das Zusatzabkommen regelt auch die Frage der Dienstbereitschaft.

(3) An den Vorabenden des Weihnachts-, Oster- und Pfingstfestes ist, falls nicht bereits in den einzelnen Verwaltungen ein früherer Arbeitsschluß erfolgt, die Arbeitszeit um 2 Stunden ohne Lohnabzug zu kürzen, soweit die dienstlichen Verhältnisse es gestatten. An anderen Tagen tritt eine Kürzung der Arbeitszeit, soweit es die dienstlichen Verhältnisse gestatten, ohne Lohnabzug nur insoweit ein, als in den einzelnen Verwaltungen allgemein ein früherer Arbeitsschluß erfolgt.

(4) Bei durchgehender Arbeitszeit, die von der Dienststelle nur unter Zustimmung der gesetzlichen Arbeitervertretung und der höheren Verwaltungsbehörde dort festgesetzt werden darf, wo örtliche oder dienstliche Verhältnisse es erfordern, sind angemessene Erfrischungspausen zu gewähren.

(5) Die Einführung von Wechselschichten regelt die Verwaltungsbehörde im Benehmen mit der gesetzlichen Arbeitervertretung.

§ 7. Sonn- und Feiertagsarbeit.

(1) Arbeiten an Sonn- und Feiertagen sind auf das Notwendigste zu beschränken. Den Arbeitern sind nach Möglichkeit mindestens zwei freie Sonntage im Monat zu gewähren. Jede an einem Sonn- oder Feiertage innerhalb des Wochensolls (vgl. § 2 Abs. 1 bis 3) geleistete Arbeit ist, unbeschadet der Bestimmungen im Abs. 2, durch den Wochenlohn abgegolten. Durch den an Feiertagen eintretenden Ausfall an Arbeitsstunden tritt eine Lohnkürzung nicht ein.

(2) Für jede an einem Sonn- oder Feiertage innerhalb des vorbezeichneten Wochensolls (§ 2 Abs. 1 bis 3) geleistete Arbeitsstunde wird ein Zuschlag von 10 v. H. des auf diese Stunden entfallenden Anteils am Wochenlohne gewährt. Läßt sich für einen Arbeiter entgegen der Bestimmung im Abs. 1 die Freihaltung von mindestens zwei Sonntagen im Monat ausnahmsweise nicht ermöglichen, so erhöht sich für diesen Arbeiter, und zwar wenn er überhaupt keinen freien Sonntag hatte, für die beiden letzten Sonntage im Monat oder, wenn er nur einen freien Sonntag hatte, für den letzten Sonntag im Monat der Zuschlag von 10 v. H. auf 60 v. H. Außerdem werden den Arbeitern, die mindestens 2 km von ihrer Beschäftigungsstelle entfernt wohnen, an Sonn- und Feiertagen, an denen sie Dienst leisten, die notwendigen tatsächlichen Fahrtauslagen für den Weg zu und von der Dienststelle erstattet.

(3) Erstreckt sich das Wochensoll (§ 2 Abs. 1 bis 3) auch auf einen Sonntag oder Wochenfeiertag, so wird für den Arbeiter die Dienstzeit an den Werktagen dieser Woche in der Weise geregelt, daß an einem Werktag die durchschnittliche werktägliche Dienstzeit um die Zahl der innerhalb des Wochensolls am Sonntag oder Wochenfeiertag zu leistenden Arbeitsstunden vermindert wird.

(4) Sind die Lohnempfänger bei der in Frage kommenden Dienststelle vor dem Inkrafttreten dieses Tarifvertrags nach dem Tarifvertrag für die Reichsbetriebsarbeiter vom 25. April 1924 (RBB. 1924 S. 109) entlohnt worden, so wird jede außerplanmäßige (über das Wochensoll hinausgehende) Arbeitsstunde an Sonntagen mit einem Zuschlag von 60 v. H. des Stundenlohns abgegolten. Für außerplanmäßige Arbeit an Wochenfeiertagen beträgt der Zuschlag bei diesen Dienststellen 100 v. H. des Stundenlohns.

§ 8. Nachtdienstzuschlag.

(1) Als Nachtdienst gilt die Arbeit in der Zeit von 10 Uhr abends bis 6 Uhr morgens.

(2) Für Nachtarbeit wird ein Zuschlag von 10 Reichspfennig für die Stunde festgesetzt. Der für eine Nachtschicht insgesamt zu zahlende Zuschlag darf jedoch den Betrag von 50 Reichspfennig nicht überschreiten. Bei Überzeitarbeit wird der Zuschlag neben dem Überstundenzuschlag gezahlt.

(3) Bei Teilen einer Stunde werden Arbeitszeiten unter 10 Minuten nicht berechnet, Arbeits-

zeiten von 10 bis 30 Minuten mit dem Zuschlag für eine halbe Stunde, Arbeitszeiten von mehr als 30 Minuten mit dem Zuschlag für eine volle Stunde vergütet. Unterbrochene Arbeitszeiten sind zusammenzuzählen.

(4) Für regelmäßigen Wachdienst während der Nacht, z. B. an Eingängen, in- und außerhalb von Gebäuden, Stallwachen, Nachtwachen in der Krankenpflege usw. wird ein Nachtdienstzuschlag nicht gewährt.

§ 11. Überzeitarbeit.

(1) Für die Berechnung der mit Überstundenzuschlag (Abs. 5) abzugeltenden Überzeitarbeit wird das Wochensoll auf 60 Stunden festgesetzt. Das Wochensoll vermindert sich hinsichtlich der Berechnung der Überstunden bei Erholungsurlaub (§ 12), bei anerkannter Krankheit (§ 13) und bei Dienstbefreiung (§ 15) um die Zahl der durch das Fernbleiben von der Arbeit aus diesen Gründen ausfallenden planmäßigen Arbeitsstunden.

(2) Fällt in die Kalenderwoche ein gesetzlicher oder von den Reichs- oder Landeszentralbehörden allgemein angeordneter Feiertag (Wochenfeiertag), so vermindert sich das Wochensoll für die Feststellung der an den übrigen Tagen dieser Woche geleisteten Überstunden um die Zahl der durch das Fernbleiben von der Arbeit am Wochenfeiertag ausfallenden planmäßigen Arbeitsstunden.

(3) Überzeitarbeit ist nach Möglichkeit zu vermeiden. Doch ist bei außerordentlichen und dringen-

den Bedürfnissen jeder Arbeiter verpflichtet, auch über die festgesetzte Arbeitszeit hinaus zu arbeiten. Es ist darauf zu halten, daß die Arbeiter zur Überzeitarbeit abwechselnd herangezogen werden.

(4) Bei Überzeitarbeit, die an die regelmäßige Dienstzeit unmittelbar anschließt, ist eine viertel-, und wenn diese Überzeitarbeit mehr als drei Stunden dauert, eine halbstündige Pause zu gewähren, die als Arbeitszeit zu rechnen ist.

(5) Angeordnete Überzeitarbeit ist mit dem vollen Lohne (ausschließlich Soziallohn) sowie einem Überstundenzuschlage zu bezahlen. Eine Überschreitung der Arbeitszeit um weniger als 10 Minuten wird nicht vergütet. Bei längerer Überschreitung wird jede angefangene halbe Stunde als volle Halbstunde bezahlt. Wird Überzeitarbeit an einem Sonntag in besonderer Schicht geleistet, was möglichst zu vermeiden ist, so ist die Vergütung für die Überzeitarbeit für mindestens 4 Stunden zu bemessen.

(6) Der Überstundenzuschlag beträgt im allgemeinen 50 v. H., für Überstunden, die an einem Sonn- oder Feiertag geleistet werden, 60 v. H.

(7) Statt der Überstundenvergütung im Einzelfalle kann im Benehmen mit der gesetzlichen Arbeitervertretung und unter Zustimmung der höheren Verwaltungsbehörde eine Überstunden-Pauschvergütung festgesetzt werden.

§ 24. Gültigkeitsdauer.

(1) Vorstehender Vertrag tritt mit dem 13. Juni 1926 (Beginn der Lohnwoche) in Kraft und gilt bis zum 30. September 1927.

(2) Der Vertrag verlängert sich stillschweigend um 1 Jahr, wenn er nicht drei Monate vor seinem Ablauf gekündigt wird.

(3) Die Bestimmungen in § 2 Abs. 1 einschließlich Anlage 1, ferner die Anlage 3 (Lohntabelle) ganz oder bezüglich einzelner Orte, § 7 Abs. 2, § 9 Abs. 1, § 10 Abs. 1, § 11 Abs. 6 können insgesamt oder einzeln unter Einhaltung einer Kündigungsfrist von 1 Monat gekündigt werden. Falls nur einzelne dieser Bestimmungen gekündigt werden, kann der andere Vertragsteil auch die übrigen vorgenannten und nicht gekündigten Bestimmungen zum gleichen Zeitpunkt seinerseits kündigen, auch wenn hierdurch die im Satz 1 vorgesehene Kündigungsfrist nicht mehr eingehalten ist.

Im Falle der Kündigung sind die Vorarbeiten für eine neue Vereinbarung tunlichst rasch aufzunehmen. Die Bestimmungen in § 2 Abs. 1 einschl. Anlage 1, ferner die Anlage 3 (Lohntabelle) als Ganzes sowie die Ausführungsbestimmung d, letzter Absatz, können erstmals zum 31. März 1928 gekündigt werden. Art. 1 Satz 2 des Zusatzabkommens zu § 2 des Tarifvertrags wird hierdurch nicht berührt.

Berlin, den 8. Juni 1926.

Für die Reichsregierung:

Der Reichsminister der Finanzen.

J. V.: Fischer.

Für den Verband der Gemeinde- und Staatsarbeiter:

D. Stetter.

Für den Zentralverband der Maschinisten und Heizer:

C. Balleng.

Für den Deutschen Metallarbeiterverband:

H. Scheffler.

Für die Gewerkschaft Deutscher Eisenbahner e. V.:

Georg Klein.

Für den Deutschen Verkehrsbund:

Ferd. Bender.

Für den graphischen Bund:

Otto Krautz.

Für den Deutschen Nahrungs- und Genußmittelarbeiter-Verband:

Karl Hetzschold.

Der Zentralverband der Arbeitnehmer öffentlicher Betriebe und Verwaltungen:

Knoll.

Anlage 1 zum Tarifvertrag.

Zusatzabkommen zu § 2.

Zwischen den Tarifparteien wird folgendes Zusatzabkommen geschlossen:

Artikel 1.

Solange und soweit während der Geltung dieses Zusatzabkommens die wöchentliche Mindestdienstzeit der mit den Arbeitern zusammen tätigen Beamten 48 Stunden übersteigt, gilt die gleiche Arbeitszeit, jedoch nicht über 54 Stunden hinaus, für die unter den Tarifvertrag fallenden Arbeiter. Wird die wöchentliche Mindestdienstzeit der Beamten während der Gültigkeit der vorliegenden Vereinbarung herabgesetzt, so treten die Vertragsparteien unverzüglich in neue Verhandlungen über eine neue Regelung der Arbeitszeit ein.

Artikel 2.

Soweit die wöchentliche Arbeitszeit des Arbeiters 48 Stunden überschreitet, ist jede überschüssige Stunde mit dem nach den §§ 3 bis 6 des TAR. errechneten Stundenlohn sowie einem Zuschlag, welcher für die 49. bis 51. Stunde 15 v. H., für die 52. bis 54. Stunde 25 v. H., für die 55. bis 60. Stunde 50 v. H. beträgt, abzugelten. Daneben tritt, soweit die Arbeitsstunden an Sonn- und Feiertagen abgeleistet sind, der Zuschlag gemäß § 7 Abs. 2 des TAR. und nach Maßgabe der §§ 9 und 10 des TAR. der Soziallohn.

Die über 60 Stunden hinausgehende Arbeitszeit wird gemäß § 11 des Tarifvertrags abgegolten.

Artikel 3.

In den Städten, in denen die Wochenarbeitszeit der Arbeiter entsprechend derjenigen der Beamten nur $48\frac{1}{2}$ Stunden beträgt (Berlin, Hamburg, München, Köln), wird der Lohn vom 1. April ab nur für die tatsächlich geleisteten Arbeitsstunden gezahlt. Sofern Arbeiter bereits am 1. April 1927 im Reichsdienst an den vorgenannten Orten tätig waren, wird ihnen, solange die Mindestdienstzeit der Beamten nicht herabgesetzt wird, eine Wochenzulage in Höhe des Lohnes für 1 1/2 Stunden einschließlich Soziallohn neben dem nach den allgemeinen Bestimmungen errechneten Gesamtwochenbezuge, jedoch unter Wegfall des Zuschlags für über 48, jedoch nicht über 51 Stunden hinaus geleistete Arbeitsstunden (von 15 v. H.) gewährt.

Artikel 4.

Wenn der regelmäßige Dienst während eines Tages eine Stunde oder mehr, in der Kalenderwoche sechs Stunden oder mehr, aus Dienstbereitschaft oder Bereitschaftsdienst besteht, so verlängert sich die Dienstzeit über die Normalarbeitszeit hinaus um die Zeit der Dienstbereitschaft, jedoch höchstens bis zu 11 Stunden täglich oder bis zu 66 Stunden in der Kalenderwoche einschließlich der Pausen.

In den Fällen, in denen Bereitschaftsdienst lediglich in der vorgeschriebenen Anwesenheit an der Arbeitsstelle oder Dienstbereitschaft in der eigenen Häuslichkeit besteht mit der Verpflichtung, im Bedarfsfalle die erforderlichen und notwendigen Verrichtungen vorzunehmen, kann der regelmäßige Dienst einschließlich der Pausen bis auf höchstens insgesamt 12 Stunden täglich oder bis zu 72 Stunden in der Kalenderwoche ausgedehnt werden.

Die Feststellung der Dienstbereitschaft oder des Bereitschaftsdienstes erfolgt durch die Dienststelle unter Mitwirkung der gesetzlichen Arbeitnehmervertretung.

In Zweifelsfällen entscheidet die oberste Verwaltungsbehörde im Einvernehmen mit dem Reichsminister der Finanzen nach vorheriger Verhandlung mit den zuständigen Organisationen.

Für die Dienstbereitschaft oder den Bereitschaftsdienst beträgt die Entlohnung 50 v. H. des für die gleiche Zeitdauer in Frage kommenden vollen Lohnes. Jedoch ist bei Beschäftigung bis zur Höchstdauer der zulässigen Dienstzeit von 11 bzw. 12 Stunden der volle Tages- bzw. Wochenlohn des der gleichen Lohngruppe angehörenden Arbeiters zu zahlen.

Artikel 5.

Bei Durchführung des Artikel 4 ist nach folgenden Richtlinien zu verfahren:

1. Durch die Regelung der Dienstbereitschaft oder des Bereitschaftsdienstes wird nicht beabsichtigt, eine Ausdehnung der tariflich im § 2 vorgesehenen regelmäßigen reinen Arbeitszeit zu bewirken. Es soll lediglich die reine Arbeitszeit von der Dienstbereitschaft getrennt werden, um eine tatsächlich einheitliche gleichwertige Arbeitsleistung für alle Lohnempfänger zu erreichen. Hierzu ist zunächst die Feststellung notwendig, inwieweit die Tätigkeit einzelner Berufsgruppen in den Verwaltungen mehr oder weniger aus Dienstbereitschaft oder Bereitschaftsdienst besteht. Wo innerhalb der vorgeschriebenen Normalarbeitszeit häufig wenig Dienst verlangt oder geleistet wird, und die Zeit tatsächlich mehr oder weniger nur mit Bereitschaftsdienst oder Dienstbereitschaft ausgefüllt ist, wird die Dienstzeit wesentlich anders bemessen werden können wie bei denjenigen Arbeitnehmern, die innerhalb der regel-

mäßigen Arbeitszeit tatsächlich dauernd vollbeschäftigt sind.

2. Eine generelle zentrale Feststellung, inwieweit für einzelne Berufsgruppen Bereitschaftsdienst oder Dienstbereitschaft in Frage kommt, ist nicht möglich in Rücksicht auf die Verschiedenartigkeit der Tätigkeit in den Einzelverwaltungen, selbst bei gleichartigen Arbeitergruppen. Es muß daher an den örtlichen Dienststellen unter Mitwirkung der gesetzlichen Arbeitnehmervertretung in jedem Einzelfall sorgfältig geprüft werden, inwieweit durch Dienstbereitschaft oder Bereitschaftsdienst die Dienstschicht verlängert werden kann.

Hierbei darf das Höchstmaß der Dienstschicht nicht grundsätzlich angewendet werden.

3. Im einzelnen wird folgendes bemerkt:

a) Für das technische Personal, die Handwerker, die Arbeitnehmer in den Wäschereien, Küchenbetrieben, Nähstuben und Werkstätten, auch der Krankenanstalten, dürfte eine Dienstbereitschaft oder ein Bereitschaftsdienst nur in Ausnahmefällen in Frage kommen.

b) Dagegen wird eine Feststellung von Dienstbereitschaft oder Bereitschaftsdienst in Frage kommen bei Pförtnern an weniger begangenen Eingängen, insbesondere Nachtpförtnern, ferner bei Kraftwagenführern und dem reinen Pflegepersonal.

Bei Pförtnern ist die dem einzelnen zugewiesene Tätigkeit (starke Kontrolle, Telephonbedienung usw.) von Fall zu Fall zu berücksichtigen.

Bei Nachtpförtnern oder nächtlichem Bereitschaftsdienst des Pflegepersonals, namentlich dort, wo ihnen eine Schlafmöglichkeit geboten ist, wird das Höchstmaß der zulässigen Dienstdauer wohl stets zuerkannt werden können.

Die Verhältnisse bei den Kraftwagenführern müssen unter Berücksichtigung der von ihnen zu leistenden kleineren Reparaturen und der Instandhaltung der Wagen einzeln sorgfältig geprüft werden.

Beim Pflegepersonal muß von Fall zu Fall ebenfalls die allgemeine Tätigkeit berücksichtigt werden. Die aufreibende Tätigkeit im Operations- oder Anatomiedienst u. dgl. ist besonders zu berücksichtigen.

c) Bei der Gesamtprüfung der Dienstbereitschaft darf eine vorhandene Dienstwohnung nicht unberücksichtigt bleiben.

d) Eine Verlängerung der Dienstdauer auf Grund der Dienstbereitschaft oder des Bereitschaftsdienstes ist nur zulässig, sofern es sich um regelmäßig eintretende Dienstbereitschaft an einzelnen Tagen handelt, nicht etwa um nur gelegentlich vorkommende kurze Unterbrechungen der Arbeit.

e) Besonderer Wert ist bei der Prüfung aller Fragen, vor allem darüber, ob das Höchstmaß der Dienstschicht angebracht erscheint, auf eine Verständigung mit der Arbeitnehmervertretung zu legen, damit nicht unnötig viele Fragen untergeordneter Natur der Zentralstelle zur Entscheidung vorgelegt werden. Alle grundsätzlichen Zweifelsfragen sind aber unbedingt von der obersten Verwaltungsbehörde nach Anhörung der vertragschließenden Organisationen zu entscheiden.

Verordnung zum Schutze der Preßluftarbeiter.

Vom 28. Juni 1920 (RGBl. S. 1357[1]).

Auf Grund des § 120e der Gewerbeordnung werden mit Zustimmung des Reichsrats folgende Vorschriften zum Schutze der Preßluftarbeiter erlassen:

Unter „Preßluftarbeiten" im Sinne der nachstehenden Vorschriften werden solche Arbeiten verstanden, bei denen eine oder mehrere Personen in Räumen oder Behältern — z. B. Senkkasten, Schächten, Tunnels, Taucherglocken — beschäftigt werden, in welchen ein Luftdruck herrscht, der den äußeren Luftdruck um mindestens 0,1 Kilogramm auf jedes Quadratzentimeter (0,1 kg/qcm) übersteigt. Zu den Preßluftarbeiten im Sinne der nachstehenden Vorschriften gehören nicht Arbeiten in Taucherglocken, die keine Schleusen besitzen.

Unter „Arbeitsräumen" sind die Räume — Senkkasten, Schächte, Tunnels, Taucherglocken usw. — verstanden, in denen Arbeiter unter erhöhtem Luftdruck beschäftigt werden.

1. Die VO. gehört zwar in ihrem überwiegenden Teil in das Gebiet des Betriebsgefahrenschutzes, steht aber wegen

ihrer Bestimmungen über die Arbeitszeit in einem so engen Zusammenhang mit den auf Grund des § 7 Abs. 2 der AZVO. ergangenen VO., daß sie hier abgedruckt ist, soweit ihr Inhalt den Arbeitszeitschutz betrifft. Im übrigen sind die durch die VO. geschützten Arbeiter auch in das vom Reichsarbeitsministerium aufgestellte Verzeichnis aufgenommen, das die Gewerbezweige und Anlagen sowie die Gruppen von Arbeitern enthält, die nach den bisher gemachten Vorschlägen für eine Bestimmung nach § 7 Abs. 2 der AZVO. in erster Linie in Aussicht zu nehmen sind. S. die Anm. S. 230 zur VO. v. 20. 1. 25 (Kokereien und Hochofenwerke). Ebenfalls gehören hierher die Verordnung über die Einrichtung und den Vertrieb von Anlagen zur Herstellung von Bleifarben und anderen Bleiverbindungen v. 27. 1. 20 (RGBl. S. 109) und die VO. über die Ausführung von Anstreicherarbeiten in Schiffsräumen v. 2. 2. 21 (RGBl. S. 142)/12.5.27 (RGBl. S. 117; diese VO. sind unten S. 225 ff. abgedruckt. Wegen der übrigen, vor dem 9. 11. 18 ergangenen Verordnungen s. Anm. 13 zu § 9 AZVO. S. 152 oben.

G. Arbeitszeit.

§ 34. Die Arbeitsschicht einschließlich der Pausen der in Preßluft beschäftigten Personen darf,

a) wenn der Überdruck nicht mehr als 2 kg/qcm beträgt, 8 Stunden,

b) wenn er mehr als 2 kg/qcm, aber nicht mehr als 2,5 kg/qcm beträgt, 6 Stunden,

c) wenn er mehr als 2,5 kg/qcm, aber nicht mehr als 3 kg/qcm beträgt, 4 4/5 Stunden,

d) wenn er mehr als 3 kg/qcm, aber nicht mehr als 3,5 kg/qcm beträgt, 4 Stunden,

e) wenn er mehr als 3,5 kg/qcm beträgt, 2 Stunden

täglich nicht überschreiten. In die achtstündige

Arbeitsschicht wird die Zeit des Ein- und Ausschleusens eingerechnet; in die kürzeren Arbeitsschichten (b bis e) wird die Zeit des Ein- und Ausschleusens nicht eingerechnet. Neueingestellte Arbeiter dürfen in allen Fällen am ersten Tage nur die Hälfte dieser Zeiten in Preßluft beschäftigt werden. Wenn sich dabei keine Beschwerden zeigen, können sie vom nächsten Tage ab zwei Drittel der vollen Zeit und vom vierten Tage ab die volle zulässige Zeit beschäftigt werden.

Den Arbeitern sind, falls die Schicht länger als 4 Stunden dauert, innerhalb der Arbeitszeit Pausen von zusammen einer halben Stunde zu gewähren.

Zwischen je zwei Arbeitsschichten muß eine arbeitsfreie Zeit von mindestens 12 Stunden liegen.

§ 54. In dem Aufenthaltsraum und in dem Speiseraume muß eine Abschrift oder ein Abdruck dieser Bekanntmachung an einer in die Augen fallenden Stelle aushängen.

§ 55. Die vorstehenden Vorschriften treten am 1. Oktober 1920 in Kraft.

Berlin, den 28. Juni 1920.

Der Reichsarbeitsminister.

Dr. Brauns.

Verordnung über die Einrichtung und den Betrieb von Anlagen zur Herstellung von Bleifarben und anderen Bleiverbindungen.

Vom 27. Januar 1920 (RGBl. S. 109).

Auf Grund des § 120e der Gewerbeordnung werden mit Zustimmung des Reichsrats folgende

Vorschriften über die Einrichtung und den Betrieb von Anlagen zur Herstellung von Bleifarben und anderen Bleiverbindungen erlassen:

§ 1. Die nachstehenden Vorschriften gelten für alle Anlagen, in denen Bleifarben oder andere Bleiverbindungen (Bleiweiß, Bleichromat, Bleisulfat, Massikot, Glätte, Mennige, Bleisuperoxyd, englisches Gelb, Neapel-Gelb, Bleizucker usw.) oder Gemische von ihnen mit anderen Stoffen als Haupt- oder Nebenerzeugnis hergestellt werden.

Die Vorschriften finden keine Anwendung

a) auf Bleihütten, auch wenn in ihnen Stoffe der im Abs. 1 bezeichneten Art hergestellt werden,

b) auf Betriebe, in denen nur solche bleihaltige Farben, die bereits mit Öl oder Firnis angerieben sind, miteinander oder mit anderen nicht bleihaltigen Stoffen gemischt, weiterverarbeitet oder verpackt werden,

c) auf die Herstellung von solchen bleihaltigen Farben, Stoffen und Gemischen, deren Bleigehalt weniger als 1 Hundertteil beträgt, oder die das Blei ausschließlich als Bleiglanz enthalten.

Für die Betriebe des Maler-, Anstreicher-, Tüncher-, Weißbinder- und Lackierergewerbes und für Betriebe, in denen Maler-, Anstreicher-, Tüncher-, Weißbinder- und Lackiererarbeiten im Zusammenhange mit einem anderen Gewerbebetrieb ausgeführt werden, bewendet es bei den Bestimmungen der

Bekanntmachung des Reichskanzlers vom 27. Juni 1905 (Reichs-Gesetzbl. S. 555).

Werden die im Abs. 1 bezeichneten Stoffe in besonderen, von der übrigen Anlage völlig getrennten Abteilungen hergestellt, gemischt oder verpackt, so gelten die Vorschriften nur für diese Abteilungen und für die darin ständig oder vorübergehend beschäftigten Personen.

§ 12. Die Oxydierkammern dürfen nicht nach 9 Uhr abends und nicht vor 5 Uhr morgens entleert und beschickt werden.

Die Arbeiter, welche die Oxydierkammern beschicken oder entleeren, dürfen höchstens sechs Stunden täglich beschäftigt werden. Nach je zwei Stunden Arbeitszeit ist ihnen eine mindestens einstündige Pause zu gewähren.

Die Arbeiter dürfen an den Tagen, an denen sie trockene Stoffe der im § 1 Abs. 1 bezeichneten Art verpacken oder die damit gefüllten Fässer zuschlagen, höchstens sechs Stunden beschäftigt werden, auch wenn sie während eines Teiles dieser Zeit andere Arbeiten verrichten. Zwischen den Arbeitsstunden ist ihnen eine Pause von mindestens zwei Stunden zu gewähren. Diese Bestimmung findet keine Anwendung, wenn die Arbeiter innerhalb einer Schicht höchstens zwei Stunden mit dem Packen bleihaltiger Stoffe und Farben beschäftigt werden sowie auf die Beschäftigung an solchen Packmaschinen, welche mit zuverlässig wirkenden Staubabsaugevorrichtungen versehen sind.

Während der Pausen müssen die Arbeiter die Arbeitsräume verlassen.

§ 27. Die vorstehenden Vorschriften treten mit dem Tage der Verkündung in Kraft. Gleichzeitig treten die durch die Bekanntmachung des Reichskanzlers vom 26. Mai 1903 (Reichs-Gesetzbl. S. 225) verkündeten Vorschriften außer Kraft.

Soweit zur Durchführung dieser Bekanntmachung bauliche Änderungen oder wesentliche Änderungen der Betriebseinrichtungen erforderlich sind, kann die höhere Verwaltungsbehörde nach Anhörung des Arbeiterausschusses und des zuständigen Gewerbeaufsichtsbeamten dazu Frist von höchstens drei Jahren gewähren.

Berlin, den 27. Januar 1920.

Der Reichsarbeitsminister.

Schlicke.

Verordnung über die Ausführung von Anstreicherarbeiten in Schiffsräumen.

Vom 2. Februar 1921 (RGBl. S. 142).

Auf Grund des § 120e der Gewerbeordnung und des Artikels 179 Abs. 2 der Reichsverfassung werden mit Zustimmung des Reichsrats folgende Vorschriften zum Schutze der Arbeiter, die Anstreicherarbeiten in Schiffsräumen ausführen, getroffen:

§ 1. Als enge Schiffsräume im Sinne dieser Vorschriften gelten solche Schiffsräume, die keine unmittelbar ins Freie führenden Öffnungen besitzen und nur durch Mannlöcher oder enge Luken betreten werden können, wie z. B. die Zellen der Doppelböden, die Wassertanks, die Ballasttanks, Bunker, Wellentunnel, Wallgänge, Lasten, Bilgen, Vorder- und Hinterpicks.

§ 5. Arbeiter, die enge Schiffsräume anstreichen, sind nach Bedarf, mindestens aber jede halbe Stunde abzulösen und dürfen erst nach Ablauf von zwei weiteren Stunden wieder mit dieser Arbeit beschäftigt werden.

In der Zwischenzeit dürfen sie nur im Freien oder in solchen Räumen beschäftigt werden, in denen sie Farbdünsten nicht ausgesetzt sind. Wird ihre Gesamtarbeitszeit durch eine größere Pause unterbrochen, so dürfen sie mit dem Anstreichen enger Schiffsräume vor und nach dieser Pause nur je zweimal beschäftigt werden.

Anstreicherarbeiten in engen Schiffsräumen dürfen nicht ausgeführt werden, wenn die Wärme in ihnen 25 Grad Celsius überschreitet.

§ 12. Die vorstehenden Vorschriften gelten nicht für Schiffsräume, die nur mit einfachem Portlandzement gestrichen werden.

§ 13. Ein Abdruck oder eine Abschrift dieser Vorschriften ist an einer den Arbeitern leicht zugänglichen Stelle in der Malerwerkstatt oder, wenn keine Malerwerkstatt vorhanden ist, an einer anderen geeigneten Stelle, z. B. der Arbeiterannahmestelle, dem Umkleideraume, der Kantine oder dergleichen aufzuhängen.

§ 14. Die Verordnung tritt drei Monate nach ihrer Verkündung in Kraft.

Berlin, den 2. Februar 1921.

Der Reichsarbeitsminister.

In Vertretung: Dr. Geib.

Verordnung über die Ausführung von Anstreicherarbeiten in Schiffsräumen.

Vom 12. Mai 1927 (RGBl. S. 117).

Auf Grund des § 120e der Gewerbeordnung und des Artikel 179 Abs. 2 der Reichsverfassung wird nach Zustimmung des Reichsrats hiermit verordnet:

Der § 12 der Verordnung über die Ausführung von Anstreicherarbeiten in Schiffsräumen vom 2. Februar 1921 (Reichs-Gesetzbl. S. 142) erhält folgenden zweiten Absatz:

Die Vorschriften des § 5 gelten nicht, wenn die Anstreicherarbeiten mit reiner Leinölfarbe ausgeführt werden.

Berlin, den 12. Mai 1927.

Der Reichsarbeitsminister.

In Vertretung: Dr. Geib.

Verordnung über die Arbeitszeit in Kokereien und Hochofenwerken[1].

Vom 20. Januar 1925 (RGBl. S. 5).

Auf Grund des § 7 Abs. 2 in Verbindung mit § 15 Abs. 2 der Verordnung über die Arbeitszeit vom

21. Dezember 1923[1] (Reichs-Gesetzbl. I S. 1249) wird hiermit verordnet:

[1]) Die VO. ist die erste, die der Reichsarbeitsminister auf Grund des § 7 Abs. 2 der AZVO. erlassen hat; außerdem sind jetzt die drei VO. v. 9. 2. 27 ergangen. Siehe unten S. 237 f. Eine sofortige weitgehende Anwendung des § 7 der VO. v. 21. 12. 23 verhinderte zunächst die schlechte wirtschaftliche Lage. Zuerst mußte auch eine eingehende Prüfung stattfinden, welche Gewerbezweige und Arbeitergruppen in erster Linie durch § 7 geschützt werden müssen. Zu diesem Zwecke wurde im Reichsarbeitsministerium im Jahre 1924 ein Verzeichnis dieser Arbeitergruppen und Gewerbezweige ausgearbeitet, das wegen seiner hohen sozialpolitischen und wirtschaftlichen Bedeutung dem Vorläufigen Reichswirtschaftsrat zur Begutachtung vorgelegt wurde, der seitdem die notwendigen Prüfungen vornimmt. Das Verzeichnis enthält außer den bisher gesetzlich erfaßten Gewerbezweigen und Anlagen u. a. Marmorschleifereien, Anlagen zum Vulkanisieren von Gummiwaren, Müllverbrennungsanstalten, außerdem die Preßluftarbeiter. Über diese s. die VO. S. 223.

[2]) Mit den durch Gesetz v. 14. 4. 27 erfolgten Abänderungen neugefaßt als VO. über die Arbeitszeit v. 14. 4. 27. (s. oben S. 112 ff.). Die neue VO. v. 14. 4. 27 gilt auch für diese VO.

Artikel 1.

Die Beschränkung[1] des § 7 Abs. 1 der Arbeitszeitverordnung findet Anwendung[2]

1. in Kokereien (Zechen-, Hütten- und selbständigen Kokereien) auf diejenigen Arbeiter, die mit Arbeiten an den Koksöfen beschäftigt sind einschließlich der unmittelbaren Zufuhr der Kohle zu den Öfen und einschließlich der unmittelbaren Abfuhr des fertigen Kokses von den Öfen,

2. in Hochofenwerken auf diejenigen Arbeiter, die mit Arbeiten an den Hochöfen beschäftigt sind einschließlich der unmittelbaren Zufuhr des Kokses, der Erze und der Zuschläge zu den Hochöfen und einschließlich der Abfuhr des flüssigen Roheisens von den Hochöfen oder der Entfernung des gegossenen Roheisens aus der Gießhalle.

Die Beschränkung des § 7 Abs. 1 greift für Arbeiter, die in den bezeichneten Betrieben nur während eines Teiles ihrer Arbeitszeit beschäftigt sind, nur an denjenigen Tagen Platz, an denen der einzelne Arbeiter mit den genannten Arbeiten während des überwiegenden[3] Teiles seiner täglichen Arbeitszeit beschäftigt ist.

1. D. h. die Obergrenze für die Dauer der Arbeitszeit darf, wenn die Überschreitung des normalen achtstündigen Maximalarbeitstages aus Gründen des Gemeinwohls dringend erforderlich ist, 10 Stunden, wenn die Überschreitung sich in langjähriger Übung als unbedenklich erwiesen hat, $8^1/_2$ Stunden betragen. Im übrigen s. die Anm. zu § 7 und 9 der VO. v. 14. 4. 27.

2. Da über den Kreis der von der VO. erfaßten Arbeitnehmer erhebliche Zweifel auftauchten, erließ der Reichsarbeitsminister ausführliche Durchführungsbestimmungen, die nachstehend abgedruckt sind (S. 234).

Nach diesem Erlasse können zwar auf Grund von Vereinbarungen weitere Arbeitergruppen in den Geltungsbereich eingezogen werden, dagegen ist es nicht zulässig, den Geltungsbereich im Wege der Vereinbarung einzuschränken.

Die Frage, ob auch die Betriebsbeamten und die Werkmeister unter diese VO. fallen, hat der Reichsarbeitsminister in seinem Bescheide v. 11. 3. 25 bejaht (RABl. S. 239). Selbstverständlich unterliegen die Werkmeister und Techniker der VO. nur unter den gleichen Bedingungen, unter denen ihr auch alle anderen Arbeitnehmer unterliegen, daß sie nämlich den überwiegenden Teil des Tages im Gefahrenbereich der Öfen beschäftigt sind (Abs. 2).

3. Die drei VO. v. 9. 2. 27 lassen die Beschränkung nur an den Tagen Platz greifen, an denen der Arbeitnehmer mindestens 4 Stunden mit den in den VO. genannten Arbeiten beschäftigt ist. S. auch die erst während der Drucklegung erlassenen und daher kommentarlos abgedruckte VO. vom 16. 7. 27 S. 244 unten.

Artikel 2.

Die vorstehenden Bestimmungen treten am 1. April 1925 in Kraft.

Soweit infolge besonderer Umstände in einem Teile des Reichsgebiets die wirtschaftliche Lage das Inkrafttreten zu diesem Zeitpunkt ohne schwere Gefährdung der bezeichneten Gewerbezweige nicht gestattet[1], kann die oberste Landesbehörde mit Zustimmung des Reichsarbeitsministers den Zeitpunkt des Inkrafttretens hinausschieben[2].

Berlin, den 20. Januar 1925.

Der Reichsarbeitsminister.

Dr. Brauns.

1. Eine Gefährdung der Gewerbezweige war möglich, weil die VO. materiell an Stelle der zwölfstündigen Doppelschicht das Dreischichtensystem wieder einführte und ev. Neueinstellung von Arbeitern erforderte.

Die wirtschaftliche Auswirkung der VO. war indes im allgemeinen nicht so erheblich, wie sie von der Arbeitgeberseite ursprünglich eingeschätzt war, sowohl hinsichtlich der durch das Dreischichtensystem erforderlich gewordenen Mehreinstellung von Arbeitern wie auch der durch erhöhte Lohnaufwendungen verursachten Verteuerung der Erzeugnisse (Reitzel, „Der § 7 der AZVO.“, RABl. 1927, nichtamtlicher Teil S. 75ff.).

2. Die drei anderen auf Grund des § 7 erlassenen VO. enthalten nicht die Möglichkeit, den Zeitpunkt ihres Inkrafttretens hinauszuschieben, da, wie in Anm. 1 gesagt, die gehegten Befürchtungen bezüglich einer so schweren Gefährdung nicht begründet waren. S. Anm. 3 zu Art. 1.

Durchführung der Verordnung vom 20. Januar 1925 (RGBl. S. 5).

Vom 2. Mai 1925 (RABl. S. 209).

Der Reichsarbeitsminister.
III B 2550/25.

An die Sozialministerien der Länder usw.

Bei der Durchführung der Verordnung über die Arbeitszeit in Kokereien und Hochofenwerken vom 20. Januar 1925 sind über den Kreis der von der Verordnung erfaßten Arbeitnehmer erhebliche Zweifel entstanden. Da es sich um eine vom Reichsarbeitsminister erlassene Verordnung handelt, die ich jederzeit zu ändern in der Lage wäre, trage ich keine Bedenken, mich über die Absichten, die mich beim Erlaß der Verordnung geleitet haben, näher zu äußern. Eine allgemein gültige und erschöpfende Aufzählung der unter die Verordnung fallenden Arbeitergruppen ist allerdings bei der Verschiedenheit der Verhältnisse und der Bezeichnungen für die gleiche Arbeit nicht möglich. Ich beschränke mich daher darauf, den Arbeitsprozeß, der wegen seiner besonderen Gefährlichkeit dem § 7 der Arbeitszeitverordnung unterstellt werden sollte, möglichst genau abzugrenzen. Der Kreis der geschützten Arbeiter ergibt sich dann aus der Beteiligung an dem Arbeitsprozeß, ohne daß es einer Prüfung der besonderen Arbeitsbedingungen des einzelnen Arbeiters bedürfte. Nur auf diese Weise kann eine gleichartige Auslegung der Verordnung erreicht und eine unterschiedliche Behandlung zusammengehöriger Arbeitergruppen mit ihren unerwünschten Folgeerscheinungen vermieden werden.

1. Bei den Zechenkokereien fallen unter die Verordnung alle Arbeiter an, auf und unter den Koksöfen. Dazu rechnen auch die Arbeiter auf der Koksofenrampe und die Koksaschefahrer; ebenso die Handwerker, soweit auf sie der Artikel 1 Abs. 2 der Verordnung zutrifft. Die mit dem Kokslöschen beschäftigten Arbeiter fallen auch dann unter die Verordnung, wenn das Ablöschen nicht auf der Koksofenrampe erfolgt.

Die Frage, welche Arbeiter mit der unmittelbaren Zufuhr der Kohle zu den Öfen und mit der unmittelbaren Abfuhr des Koksès von den Öfen beschäftigt sind, ist wesentlich danach zu entscheiden, ob die Arbeiter, wenn auch nur während eines Teils ihrer Arbeit auf der Ofenplattform oder auf der Kokereirampe mit den Öfen in Berührung kommen. Hinsichtlich der Koksbrecher ist von Fall zu Fall zu entscheiden, ob der Brechbetrieb in so engem Zusammenhang mit der Kokerei steht, daß diese Arbeiter als an den Koksöfen beschäftigt anzusehen sind; in der Regel wird das nicht zutreffen.

Die vorstehend in Auslegung der Verordnung gegebene Abgrenzung stimmt mit der früher zu dem Schiedsspruch für den Rheinisch-Westfälischen Steinkohlenbergbau vom 16./27. Mai 1924 gegebenen namentlichen Abgrenzung der Kokereiarbeiter überein — vgl. Erlaß des Herrn Preußischen Ministers für Handel und Gewerbe an die Bergbehörden vom 2. März 1925; nur werden durch die Auslegung unter Nr. 1, in Abweichung von der Auslegung des Schiedsspruchs, auch die Koksaschefahrer und gegebenenfalls die Handwerker der Verordnung unterstellt.

Die für die Zechenkokereien angegebenen Grundsätze gelten in gleicher Weise für die Hüttenkokereien. Die Arbeiter der Seilbahn zur Abfuhr des Kokses fallen nicht unter die Verordnung, es sei denn, daß die Seilbahn der unmittelbaren Zufuhr des Kokses zum Hochofen dient.

2. Bei den Hochofenwerken fallen unter die Verordnung alle Arbeiten vom Füllen der an die Gicht gelangenden Beschickungsgefäße (Wagen, Kübel) an — es sei denn, daß ausnahmsweise die Arbeiten zum Füllen der Beschickungsgefäße gänzlich außerhalb des Bereichs des Hochofenwerks vorgenommen werden — bis einschließlich zum Einlaufen des flüssigen Roheisens und der flüssigen Schlacke in die Roheisen- und Schlackenpfannen, oder bis einschließlich zu der Verladung der Roheisenmasseln von der Gießhalle oder dem Gießbett aus. Zu dem geschützten Arbeiterkreis rechnen hier-

nach auch die Wassermänner und die Gasleitungsreiniger. Dagegen werden die mit der Abfuhr des Roheisens und der Schlacke beschäftigten Arbeiter, die Schlackenkipper, die Gasmaschinisten und die mit der Gasreinigung beschäftigten Arbeiter regelmäßig nicht dazu gehören.

Vereinbarungen der Beteiligten über die Anwendung der Verordnung auf weitere Arbeitergruppen sind nach wie vor zulässig. Soweit solche Vereinbarungen bereits getroffen sind, dürften sie in den jeweils vorliegenden besonderen Verhältnissen begründet sein. Dagegen ist es nicht angängig, den Geltungsbereich der Verordnung im Wege der Vereinbarung einzuschränken.

Ich bitte, die zuständigen Gewerbeaufsichtsbehörden und Bergaufsichtsbehörden möglichst umgehend von meiner Auffassung in Kenntnis zu setzen. Die beteiligten Schlichter habe ich gleichfalls unterrichtet und sie gebeten, die Vorsitzenden der Schlichtungsausschüsse zu verständigen. Ich darf bei dieser Gelegenheit erneut darauf hinweisen, daß auch weiterhin ein enges Zusammenarbeiten der Gewerbe- und Bergaufsichtsbehörden mit den Schlichtungsinstanzen für die reibungslose Durchführung der Verordnung unerläßlich erscheint.

Dr. Brauns.

Verordnung über die Arbeitszeit in Gaswerken.

Vom 9. Februar 1927 (RGBl. S. 59[1]).

Auf Grund des § 7 Abs. 2 und des § 15 Abs. 1 der Verordnung über die Arbeitszeit vom 21. Dezember 1923 (Reichs-Gesetzbl. I S. 1249) wird hiermit verordnet:

1. Die drei VO. v. 9. 2. 27 stimmen bezüglich der Durchführungsbestimmungen überein und unterscheiden sich im wesentlichen nur hinsichtlich der Arbeitergruppen, auf welche die Beschränkung stattfindet. S. Anm. 3 zu Art. 1 der VO. vom 20. 1. 1925 S. 233 oben.

Artikel 1.

In Gaswerken, in denen Leuchtgas hergestellt wird, findet die Beschränkung des § 7 Abs. 1 der Arbeitszeitverordnung auf diejenigen Arbeiter Anwendung, die im Ofenhaus mit dem Bedienen oder Ausbessern der Gasöfen und mit dem Abschlacken der Generatoren beschäftigt sind.

Für Kokereien im Sinne der Verordnung über die Arbeitszeit in Kokereien und Hochofenwerken vom 20. Januar 1925 (Reichs-Gesetzbl. I S. 5) gilt die vorgenannte Verordnung[1].

Übt ein Arbeiter eine der im Abs. 1 bezeichneten Tätigkeiten nur während eines Teiles seiner Arbeitszeit aus, so greift die Beschränkung des § 7 nur an denjenigen Tagen Platz, an denen er mindestens vier[2] Stunden damit beschäftigt wird.

1. S. die Anm. zu dieser VO.

2. Nach Artikel I Abs. 2 der VO. v. 20. 1. 25 muß der Arbeiter den überwiegenden Teil seiner Arbeitszeit in den betreffenden Arbeiten beschäftigt werden, um den Verordnungsschutz zu genießen. In den drei neuen VO. ist also der achtstündige Arbeitstag zugrunde gelegt. S. Anm. 3 zu Art. 1 der VO. vom 20. 1. 25 S. 233 oben.

Artikel 2.

In Betrieben, die durch Artikel 1 Abs. 1 betroffen werden, ist der Arbeitgeber verpflichtet, einen Abdruck dieser Verordnung im Betrieb an sichtbarer Stelle auszuhängen[1].

1. Diese Vorschrift ist in der VO. v. 20. 1. 25 nicht enthalten.

Artikel 3.

Die Verordnung tritt am 1. April 1927 in Kraft[1]

Berlin, den 9. Februar 1927.

Der Reichsarbeitsminister.
Dr. Brauns.

1. Der gleiche Zeitpunkt in allen drei VO. In der VO. über die Arbeitszeit in Glashütten und Glasschleifereien ist bezüglich der Weißhohlglasindustrie eine Ausnahme zugelassen (s. dort die Anm. 1 zu Art. 3). S. Anm. 3 zu Art. 1 der VO. vom 20. 1. 25 S. 233 oben.

Verordnung über die Arbeitszeit in Metallhütten.

Vom 9. Februar 1927 (RGBl. S. 59[1]).

Auf Grund des § 7 Abs. 2 und des § 15 Abs. 1 der Verordnung über die Arbeitszeit vom 21. Dezember 1923 (Reichs-Gesetzbl. I S. 1249) wird hiermit verordnet:

1. S. die Anmerkungen zu den beiden anderen VO. v. 9. 2. 27, sowie zur VO. v. 20. 1. 25 (Kokereien und Hochofenwerke).

Artikel 1.

In Metallhütten findet die Beschränkung des § 7 Abs. 1 der Arbeitszeitverordnung auf folgende Gruppen von Arbeitern Anwendung:

1. in Zinkhütten auf die Arbeiter in Räumen, in denen das Erz zerkleinert und gemischt wird, auf die Arbeiter in der Rösterei, an den Destillationsöfen, in den Zinkstaubsieb- und Zinkstaubverpackungsräumen, auf die Räumaschenlader und Räumaschenfahrer;
2. in Kupferhütten auf die Arbeiter an Schachtöfen, in denen Erze verschmolzen werden, sowie auf die Arbeiter in der Laugerei;
3. in Bleihütten auf die Arbeiter in Räumen, in denen das Erz zerkleinert und gemischt wird, auf die Arbeiter in der Rösterei, an den Hochöfen, an den Raffinieröfen, an den Entsilberungs-, Seigerungs- und Raffinierkesseln, in den Zinkschaumdestillationsräumen und an den Treiböfen sowie auf die Bleilader;
4. in Aluminiumhütten auf die Ofenhausarbeiter;
5. in Legierungshütten auf die Arbeiter, deren Arbeit in Metallhütten nach den Nummern 1 bis 4 dem Schutze des § 7 unterstehen würde.

Übt ein Arbeiter eine der im Abs. 1 bezeichneten Tätigkeiten nur während eines Teiles seiner Arbeitszeit aus, so greift die Beschränkung des § 7 nur an denjenigen Tagen Platz, an denen er mindestens vier Stunden damit beschäftigt wird.

Artikel 2.

In Betrieben, die durch Artikel 1 Abs. 1 betroffen werden, ist der Arbeitgeber verpflichtet, einen Abdruck dieser Verordnung im Betrieb an sichtbarer Stelle auszuhängen.

Artikel 3.

Die Verordnung tritt am 1. April 1927 in Kraft.

Berlin, den 9. Februar 1927.

Der Reichsarbeitsminister.
Dr. Brauns.

Verordnung über die Arbeitszeit in Glashütten und Glasschleifereien.

Vom 9. Februar 1927 (RGBl. S. 60[1]).

Auf Grund des § 7 Abs. 2 und des § 15 Abs. 1 der Verordnung über die Arbeitszeit vom 21. Dezember 1923 (Reichs-Gesetzbl. I S. 1249) wird hiermit verordnet:

1. S. die Anm. zu den beiden anderen VO. v. 9. 2. 27, sowie zur VO. v. 20. 1. 25 (Kokereien und Hochofenwerke).

Artikel 1.

In Glashütten und Glasschleifereien findet die Beschränkung des § 7 Abs. 1 der Arbeitszeitverordnung auf folgende Gruppen von Arbeitern Anwendung[1].

Arbeiter an Kollergängen, sofern diese nicht nach Feststellung des Gewerbeaufsichtsbeamten mit Staubabsaugevorrichtungen versehen sind, die den Anforderungen des Gesundheitsschutzes voll entsprechen,

Arbeiter in Hafen- und Steinstuben, wenn die endgültige Trocknung der Hafen und Steine nicht in einem besonderen Trockenraum erfolgt,

Gemengearbeiter,

Schmelzgehilfen und Einleger, soweit diese nicht an Öfen mit automatischer Beschickung beschäftigt sind,

Schürer,

Glasmacher und Glasbläser einschließlich ihrer Hilfskräfte, soweit sie nicht an vollautomatischen Maschinen beschäftigt sind,

Glaspresser,

Glasgießer an Hafenöfen in der Spiegelglasindustrie, sofern nicht der Hafen durch eine mechanisch angetriebene Vorrichtung ausgehoben und zum Gießtisch befördert wird,

Einträger,

Strecker,

Schleifer,

Ätzer und Säurepolierer,

Arbeiter am Sandstrahlgebläse, sofern diese nicht nach Feststellung des Gewerbeaufsichtsbeamten mit Staubabsaugevorrichtungen versehen sind, die den Anforderungen des Gesundheitsschutzes voll entsprechen.

Übt ein Arbeiter eine der im Abs. 1 bezeichneten Tätigkeiten nur während eines Teiles seiner Arbeitszeit aus, so greift die Beschränkung des § 7 nur an denjenigen Tagen Platz, an denen er mindestens vier Stunden damit beschäftigt wird.

1. Zur Behebung der hinsichtlich des Geltungsbereichs entstandenen Zweifel hat der Reichsarbeitsminister folgenden Erlaß (RABl. S. 210, 1927) bekanntgegeben:

Der Reichsarbeitsminister Berlin, den 26. Mai 1927.
III B 3962/27.

An die Sozialministerien der Länder.

Betr.: Verordnung über die Arbeitszeit in Glashütten und Glasschleifereien.

Die Verordnung über die Arbeitszeit in Glashütten und Glasschleifereien vom 9. Februar 1927 (Reichsgesetzbl. I S. 60) hat in verschiedenen Kreisen zu Zweifeln hinsichtlich ihres Geltungsbereichs für die Schleifer geführt. Zur Beseitigung dieser Zweifel weise ich auf nachstehende Gesichtspunkte hin:

1. Als Schleifer im Sinne der Verordnung sind auch die Polierer anzusehen.
2. Nicht als Schleifer im Sinne der Verordnung sind dagegen Schleifer und Polierer in der Spiegelglasindustrie und den Facetteschleifereien anzusehen, soweit sie an Maschinen, an denen der Schleif- und Polierprozeß feucht und vollkommen mechanisch vor sich geht, beschäftigt sind.

Ich bitte, die nachgeordneten Behörden zu verständigen.

Dr. Brauns.

Artikel 2.

In Betrieben, die durch Artikel 1 Abs. 1 betroffen werden, ist der Arbeitgeber verpflichtet, einen Abdruck dieser Verordnung im Betrieb an sichtbarer Stelle auszuhängen.

Artikel 3.

Die Verordnung tritt am 1. April 1927 in Kraft.

In der Weißhohlglasindustrie[1] bleiben Bestimmungen von Tarifverträgen, die vor dem Inkrafttreten der Verordnung abgeschlossen sind und eine nach der Verordnung nicht mehr zulässige Arbeitszeit vorsehen, nach dem Inkrafttreten noch bis zu dem vereinbarten Ablauf oder bis zu dem Zeitpunkt, zu dem erstmalig die Kündigung zulässig wäre, längstens jedoch bis zum Ende des Jahres 1927, in Geltung.

Berlin, den 9. Februar 1927.

Der Reichsarbeitsminister.
Dr. Brauns.

1. Für den überwiegenden Teil der Arbeiter der Weißhohlglasindustrie ist zurzeit ein mit Wirkung bis Ende November 1927 abgeschlossener Tarifvertrag mit längeren als achtstündigen Arbeitszeiten maßgebend. Da diese Indurstie am einschneidendsten von der VO. betroffen wird, erschien es vertretbar, ihr eine längere Übergangsfrist dadurch zu sichern, daß die Gültigkeit dieses Tarifvertrages bis zu seinem natürlichen Ablauf außer Frage gestellt wurde. Bei den übrigen, meist kurzfristig kündbaren Tarifverträgen mit längeren Arbeitszeiten muß nach dem Inkrafttreten der VO. erst geprüft werden, ob sie die im § 7 für eine längere Arbeitszeit festgesetzten Voraussetzungen erfüllen. Träfe das nicht zu, so müßten sie mit dem Inkrafttreten der VO. ohne Rücksicht auf ihren vertraglichen Ablauf als ungesetzlich ihre Geltung verlieren; bei Fehlen einer tarifvertraglichen Regelung müßte für die längere Arbeitszeit, um ihre Beibehaltung zu ermöglichen, eine behördliche Genehmigung vorhanden sein, die wiederum an die Voraussetzungen des § 7 gebunden wäre. (Reitzel, „Der § 7 der AZVO.". — RABl. 1927, S. 93, nichtamtlicher Teil.)

Verordnung über die Arbeitszeit in Stahlwerken, Walzwerken und anderen Anlagen der Großeisenindustrie.

vom 16. Juli 1927. (RGBl. S. 221.)[1]

1. Da diese VO. erst während der Drucklegung erschien, kann sie nur kommentarlos wiedergegeben werden.

Auf Grund des § 7 Abs. 2 und des § 15 Abs. 1 der Verordnung über die Arbeitszeit in der Fassung vom 14. April 1927 (Reichsgesetzbl. I S. 110) wird hiermit verordnet:

Artikel 1.

In der Großeisenindustrie findet die Beschränkung des § 7 Abs. 1 der Arbeitszeitverordnung, unbeschadet der Verordnung über die Arbeitszeit in Kokereien und Hochofenwerken vom 20. Januar 1925 (Reichsgesetzbl. I S. 5), auf folgende Gruppen von Arbeitern Anwendung:

1. In Hochofengießereien und Röhrengießereien auf die an den Öfen und in der Gießhalle beschäftigten Arbeiter;
2. in Martin-, Thomas-, Bessemer-, Elektro- und Tiegelstahlwerken auf die mit Arbeiten an dem Mischer, den Öfen und den Konvertern beschäftigten Arbeiter einschließlich der Zufuhr des flüssigen Roheisens zu dem Mischer und des Einbringens des Schmelzguts in die Öfen und Konverter und einschließlich der Abfuhr des flüssigen oder warmen Erzeugnisses, der Gußformen und der Schlacken;
3. in Puddelwerken auf die Puddler, Ofenarbeiter und Luppenschmiede;
4. in Walzwerken, abgesehen von den Kaltwalzwerken, auf die mit Arbeiten an den Tieföfen, Öfen und Walzenstraßen beschäftigten Arbeiter einschließlich der Zufuhr des Walzguts und einschließlich des Beschneidens und Ausrichtens der noch warmen Walzerzeugnisse;

5. in Hammer- und Preßwerken auf die mit Arbeiten an den Öfen sowie mit Schmieden und Pressen beschäftigten Arbeiter einschließlich der Zufuhr des Eisens und einschließlich der Abfuhr der warmen Erzeugnisse;
6. in den unter den Nummern 1 bis 5 bezeichneten Anlagen auf die Arbeiter an Generatoren, soweit nicht nach Feststellung des Gewerbeaufsichtsbeamten durch die Art der Einrichtung besondere Gefahren für Leben oder Gesundheit der Arbeiter ausgeschlossen sind.

Handwerker und Hilfsarbeiter, die in den im Abs. 1 genannten Anlagen beschäftigt sind, unterliegen der Beschränkung des § 7 Abs. 1 der Arbeitszeitverordnung nur, wenn sie überwiegend mit Arbeiten beschäftigt sind, die unter der unmittelbaren Einwirkung von Hitze, Staub oder giftigen Gasen vorgenommen werden.

Übt ein Arbeiter eine der in den Abs. 1 und 2 bezeichneten Tätigkeiten nur während eines Teiles seiner Arbeitszeit aus, so greift die Beschränkung des § 7 Abs. 1 nur an denjenigen Tagen Platz, an denen er mindestens vier Stunden damit beschäftigt wird.

Artikel 2.

In Betrieben, die durch Artikel 1 betroffen werden, ist der Arbeitgeber verpflichtet, einen Abdruck dieser Verordnung im Betrieb an sichtbarer Stelle auszuhängen.

Artikel 3.

Die für das Inkrafttreten der Verordnung erforderlichen Vorbereitungsarbeiten sind bis zum

1. Januar 1928 vorzunehmen. Mit diesem Zeitpunkt tritt die Verordnung in Kraft.

Soweit zu diesem Zeitpunkt die wirtschaftliche Lage das Inkrafttreten in einem Teile des Reichsgebiets oder in einzelnen Betrieben ohne schwere Gefährdung der Industrie oder des Betriebs infolge besonderer Umstände nicht gestattet, kann der Reichsarbeitsminister das Inkrafttreten nach Anhörung der obersten Landesbehörde auf bestimmte Zeit hinausschieben.

Berlin, den 16. Juli 1927.

Der Reichsarbeitsminister.
Dr. Brauns.

Verordnung über die Arbeitszeit in den Bäckereien und Konditoreien[1].

Vom 23. November 1918 (RGBl. S. 1329)[2].

1. Die VO. wird allen Anforderungen des von der Internationalen Arbeiterkonferenz auf ihrer siebenten Tagung im Jahre 1925 angenommenen Übereinkommens über die Nachtarbeit in Bäckereien gerecht; das Übereinkommen ist deshalb noch nicht ratifiziert, weil es im Entwurf des ASchG. enthalten und eine Ratifizierung zusammen mit den anderen in diesem Entwurf enthaltenen Internationalen Übereinkommen in einem gemeinsamen Gesetzentwurf vorgeschlagen werden soll (RT-Drucks. Nr. 2723, III. WP. 1924/26). Die VO. gehört zu den Verordnungen, die gemäß § 1 des Übergangsgesetzes v. 4. 3. 19 (RGBl. S. 285) in Kraft geblieben sind.

2. Die bisherige Regelung war auf Grund des § 120e GO. erfolgt durch Bek. v. 4. 3. 96 (RGBl. S. 55, den Be-

trieb von Bäckereien und Konditoreien betreffend, dann durch Bek. v. 26. 5. 16 (RGBl. S. 411) betr. Bereitung von Backwaren. Diese Bestimmungen sind nach § 13 der VO. aufgehoben.

§ 1. In den gewerblichen Bäckereien und Konditoreien darf die regelmäßige tägliche Arbeitszeit der Gesellen, Gehilfen, Lehrlinge und sonstigen Arbeiter[1] acht Stunden[2] nicht überschreiten.

Den Arbeiterinnen und jugendlichen Arbeitern (Lehrlingen) müssen an jedem Arbeitstag, an dem sie länger als vier Stunden beschäftigt werden, Pausen von einer Gesamtdauer von mindestens einer halben Stunde gewährt werden. Werden sie länger als sechs Stunden beschäftigt, so muß die Gesamtdauer der Pausen mindestens eine Stunde und eine der Pausen mindestens eine halbe Stunde betragen[3]. Unterbrechungen der Arbeit von weniger als einer Viertelstunde kommen auf die Pausen nicht in Anrechnung.

Die Bestimmungen der Abs. 1 und 2 gelten auch für die Gesellen, Gehilfen, Lehrlinge und sonstigen Arbeiter, die in Gast- und Schankwirtschaften, Speiseanstalten aller Art (Pensionen, Heilanstalten, Fabrikkantinen), Warenhäusern, Mühlen und anderen gewerblichen Betrieben sowie in Bahnhofswirtschaften mit der Herstellung von Bäcker- und Konditorwaren beschäftigt werden.

1. S. Betriebsrätegesetz § 11.

2. Übereinstimmend mit § 1 Satz 3 der AZVO. v. 14. 4. 27. In einem Erlasse an die Sozialministerien der Länder v. 27. 9. 24 (RABl. S. 394) hat der Reichsarbeitsminister bestimmt, daß:

a) entsprechend dem § 1, Satz 3 der AZVO. der an einzelnen Werktagen für den Betrieb oder Betriebsabteilung eintretende Ausfall von Arbeitsstunden nach Anhörung der gesetzlichen Betriebsvertretung durch Mehrarbeit an den übrigen Werktagen der gleichen oder der folgenden Woche ausgeglichen wird;

b) entsprechend dem § 5 der AZVO. in Fällen, in denen durch Tarifvertrag die Arbeitszeit über die im § 1 Abs. 1 der BäckVO. festgesetzten Grenzen ausgedehnt wird, für die Beschäftigung der unter den Tarifvertrag fallenden Arbeiter, dessen Bestimmungen mit den im § 5 der AZVO. angegebenen Maßgabe an die Stelle der Vorschriften des § 1 treten.

In beiden Fällen müssen die Bestimmungen der §§ 3 bis 5 der BäckVO. (Verbot der Nachtarbeit) unberührt bleiben.

3. S. Z. V der ArbAO. und § 2 der AngVO.

§ 2. Über die im § 1 festgesetzte Dauer dürfen Gesellen, Gehilfen, Lehrlinge und sonstige Arbeiter mit Arbeiten beschäftigt werden, die zur Verhütung des Verderbens von Rohstoffen[1] oder des Mißlingens von Arbeitserzeugnissen erforderlich sind[2], sofern diese Arbeiten nicht innerhalb der regelmäßigen Arbeitszeit vorgenommen oder beendet werden können.

1. Auch Verschlechterung der Qualität der Ware.
2. Nachgebildet § 105c Abs. 1 Z. 4 GO.

§ 3. In allen gewerblichen Bäckereien und Konditoreien müssen an den Werktagen alle Arbeiten mindestens von 10 Uhr abends bis 6 Uhr morgens vollständig ruhen.

In der gleichen Zeit müssen in Gast- und Schankwirtschaften, Speiseanstalten aller Art (Pensionen,

Heilanstalten, Fabrikkantinen), Warenhäusern, Mühlen und anderen gewerblichen Betrieben alle Arbeiten und Vorarbeiten ruhen, die zum Herstellen von Bäcker- oder Konditorwaren dienen; dies gilt auch für Bahnhofswirtschaften[1].

1. S. die bisherige Regelung, die auf Grund § 120e GO. für Getreidemühlen durch Bek. v. 26. 4. 99 und 13. 11. 03 (RGBl. S. 273 u. 287) bzw. für Gast- und Schankwirtschaften durch Bek. v. 23. 1. 02 (RGBl. S. 33 u. 40) vorgenommen worden war.

§ 4. Die Vorschriften des § 3 finden auch auf die Anlagen[1] zum Herstellen von Zwieback, Keks, Biskuit, Honigkuchen, Lebkuchen, Waffeln oder Matze Anwendung[2].

1. Gleichgültig, ob es sich um fabrikmäßige oder kleingewerbliche Anlagen handelt.

2. S. Anm. 4 zu § 8.

§ 5. Die von den Landeszentralbehörden bestimmten Behörden können auf Antrag für ihren Bezirk oder für Teile desselben widerruflich eine Verschiebung[1] der Lage der achtstündigen Betriebsruhe um höchstens eine Stunde genehmigen.

1. Der Preuß. Minister für Handel und Gewerbe hat in seinem Erlaß v. 4. 5. 25 (HMBl. S. 114) die achtstündige Betriebsruhe von abends 9 Uhr bis morgens 5 Uhr festgesetzt und dabei bestimmt, daß Backwaren jeder Art vor 7 Uhr morgens nicht ausgetragen oder abgegeben werden dürfen. Vgl. hierzu die grundsätzlich wichtige Entscheidung des Kammergerichts, 1. Strafsenat, v. 11. 6. 26 (RABl. 1926 S. 399).

§ 6. An Sonn- und Festtagen — § 105a Abs. 2 der Gewerbeordnung[1] — darf in gewerblichen Bäckereien und Konditoreien nicht gearbeitet werden. Jedoch dürfen nach 6 Uhr abends — an zwei unmittelbar aufeinanderfolgenden Sonn- oder Festtagen nur am zweiten Tage nach 6 Uhr abends — während einer Stunde Arbeiten vorgenommen werden, die zur Wiederaufnahme des regelmäßigen Betriebs[2] am folgenden Werktag notwendig sind.

Das gleiche gilt für alle Arbeiten und Vorarbeiten, die in den Betrieben des § 3 Abs. 2[3] zum Herstellen von Bäcker- oder Konditorwaren dienen.

Von drei unmittelbar aufeinanderfolgenden Sonn- oder Festtagen gilt der dritte Tag als Werktag.

Die Landeszentralbehörden können für das Staatsgebiet oder für einzelne Bezirke gestatten, daß an den Sonn- und Festtagen während höchstens drei Stunden leicht verderbliche Waren ausgetragen werden[4].

1. § 105a Abs. 2 GO. überläßt die Bestimmung der Festtage unter Berücksichtigung der örtlichen und konfessionellen Verhältnisse den Landesregierungen.

2. Die gewerbliche Arbeit ist in jedem Umfange verboten. Als erlaubt können nur solche Handgriffe gelten, die nötig und üblich sind, um die Ware zum Verkauf fertig zu machen. Diese fallen aber dann in das Handelsgewerbe, nicht in das Produktionsgewerbe (RABl. 1925 S. 210). Nicht gestattet ist am Sonntag das Anheizen eines Backofens, dessen Anheizen erst am Montag die Backfähigkeit um eine halbe Stunde hinauszögern würde. Eine für diese Frage sehr wichtige Entscheidung des OLG. Dresden (I. Strafsenats) v. 16. 6. 26 lautet: Die Entscheidung der Frage, ob eine bestimmte Arbeit zum Kreise der zur Wiederauf-

nahme des regelmäßigen Betriebes am folgenden Werktage notwendigen Arbeiten gehört oder nicht, liegt im wesentlichen auf tatsächlichem Gebiete. In der Erwägung, daß sich die Backfähigkeit des Ofens, falls ihn der Angeklagte nicht schon am Sonntag anheizt, am Montag nur um eine halbe Stunde hinauszögert, hat das LG. das Anheizen des Ofens am Sonntage nicht als eine notwendige Vorbedingung für die Wiederaufnahme des regelmäßigen Betriebes am folgenden Werktage erachtet und deshalb die Anwendbarkeit der als Ausnahmevorschrift streng auszulegenden Bestimmung des § 6 Abs. 1 Satz 2 VO. v. 23. 11. 18 im vorliegenden Falle verneint. Diese Annahme ist, soweit sie sich auf tatsächlichem Gebiete bewegt, auch für das Revisionsgericht maßgebend; im übrigen erscheint sie von Rechtsirrtum nicht beeinflußt. Die von der Strafkammer vertretene Auffassung, daß der Angeklagte den Backofen erst am Montage anheizen, also ohne Vornahme dieser Arbeit am Sonntage auskommen könne und daß jedenfalls der nur geringfügige Mehraufwand an Zeit am Montage nicht genüge, um schon deshalb den regelmäßigen werktägigen Betrieb für undurchführbar oder wesentlich beeinträchtigt anzusehen, ist rechtlich nicht zu beanstanden. Dabei kann dahingestellt bleiben, ob der Vorderrichter das Rechte trifft, wenn er davon ausgeht, daß zwischen der Bestimmung in § 6 Abs. 1 S. 2 VO. und der Vorschrift in § 105c Abs. 1 Ziff. 3 GO. wegen des Wortes „vollen" ein wesentlicher Unterschied bestehe. Selbst wenn dies nicht der Fall wäre, würde die Anwendung des Strafgesetzes keinem Bedenken begegnen, weil der Umstand, daß der Angeklagte in seinem Betriebe einen Dampfbackofen älteren Systems benutzt, dessen Backfähigkeit, falls er nicht schon am Sonntag Abend angeheizt wird, am Montag erst eine halbe Stunde später erzielt werden kann, nach der bindenden Annahme des LG. die Wiederaufnahme des regelmäßigen Betriebes nicht derart hemmt, daß er das Anheizen des Ofens am Sonntage zu rechtfertigen vermöchte. Ob die rein tatsächliche Würdigung des Vorderrichters zutrifft ist der Nachprüfung des Revisionsgerichts entzogen; eine rechtsirrige Auffassung hinsichtlich der dabei in Betracht zu ziehenden Begriffe der notwendigen Arbeit und der Wiederaufnahme des regelmäßigen werktägigen Betriebes tritt in den Urteilsgründen nicht zutage. Daß bei der Zweifelhaftigkeit der strittigen Frage in Fällen der vorliegenden Art eine weitergehende gesetzliche Regelung zwecks Vermeidung von Härten für die Zukunft erwünscht wäre, ist vom Senat nicht verkannt worden (RABl. S. 195, 1927).

3. Gast- und Schankwirtschaften, Speiseanstalten, Warenhäuser, Mühlen usw. Auch Kaffeehauskonditoreien fallen unter den Begriff. Vgl. den Bescheid des Reichsarbeitsministers v. 31. 5. 21 (RABl. S. 665): Als Gast- und Schankwirtschaftsgewerbe sind im allgemeinen diejenigen Gewerbe anzusehen, die nach § 33 der GO. unter diesen Begriff fallen, und zwar auch dann, wenn etwa im einzelnen Fall eine Konzessionspflicht nicht besteht. Zu diesen Gewerben rechnet nach der überwiegenden Rechtsprechung auch der Ausschank von Kaffee. Die Bestimmungen des § 6 der VO. v. 23. 11. 18 finden daher m. E. auf sog. Kaffeehauskonditoreien Anwendung.

4. Hieraus kann nicht gefolgert werden, daß danach auch die Herstellung solcher Waren an Sonn- und Festtagen zulässig sei. Vgl. das Urteil des Kammergerichts, 1. Strafsenat, v. 26. 3. 26, das wegen der Auslegung der BäckVO. sehr beachtlich ist (abgedruckt RABl. 1926 S. 284). S. auch die Anm. zu § 8. Das Austragen ist zeitlich vom Verlassen des Bäckereigrundstücks an zu rechnen.

§ 7. Die Gewerbeaufsichtsbeamten können auf Antrag unter dem Vorbehalte des Widerrufs

a) unbeschadet der Bestimmungen im § 2[1] für höchstens 20 Tage im Jahre eine Überschreitung der im § 1 festgesetzten Arbeitszeit zulassen, wenn ein dringendes Bedürfnis[2] dafür nachgewiesen wird,

b) abweichend von den Bestimmungen der §§ 3 bis 6 gestatten, daß während der vorgeschriebenen Ruhezeiten und an den Sonn- und Festtagen Arbeiten ausgeführt werden, die notwendig sind
   1. in Notfällen[3] oder im öffentlichen Interesse,
   2. zur Bewachung von Betriebsanlagen,
   3. zur Ausbesserung[4] von Betriebseinrichtungen, sofern diese ohne erhebliche Störung des Betriebs nicht in der zugelassenen Arbeitszeit vorgenommen werden können,

c) genehmigen, daß während der Messen, Jahrmärkte und Volksfeste Gesellen, Gehilfen, Lehrlinge und sonstige Arbeiter über die im § 1 Abs. 1 vorgesehene Dauer[5] hinaus beschäftigt und abweichend von den Bestimmungen des § 3[6] innerhalb der vorgeschriebenen Ruhezeiten sowie an den Sonn- und Festtagen Arbeiten zum Herstellen von Bäcker- und Konditorwaren ausgeführt werden.

Vor der Erteilung einer Genehmigung ist dem Arbeiterausschuß[7] oder, wenn kein Ausschuß besteht, der Arbeiterschaft des Betriebs Gelegenheit zu geben, sich zu dem Antrag zu äußern.

Der Bescheid ist schriftlich zu erteilen. Er kann an Bedingungen geknüpft werden. Eine Abschrift des Bescheids ist in den Betriebsräumen an einer den Arbeitern leicht zugänglichen Stelle aufzuhängen.

1 Also noch über die Zeit hinaus, die zur Verhütung des Verderbens von Rohstoffen oder des Mißlingens von Arbeitserzeugnissen angewendet werden muß.

2. Das Betriebsrätegesetz sieht in §§ 66 Z. 8 u. 78 Z. 6 die Mitwirkung des Betriebs- bzw. Arbeiterrats vor.

3. S. §§ 6, 9, 10 AZVO.

4. Arbeiten, die durch betriebsfremde Arbeiter vorgenommen werden, fallen nicht hierunter, sie bedürfen also nicht der Genehmigung durch die Gewerbeaufsichtsbeamten (Bescheid des Reicharbeitsministers v. 12. 6. 25, RABl. S. 297).

5. Also regelmäßig über 8 Stunden hinaus.

6. Betr. Ruhezeit.

7. Jetzt Betriebsrat (§ 104 Z. VIII. Betriebsrätegesetz).

§ 8. Der § 105b Abs. 1[1], der § 105c Abs. 1 Ziffer 1 bis 3[2], der § 105c Abs. 1 Ziffer 5, Abs. 2 bis 4, die §§ 105d bis 105i der Gewerbeordnung[3] finden auf die gewerblichen Bäckereien und Konditoreien und auf die im § 3 Abs. 2 bezeichneten Arbeiten keine Anwendung; für die im § 4 bezeichneten Anlagen bewendet es bei den Bestimmungen der §§ 105b bis 105i der Gewerbeordnung[4].

1. Betrifft Arbeitszeit in Fabriken usw. S. Anm. 1 zu Art. I der VO. v. 5. 2. 19 (unten S. 336 f.). Auch nach der Änderung des § 105a Abs. 2 GO. bleibt er für Bäckereien usw. unanwendbar.

2. § 105c Abs. 1 Ziff. 4 der GO. gilt auch jetzt; hiernach finden die Vorschriften über die Sonn- und Festtagsruhe keine Anwendung auf Arbeiten, welche zur Verhütung des Verderbens von Rohstoffen oder des Mißlingens von Arbeitserzeugnissen erforderlich sind, sofern nicht diese Arbeiten an Werktagen vorgenommen werden können.

Diese Bestimmung hat sehr oft Anlaß gegeben, die Vorschriften der BäckVO. zu übertreten und zu vielen gerichtlichen Entscheidungen geführt, die sich oft grundsätzlich widersprechen. Zur Klarstellung hat der Preuß. Minister für Handel und Gewerbe am 13. 4. 22 nach Benehmen mit dem Reichsarbeitsminister zu dieser Angelegenheit in einem Erlaß Stellung genommen, der wegen seiner großen Bedeutung nachstehend auszugsweise abgedruckt ist: „Durch § 8 der BäckVO. v. 23. 11. 18 ist die Ausnahmevorschrift des § 105c Abs. 1 Ziff. 4 der GO. für die Bäckereien und Konditoreien aufrechterhalten worden, da kein Grund vorlag, die durch diese Ausnahmebestimmungen den übrigen gewerblichen Betrieben gewährte Erleichterung den Bäckereien und Konditoreien zu versagen. Ich halte daher an der bisherigen Auffassung fest, daß als Sonntagsarbeiten im Sinne des § 1 Abs. 1 Ziff. 4 nur solche Arbeiten zu gelten haben, die sich aus der Natur des Betriebes, der Rohstoffe oder der Erzeugnisse als unbedingt erforderlich ergeben, wenn anders nicht die Rohstoffe oder Erzeugnisse unbrauchbar oder minder brauchbar werden sollen, und die auch durch entsprechende Vorsorge des Unternehmers nicht entbehrlich gemacht werden können (vgl. Landmann, Kommentar zur GO., 6. Aufl., II, S. 275ff.). Im Gegensatz hierzu kann das eingangs erwähnte Urteil (des Hanseatischen Oberlandesgerichts Hamburg v. 5. 8. 21) zu der Auffassung führen, daß es allgemein zulässig sei, in den Konditoreien an Sonntagen leichtverderbliche Waren, wie Cremes, herzustellen und unter Berufung auf die Ausnahmebestimmung des § 105c Abs. 1 Ziff. 4 tags zuvor gebackene Kuchen, Tortenböden u. dgl. damit zu füllen. Eine solche Auffassung würde weder mit dem durch § 6 der BäckVO. aufgestellten völligen Verbot der Herstellung von Bäcker- und Konditorwaren an Sonntagen, noch, wie oben ausgeführt, mit dem Sinne des § 105c Abs. 1 Ziff. 4 GO. vereinbar sein. Denn es geht nicht an, den Betrieb absichtlich so einzurichten, daß am Sonnabend gewisse Backware, z. B. Tortenböden, hergestellt werden, die zur Verhütung ihres Verderbens oder der Schädigung ihrer Beschaffenheit die Ausführung gewisser Herstellungsarbeiten am Sonntag — zu diesen gehört auch das Anfertigen und Einfüllen von Cremes u. dgl. — notwendig machen. Die Sonntagsarbeit läßt sich ohne weiteres dadurch vermeiden, daß der Unternehmer solche Backwaren, auf deren Anfertigung er bei der Vielseitigkeit der Erzeugnisse des Bäcker- und Konditorgewerbes auch keineswegs unbedingt angewiesen ist, am Sonnabend nicht herstellt. Die Vorschrift der Ziff. 4 würde bei anderer Auslegung zur Zulässigkeit regelmäßiger Sonntagsarbeiten führen, während sie offenkundig einen ausnahmsweisen, unvermeidbaren Bedarf — ähnlich den Notfällen — im Auge hat.

Ich ersuche, für eine Bekanntgabe der Rechtslage, wie sie nach meiner Auffassung durch die zurzeit geltenden Bestimmungen gegeben ist, Sorge zu tragen und die Aufsichtsbeamten anzuweisen, daß sie nach wie vor etwaigen Zuwiderhandlungen gegen das Verbot der Sonntagsarbeit auch in Konditoreien nachdrücklich entgegentreten" (RABl. 1922 S. 293).

Vgl. auch RABl. 1925 S. 210, 1926 S. 399. Die für die Auslgeung der VO. sehr bedeutsamen Urteile des OLG. Dresden v. 12. 1. 27 (sonntägliche Fertigstellung leicht verderblicher Konditorwaren) und des Reichsgerichts, 1. Strafsenat, v. 18. 1. 27 (Sonntagsarbeit im Konditorgewerbe) sind unten S. 263 f. abgedruckt. Um den in der Praxis sich ergebenden, durch zahlreiche Urteile festgestellten Schwierigkeiten zu begegnen, ist dem Reichstag ein Gesetzentwurf zur Abänderung der BäckVO. vorgelegt worden, der zurzeit der Drucklegung dieses Kommentars zur Beratung steht. Dieser Entwurf, ein sog. Initiativgesetzentwurf, aus der Mitte des Reichstags gemäß Art. 68 der Verfassung eingebracht (Nr. 3383 der RT.-Drucksache III. WP. 1924/27) lautet:

Entwurf eines Gesetzes zur Abänderung der Verordnung über die Arbeitszeit in den Bäckereien und Konditoreien vom 23. November 1918

(Reichsgesetzbl. S. 1329).

Der Reichstag hat das folgende Gesetz beschlossen, das mit Zustimmung des Reichsrats hiermit verkündet wird:

Artikel 1.

1. § 1 Abs. 1 erhält folgende Fassung:

In den gewerblichen Bäckereien und Konditoreien darf die regelmäßige tägliche Arbeitszeit der Gesellen, Gehilfen, Lehrlinge und sonstigen Arbeiter ausschließlich der Pausen 8 Stunden nicht überschreiten. Jedoch kann der an einzelnen Werktagen für den Betrieb oder eine Betriebsabteilung eintretende Ausfall von Arbeitsstunden durch Mehrarbeit an den übrigen Werktagen der gleichen oder der folgenden Woche ausgeglichen werden.

2. Hinter Abs. 1 wird folgender neuer Absatz eingeschoben:

In den gewerblichen Bäckereien und Konditoreien, in denen zum erheblichen Teil Arbeitsbereitschaft vorliegt, kann durch Tarifvertrag oder, sofern ein solcher nicht besteht, durch den Reichsarbeitsminister nach Anhörung der wirtschaftlichen Vereinigungen der Arbeitgeber und der Arbeitnehmer eine von § 1 Abs. 1 abweichende Regelung getroffen werden. Die Arbeitszeit darf einschließlich der Arbeitsbereitschaftszeiten insgesamt 60 Stunden wöchentlich nicht überschreiten.

3. § 6 Abs. 1 erhält folgende Fassung:

An Sonn- und Festtagen (§ 105a Abs. 2 der Gewerbeordnung) darf in gewerblichen Bäckereien und Konditoreien nicht gearbeitet werden. Zulässig ist jedoch während 2 Stunden die Herstellung leicht verderblicher Konditorwaren und das Füllen und Belegen fertiger Backwaren mit leichtverderblichen Stoffen. Ferner dürfen nach 6 Uhr abends — an zwei unmittelbar aufeinanderfolgenden Sonn- und Festtagen nur am zweiten Tage nach 6 Uhr abends — während einer Stunde Arbeiten vorgenommen werden, die zur Wiederaufnahme des regelmäßigen Betriebes am folgenden Werktag notwendig sind.

Artikel 2.

Dieses Gesetz tritt mit dem Tage der Verkündung in Kraft.

Berlin, den 6. Mai 1927.

Ziff. 3 des Art. 1 ist jedoch in dem inzwischen vom Reichstage angenommen, S. 262 kommentarlos abgedruckten Abänderungsgesetz nicht enthalten, da diese Bestimmung entgegen den Beschlüssen des Sozialpolitischen Ausschusses (RT.-Drucks. Nr. 3570, III. WP. 1924/27) in 3. Beratung im Plenum am 9. 7. 27 (338. Sitzuug) wieder gestrichen worden ist.

3. Betrifft hauptsächlich Einschränkungen des § 105 b, die also für das Bäckerei- und Konditoreigewerbe nicht mehr Platzgreifen.

4. Dagegen gelten für die Anlagen des § 4 — zum Herstellen von Zwieback, Keks, Biskuit, Honigkuchen usw. — diese Sonderbestimmungen nach wie vor. Diese Anlagen sind also nur hinsichtlich der Mindestruhezeit nach § 3 den Bäckereien und Konditoreien gleichgestellt.

§ 9. Auf den Gewerbebetrieb der Bäckereien und Konditoreien finden im übrigen die Vorschriften der Gewerbeordnung insoweit Anwendung, als nicht in diesem Gesetze[1] besondere Bestimmungen getroffen sind.

1. Oder in neueren Verordnungen und im Betriebsrätegesetz (§ 104 IV—VI u. a.).

§ 10. Zu den gewerblichen Bäckereien und Konditoreien im Sinne der vorstehenden Bestimmungen gehören auch Bäckereien und Konditoreien von Konsum- und anderen Vereinen[1].

1. Nachgebildet § 105 b Abs. 3 GO.

§ 11. Die Aufsicht über die Ausführung der Bestimmungen dieser Verordnung regelt sich nach § 139 b der Gewerbeordnung[1].

1. § 139b GO., Abs. 1 und 4 in Fassung des Ges. v. 27. 12. 11 (RGBl. S. 139); die Aufsicht haben hier neben den ordentlichen Polizeibehörden die von den Landesregierungen ernannten Beamten. An der Aufsicht nehmen jetzt auch die Betriebs- bzw. Arbeiterräte teil (§§ 66 Z. 5, 8, 48 Z. 3, 6 Betriebsrätegesetz).

§ 12. Mit Geldstrafe bis zu zweitausend Mark, im Unvermögensfalle mit Gefängnis bis zu sechs Monaten, wird bestraft[1], wer den vorstehenden Bestimmungen oder den auf Grund derselben erlassenen Anordnungen der zuständigen Behörden zuwider Arbeiter beschäftigt oder Arbeiten vornimmt oder vornehmen läßt.

War der Täter zur Zeit der Begehung der Straftat bereits zweimal wegen Zuwiderhandlung nach Abs. 1 rechtskräftig verurteilt, so tritt, falls die Straftat vorsätzlich begangen wurde, Geldstrafe von einhundert bis dreitausend Mark oder Gefängnisstrafe bis zu sechs Monaten ein. Die Anwendung dieser Vorschrift bleibt ausgeschlossen, wenn seit der Rechtskraft der letzten Verurteilung bis zur Begehung der neuen Straftat drei Jahre verflossen sind.

1. Die Strafandrohung richtet sich nicht auch gegen die Arbeitnehmer (Urteil des RG. v. 12. 1. 23 Bd. 57 S. 108).

Die VO. und damit die Strafandrohung trifft auch auf allein arbeitende Bäckermeister zu.

Die Strafandrohung bei Zuwiderhandlungen gegen die Bestimmungen über die Sonntagsruhe im Handelsgewerbe ist im § 146a GO. enthalten.

Die VO. über die Verfolgung von Zuwiderhandlungen gegen Vorschriften über wirtschaftliche Maßnahmen v. 18. 1. 17

(RGBl. S. 58 — die sog. Irrtumsverordnung —) gilt auch für die BäckVO. Vgl. Art. I Nr. 3 der VO. v. 12. 2. 20 (RGBl. S. 230). Im übrigen s. die Anm. zu § 11 der AZVO. S. 159 f.

§ 13. Die durch die Bekanntmachung des Reichskanzlers vom 4. März 1896 (Reichs-Gesetzbl. S. 55) verkündeten Vorschriften über den Betrieb der Bäckereien und Konditoreien[1] werden aufgehoben, desgleichen die Vorschriften in Nr. 18 der Bekanntmachung des Reichskanzlers, betreffend die Beschäftigung von jugendlichen Arbeitern und von Arbeiterinnen in Werkstätten mit Motorbetrieb, vom 13. Juli 1900 (Reichs-Gesetzbl. S. 566), insoweit sie sich auf Bäckereien und Konditoreien beziehen, sowie der § 9 der Bekanntmachung des Reichskanzlers über die Bereitung von Backwaren vom 26. Mai 1916 (Reichs-Gesetzbl. S. 411).

1. S. die Anmerk. 2 am Kopfe dieser VO.

§ 14. Das Reichsarbeitsamt kann Bestimmungen über die Ausführung dieser Verordnung erlassen.

§ 15. Diese Verordnung hat Gesetzeskraft. Sie tritt am 15. Dezember 1918 in Wirkung.

Berlin, den 23. November 1918.

Der Rat der Volksbeauftragten.

Ebert. Haase.

Der Staatssekretär des Reichsarbeitsamts.

Bauer.

Gesetz zur Abänderung der Verordnung über die Arbeitszeit in den Bäckereien und Konditoreien vom 23. November 1918 (Reichsgesetzbl. S. 1329).

Vom 16. Juli 1927. (RGBl. S. 183[1].)

1. S. Anm. 2 zu § 8 BäckVO. S. 255 f.

Der Reichstag hat das folgende Gesetz beschlossen, das mit Zustimmung des Reichsrats hiermit verkündet wird:

Artikel 1.

1. § 1 Abs. 1 erhält folgende Fassung:

In den gewerblichen Bäckereien und Konditoreien darf die regelmäßige tägliche Arbeitszeit der Gesellen, Gehilfen, Lehrlinge und sonstigen Arbeiter ausschließlich der Pausen acht Stunden nicht überschreiten. Jedoch kann der an einzelnen Werktagen für den Betrieb oder eine Betriebsabteilung eintretende Ausfall von Arbeitsstunden nach Anhörung der gesetzlichen Betriebsvertretung durch Mehrarbeit an den übrigen Werktagen der gleichen oder der folgenden Woche ausgeglichen werden.

2. Hinter Abs. 1 wird folgender neuer Absatz eingeschoben:

In den im Abs. 1 genannten Betrieben kann durch Tarifvertrag oder, sofern ein solcher nicht besteht, durch den Reichsarbeitsminister nach Anhörung der wirtschaftlichen Vereinigungen der Arbeitgeber und der Arbeitnehmer eine von § 1 Abs. 1 abweichende Regelung getroffen werden. Die Arbeitszeit darf einschließlich der Arbeitsbereitschaftszeiten insgesamt vierundfünfzig Stunden wöchentlich nicht überschreiten. Für die über die im Abs. 1 festgesetzte Arbeitszeit hinausgehenden Arbeitsstunden ist eine angemessene Vergütung gemäß § 6a der Verordnung über die Arbeitszeit vom 14. April 1927 (Reichsgesetzbl. I S. 111) zu zahlen.

3. Die bisherigen Abs. 2 und 3 werden Abs. 3 und 4.

4. Im letzten Absatz (Abs. 4) werden die Worte „Abs. 1 und 2" ersetzt durch die Worte „Abs. 1 bis 3".

Artikel 2.

Dieses Gesetz tritt mit dem Tage der Verkündung in Kraft.

Berlin, den 16. Juli 1927.

Der Reichspräsident.
von Hindenburg.

Der Reichsarbeitsminister.
Dr. Brauns.

Sonntägliche Fertigstellung leichtverderblicher Konditorwaren.

Urteil des Sächsischen Oberlandesgerichts in Dresden.

Vom 12. Januar 1927 (RABl. S. 214).

Der I. Strafsenat des Sächsischen OLG. Dresden hat mit Urteil v. 12.1.27 die Revision eines Konditorei- und Kaffeehausbesitzers verworfen, der wegen Vergehens gegen §§ 6 und 12 der VO. v. 23. 11. 18 verurteilt worden war. Das Urteil ist wie folgt begründet worden:

Der Angeklagte, der ein mit Konditoreibetrieb verbundenes Café besitzt, ist im angefochtenen Urteil eines Vergehens nach §§ 6 und 12 der VO über die Arbeitszeit in den Bäckereien und Konditoreien v. 23. 11. 18 (RGBl. S. 1329) für schuldig befunden worden, weil er in seinem Konditoreibetriebe, wie regelmäßig an Sonn- und Festtagen, so auch am Karfreitag, den 10. 4. 25, in der Zeit von vormittags 9 Uhr bis 12.30 Uhr mittags durch seine Gehilfen gewerbliche, der Fertigstellung von leichtverderblichen, zum alsbaldigen Absatz bestimmten Konditoreiwaren dienende Arbeiten hat ausführen lassen, ohne daß ihm dazu die erforderliche Genehmigung von seiten des Gewerbeaufsichtsamtes erteilt war. Die geleisteten Arbeiten haben darin bestanden, daß Schlagsahne zubereitet, Speiseeis nachgesetzt und die Füllung von Torten mit Schlagsahne oder Cremes vorgenommen worden ist. Daß derartige Arbeiten nach der im § 105c Abs. 1 Ziff. 4 der GO. vorgesehenen Ausnahmevorschrift ohne weiteres auch an Sonn- und Festtagen zulässig seien, hat die Strafkammer im Anschluß an die von Landmann (Kommentar zur GO. II S. 836) vertretene Rechtsauffassung und unter Berufung auf die Urteile des preuß. KG. v. 26. 3. 26 und des OLG. Kiel v. 25. 2. 25 verneint.

Der auf Verletzung des sachlichen Rechts gestützten Revision mußte der Erfolg versagt bleiben. Der erkennende Senat erachtet — im Gegensatz zu der vom 2. Strafsenat am 21. 12. 25 (2 OSt 109/25) gefällten Entscheidung und zu abweichenden Urteilen anderer Oberlandesgerichte — die Anwendbarkeit des § 105c Abs. 1 Ziff. 4 GO. auf den festgestellten Sachverhalt für ausgeschlossen und hält deshalb die von der Strafkammer ausgesprochene Verurteilung des Angeklagten für gerechtfertigt.

Wie im obenerwähnten Urteile des Kammergerichts zutreffend betont wird, lassen Entstehungsgeschichte und Fassung der VO. v. 23. 11. 18 keinen Zweifel daran aufkommen, daß der Wille des Gesetzgebers dahin gegangen ist, an Sonn- und

Festtagen grundsätzlich die völlige Stillegung aller gewerblichen Produktion in den Bäckereien und Konditoreien zugunsten der in ihnen beschäftigten Arbeiter einzuführen. An dem durch die VO. v. 23. 11. 18 geschaffenen Rechtszustand, so tief er einerseits in die wirtschaftliche Belange der betroffenen Gewerbetreibenden einschneidet und so störend er anderseits in die Befriedigung eines gerade an Sonn- und Festtagen besonders stark hervortretenden Bedürfnisses eingreift, ist bisher im Wege der Gesetzgebung nichts geändert worden. Ein auf Milderung der vielfach als zu weitgehend empfundenen Vorschriften der VO. abzielender, von der Regierung vorgelegter Gesetzentwurf ist nicht zur Verabschiedung gelangt, weil von der Lockerung der bestehenden Bestimmungen eine weitere Übertretung des Kuchenbackverbotes befürchtet werden müsse und weil es auch nicht im öffentlichen allgemeinen Interesse liege, daß eine Ausnahme von dem Gebote der Betriebsruhe am Sonntag zugelassen werde, die im Grunde nur einem beschränkten, zumeist wohlhabenderen Teile des verbrauchenden Publikums zugute komme. Auch in § 14 Abs. 4 der VO. über die Arbeitszeit v. 21. 12. 23 (RGBl. S. 1249) wird ausdrücklich bestimmt, daß es künftighin für die Bäckereien und Konditoreien und die ihnen gleichgestellten Anlagen bei der VO. v. 23. 11. 18 zu bewenden hat.

Die Frage, inwieweit die in der GO. (§§ 105a—i) hinsichtlich der Sonn- und Feiertagsruhe getroffenen Vorschriften auch für den gewerblichen Betrieb der Bäckereien und Konditoreien Anwendung finden können, ist im wesentlichen in der VO. v. 23. 11. 18 selbst geregelt. Während im § 8 der VO. eine Reihe der auf die Arbeitszeit bezüglichen Bestimmungen der GO. — so auch § 105c Abs. 1 Ziff. 1—3, Ziff. 5 und Abs. 2 bis 4 — für unanwendbar erklärt wird, ist die Ausnahmevorschrift des § 105c Abs. 1 Ziff. 4 GO. nicht erwähnt und hat deshalb nach § 9 der VO. auch im Bereiche der BäckVO. noch Geltung und Anwendung zu finden, falls ihre Voraussetzungen gegeben sind.

Strittig ist in der Rechtsprechung die Frage geblieben, ob Arbeiten der im vorliegenden Falle festgestellten Art, wie überhaupt die Herstellung oder Fertigmachung von solchen Konditoreierzeugnissen, die nur in frischem Zustande zum Zwecke des alsbaldigen Verbrauchs abgesetzt zu werden pflegen, die also an dem Tage ihres Verkaufs erst hergestellt oder fertiggemacht werden müssen, also Arbeiten im Sinne des § 105c Abs. 1 Ziff. 4 GO. zu beurteilen sind und deshalb auch an Sonn- und Festtagen ohne besondere Erlaubnis des Gewerbeaufsichtsamts verrichtet werden dürfen. Die Gründe, aus denen die Strafkammer zur Verneinung dieser Frage gelangt ist, sind durchaus zutreffend.

Die als Ausnahmevorschrift streng auszulegende Bestimmung der Ziff. 4 läßt Arbeiten zu, die zur Verhütung des Verderbens von Rohstoffen oder des Mißlingens von Arbeitserzeugnissen erforderlich sind, sofern nicht diese Arbeiten an Werktagen vorgenommen werden können. Diesem Wortlaute der Bestimmung gegenüber ist die von der Revision gewünschte Auslegung, wennschon sie in verschiedenen oberlandesgerichtlichen Urteilen für richtig und zulässig erachtet wird, als zu weitgehend und deshalb unstatthaft abzulehnen. Nach Ansicht des erkennenden Senats geht der Vorderrichter ohne Rechtsirrtum davon aus, daß das Gesetz eine Betriebsregelung, die planmäßig die sonstigen Vorbedingungen der Ziff. 4 schafft, nicht decken will. Vielmehr sind in Ziff. 4 nur solche Arbeiten ins Auge gefaßt, die sich, gleichwie in Notfällen, nur vorübergehend und ausnahmsweise zwecks Verhütung der gekennzeichneten Schäden notwendig machen und keinen Aufschub dulden, sondern unverzüglich, also noch am Sonn- oder Festtage vorgenommen werden müssen. Für diese Auslegung spricht übrigens die Fassung der entsprechenden Vorschrift des § 10 der ArbVO. v. 21. 12. 23, nach der die aus dieser VO. sich ergebenden Beschränkungen der werktätigen Arbeitszeit keine Anwendung auf vorübergehende Arbeit finden, die in Notfällen oder zur Verhütung des Verderbens von Rohstoffen oder des Mißlingens von Arbeitserzeugnissen unverzüglich vorgenommen werden müssen. Vorliegendenfalls handelt es sich nicht, wie der 2. Strafsenat bei der Entscheidung der schon erwähnten gleichgelagerten Sache angenommen hat, um Notstandsarbeiten im Sinne der Ziff. 4, sondern um Arbeiten, die von vornherein nur dazu bestimmt sind, die regelrechte Ausübung des Konditoreibetriebes, soweit er sich mit der Herstellung leicht verderblicher und schnell unverkäuflich werdender Erzeugnisse befaßt, auch Sonn- und Festtags aufrechtzuerhalten (vgl. § 105c der GO.). In Wirklichkeit würde die von der Revision geforderte Auslegung zur Zulassung regelmäßiger Sonntagsarbeit führen, also eine Durchbrechung des in der VO. v. 23. 11. 18 durchgeführten Grundsatzes der völligen Betriebsruhe in Bäckereien und Konditoreien bedeuten. Wäre dies der Wille des Gesetzgebers gewesen, so würde er es in der VO. selbst in klarer, unzweideutiger Form zum Ausdruck gebracht haben. Da dies nicht geschehen ist und auch sonst keinerlei Anhaltspunkte für die Richtigkeit der von der Revision vertretenen Rechtsauffassung vorliegen, im Gegenteil auch die Vorschrift des § 105c Abs. 1 Ziff. 1 im § 7 der VO. eine anderweite Regelung erfahren hat, so erscheint es abwegig, eine beschränkte Sonntagsarbeit zur Herstellung leichtverderblicher Konditoreierzeugnisse für gesetzlich erlaubt anzusehen. Insbesondere kann eine derartige Einschränkung des grundsätzlichen allgemeinen Verbots der Sonntagsbeschäftigung nicht aus § 6 Abs. 4 der VO. v. 23. 11. 18 i. V. mit der früheren BäckVO. v. 4. 3. 96 unter III hergeleitet werden, wie es im Urteil des Hanseatischen OLG. Hamburg v. 10. 5. 26 geschieht. Nach § 6 Abs. 4 der VO. ist es den Landeszentralbehörden überlassen, zu gestatten, daß an Sonn- und Festtagen während drei Stunden leichtverderbliche Waren ausgetragen werden. Diese Erlaubnis kann praktische Bedeutung nur für die Fälle gewinnen, in denen die Herstellung solcher Waren auch Sonntags und Festtags mit der nach § 7 der VO. vorher einzuholenden Genehmigung des Gewerbeaufsichtsamts, also zulässigerweise erfolgt ist.

Der Senat verkennt ebensowenig wie die Strafkammer, daß eine Milderung der bestehenden strengen Vorschriften der VO. v. 23. 11. 18 aus wirtschaftlichen Erwägungen erwünscht wäre. Abhilfe kann jedoch nur im Wege der Gesetzgebung geschaffen werden, niemals aber mit Hilfe einer zu weitgehenden und als rechtsirrig abzulehnenden Auslegung der Vorschrift des § 105c Abs. 1 Ziff. 4 GO.

Ist nach alledem der äußere Tatbestand des angewendeten Strafgesetzes rechtlich einwandfrei für vorliegend erachtet, so bieten auch die nach der inneren Tatseite getroffenen Feststellungen der Strafkammer keinen Anlaß zu durchgreifenden Bedenken. Deshalb mußte die Revision als unbegründet verworfen werden. Die Kostenentscheidung beruht auf § 473 StPO.

Sonntagsarbeit im Konditoreigewerbe.

Urteil des Reichsgerichts.

Vom 18. Januar 1927 (RABl. S. 215).

Ein Konditormeister, Geschäftsführer in einem mit dem Betrieb eines Kaffeehauses verbundenen Konditoreibetrieb, hatte an einem Sonntage nach 1 Uhr nachmittags aus verschiedenen Sorten Speiseeis, das am vergangenen Tag hergestellt und in Kühleinrichtungen für den Sonntag aufbewahrt worden war, eine Eisbombe zusammengestellt und sie, sowie Torten durch den Kraftwagenführer des Betriebs zu den Bestellern ausfahren lassen. Das Schöffengericht hatte ihn daraufhin wegen Zuwiderhandlung gegen § 12 in Verbindung mit § 6 Abs. 1 der VO. über die Arbeitszeit in den Bäckereien und Konditoreien v. 23. 11. 18 (RGBl. S. 1329) für schuldig erkannt. Der Angeklagte hatte gegen dieses Urteil Revision eingelegt. Der 1. Strafsenat des Reichsgerichts hat am 18. 1. 27 diese Entscheidung aufgehoben und zur weiteren Verhandlung und Entscheidung an die Vorinstanz zurückverwiesen. Der Senat tritt der Vorinstanz darin bei, daß der Angeklagte in einer gewerblichen Konditorei an einem Sonntage Arbeiten vorgenommen und hierdurch den Bestimmungen der Bäckereiverordnung zuwidergehandelt habe. Die Vorinstanz habe aber zu prüfen unterlassen, ob nicht etwa die Voraussetzungen der Irrtumsverordnung zugunsten des Angeklagten Anwendung zu finden haben. Das Urteil des Reichsgerichts wird wie folgt begründet.

Die Ausführungen der Revisionsrechtfertigung sind nicht geeignet, der Revision zum Erfolg zu verhelfen.

Nach den Vorschriften der Bäckereiverordnung ist im vorliegenden Fall, in welchem eine Kaffeehauskonditorei in Betracht kommt, die vom Angeklagten vorgenommene Arbeit nur dann unzulässig gewesen, wenn sich die Zusammenstellung einer Eisbombe als Herstellung einer Konditorware darstellt. Die Frage, ob dies zutrifft, ist teils rechtlicher, teils tatsächlicher Natur. Rechtlich verfehlt ist die Annahme, daß „typische" Back- und Konditorwaren nur solche seien, die aus Mehl mittels Ofenhitze hergestellt würden. Ausschlaggebend ist vielmehr, ob es sich um eine Ware handelt, die regelmäßig und vorwiegend in Konditoreibetrieben hergestellt zu werden pflegt. Der Umstand, daß Erzeugnisse der gleichen Art vielfach auch anderweitig, insbesondere in Haushalten hergestellt werden, steht ihrer Eigenschaft als Konditorware nicht entgegen. Das Vorhandensein der angegebenen Voraussetzung hat der Tatrichter zu prüfen. Es unterliegt keinem Zweifel, daß sie vom Schöffengericht für gegeben erachtet wurde.

Abwegig ist auch die Einreihung derartiger Arbeiten unter die Zurichtungsarbeiten für den Verkauf. Dieser Begriff umfaßt wohl das Zerteilen und Einwickeln fertiger Waren, unter Umständen auch ihr Anordnen auf einer Platte u. dgl., aber niemals die Fertigstellung der teilweise hergestellten Ware.

Es bleibt also zu prüfen, ob eine der beiden Voraussetzungen des § 105c Abs. 1 Nr. 4 GO. gegeben ist. Die Frage, ob und inwieweit die Herstellung leicht verderblicher Konditorwaren unter diese Bestimmung fällt, ist bestritten.

Zahlreiche Oberlandesgerichte und das Bayerische Oberste Landesgericht haben die Frage mit mehr oder minder starken Einschränkungen bejaht. In den Urteilen dieser Gerichte finden sich die in der erwähnten Denkschrift enthaltenen Gedankengänge wieder.

Andere Oberlandesgerichte, darunter das Kammergericht, haben die Frage grundsätzlich verneint. Auch einige von den oben genannten Oberlandesgerichten hatten in früheren Urteilen einen abweichenden Standpunkt vertreten; das OLG. Hamburg hat seinen Standpunkt zweimal gewechselt. Diese Urteile stimmen im Ergebnis überein mit den Erlassen des preußischen Ministers für Handel und Gewerbe v. 21. 1. 21 (HMBl. S. 21, GewArch. Bd. 20 S. 246) und v. 13. 4. 22 (HMBl. S. 84). Im Schrifttum sind Landmann-Rohmer, Komm. z. GO., 7. Aufl., Bd. 2 S. 836 und Priebe in NZ. f. AR. Bd. 3 S. 529 diesem Standpunkt beigetreten.

Bei der Entscheidung der Streitfrage ist davon auszugehen, daß die BäckVO. grundsätzlich völlige Sonntagsruhe vorschreibt und hiervon nur ganz wenige Ausnahmen zuläßt. Die durch die §§ 8, 9 BäckVO. aufrechterhaltene Vorschrift des § 105c Abs. 1 Nr. 4 GO. enthält eine derartige Ausnahmebestimmung und ist als solche streng auszulegen.

Bei der Zulassung von Arbeiten, die zur Verhütung des Verderbens von Rohstoffen erforderlich sind, hatte der Gesetzgeber durch besondere Umstände veranlaßte Ausnahmefälle im Auge, in denen Rohstoffe, die zur Durchführung des Wochenbetriebs beschafft worden sind, einerseits am Tage vor dem Sonn- oder Festtag nicht mehr verarbeitet werden können, anderseits ihrer Beschaffenheit nach bis zu dem auf den Sonn- oder Festtag folgenden Werktag unbrauchbar oder minderwertig werden — „sich nicht halten" — würden. Hieraus ergibt sich ohne weiteres, daß die Zusammenstellung einer Eisbombe aus Speiseeis, das für diesen Zweck am Tage vorher hergestellt worden ist, nicht unter die Bestimmung fallen kann. Vor allem geht es nicht an, Speiseeis als Rohstoff zu bezeichnen. Aber selbst wenn es als Rohstoff im weiteren Sinne erachtet werden könnte, so wäre doch seine Verarbeitung zu einer Eisbombe nicht geeignet, sein Verderben zu verhüten, soweit ein solches zu befürchten wäre. Im gegebenen Falle bestand überdies gar kein Anlaß zu einer solchen Befürchtung, denn das Speiseeis hätte, wie das Schöffengericht feststellt, am Sonntag auch als solches verwendet werden oder ohne Gefahr des Verderbens auf den folgenden Werktag aufbewahrt werden können.

Ebensowenig kann angenommen werden, daß die Zusammenstellung der Eisbombe zur Verhütung des Mißlingens des Arbeitserzeugnisses erforderlich war. Ein „Mißlingen" ist nur möglich, solange die ordnungsmäßige Erzeugung noch nicht beendet ist. Ist eine Ware ordnungsmäßig erzeugt und ihre Beschaffenheit auch nicht durch einen außerhalb des Herstellungsverfahrens liegenden Zufall beeinträchtigt worden, so ist sie im Augenblick der Fertigstellung „gelungen". Hieran vermag ein nachträgliches Verderben nichts mehr zu ändern. Bei Annahme dieser Auslegung kann nicht bezweifelt werden, daß die Eisbombe ohne Gefahr des Mißlingens auch am Samstag hätte hergestellt werden können. Selbst wenn man aber die in der Denkschrift und in mehreren oberlandesgerichtlichen Urteilen enthaltene Auslegung des Begriffs „Mißlingen", die nicht auf den Zeitpunkt der Fertigstellung, sondern auf den Zeitpunkt des Verbrauchs abgestellt ist, sprachlich für möglich halten würde, so würde es sich hierbei doch um eine ausdehnende Auslegung handeln, die aus dem angegebenen Grund nicht zulässig erscheint. Daß sie nicht dem Willen des Gesetzes entspricht, ergibt sich namentlich auch aus dem Vorbehalt, daß die zur Verhütung des Mißlingens von Arbeitserzeugnissen erforderlichen Arbeiten an einem Sonn- oder Festtag nur zulässig sind, „sofern nicht diese Arbeiten an Werktagen vorgenommen werden können". Hierdurch wird zum Ausdruck gebracht, daß eine planmäßige Regelung des Betriebs, welche die Verrichtung solcher Arbeiten an Sonn- oder Festtagen erforderlich macht, nicht gedeckt werden soll (so auch

Landmann-Rohmer, Anm. 1 zu § 6 BäckVO., Komm. z. GO., Bd. II S. 836). Die in der Denkschrift bekämpfte Annahme, daß die Ausnahmebestimmung des § 105c Abs. 1 Nr. 4 GO., soweit sie die Verhütung des Mißlingens von Arbeitserzeugnissen betrifft, mehrtägige und eine Unterbrechung nicht duldende Herstellungsverfahren im Auge habe, findet eine wesentliche Stütze in der — allerdings nicht auf Bäckerei- und Konditoreibetriebe bezüglichen — Aufzählung der hierunter fallenden Arbeiten in den Erläuterungen zur Bek. d. R. K. v. 5. 2. 95, betr. Ausnahmen vom Verbot der Sonntagsarbeit im Gewerbebetrieb (vgl. Landmann-Rohmer aaO. S. 869ff.). Daß die Ausnahmebestimmung bei Annahme dieser Auslegung gegenstandslos wäre, weil im Hinblick auf die §§ 1—3 BäckVO. im Bäckerei- und Konditoreibetrieb ein mehrtägiges ununterbrochenes Herstellungsverfahren nicht vorkommen könne, ist nicht zutreffend. Auch in diesen Betrieben kann es Fälle geben, in denen ein an einem Werktag begonnenes Herstellungsverfahren zwar keine Nachtarbeit, wohl aber einige Handgriffe am folgenden Sonn- oder Festtag erfordert, so etwa das Umhängen von Quittenpasten, die zum Trocknen aufgehängt worden sind. Daß diese Fälle nur sehr selten sind und in vielen Betrieben überhaupt nicht vorkommen, ist zuzugeben, berechtigt aber nicht zu einer ausdehnenden Auslegung. Eine solche wäre selbst dann nicht zulässig, wenn sich ergeben würde, daß bei den dermaligen Betriebsverhältnissen Fälle, die unter die Ausnahme fallen, überhaupt nicht vorkommen können, daß also die Aufnahme der Ausnahme in das Gesetz auf irrigen Voraussetzungen beruht. Auch die im § 6 Abs. 4 BäckVO. vorgesehene Ausnahme des Austragens leicht verderblicher Waren wird bei der hier vertretenen Auslegung nicht gegenstandslos; denn es gibt auch leicht verderbliche Waren, die nicht unmittelbar vor dem Genuß hergestellt werden müssen, sondern sich bis zum nächsten Tage halten, sofern sie nur in geeigneter Weise aufbewahrt werden. Wenn die BäckBek. v. 5. 3. 96 unter Nr. III und die erwähnten Ausführungsanweisungen von leicht verderblichen Waren sprechen, die erst unmittelbar vor dem Genuß hergestellt oder hergerichtet werden müssen, und hierbei Eis, Cremes u. dgl. erwähnen, so sollte hiermit nicht eine Begriffsbestimmung der leicht verderblichen Waren gegeben, sondern zum Ausdruck gebracht werden, daß die Ausnahmebestimmung nur auf leicht verderbliche Waren dieser Art Anwendung finden solle. Dafür, daß eine möglichst strenge Durchführung der Sonntagsruhe gewollt war und die Ausnahmen auf das äußerste beschränkt sein sollten, spricht auch die Entstehungsgeschichte des Gesetzes. Die BäckVO. ist eine der wichtigsten sozialpolitischen Maßnahmen, die der Rat der Volksbeauftragten in Erfüllung seines im Aufruf v. 12. 11. 18 (RGBl. S. 1303/4) gegebenen Versprechens erlassen hat. Sie ist ein Arbeiterschutzgesetz (vgl. RGSt. Bd. 57 S. 108 [113]). Diese Zweckrichtung, die schon in dem am 1. 9. 18 dem Reichstag vorgelegten Entwurf eines Gesetzes über die Arbeitszeit in Bäckereien und Konditoreien (RT.-Verh., 13. LP., II. Sess. 1914—1918, Drucks. Nr. 1908) zutage getreten ist, wurde noch dadurch verschärft, daß die in jenem Entwurf vorgesehene vierstündige Arbeit an Sonn- und Festtagen gestrichen und grundsätzlich die volle Betriebsruhe für Sonn- und Festtage angeordnet wurde. Verschiedene im § 105c Abs. 1 vorgesehene gesetzliche Ausnahmen sind — wie auch schon im Bundesratsentwurf — als solche beseitigt und der Genehmigung der Gewerbeaufsichtsbeamten vorbehalten worden (§ 7), von denen eine strenge Handhabung erwartet werden durfte. Auch die §§ 105d—f GO. finden gemäß § 8 BäckVO. auf die gewerblichen Bäckereien und Konditoreien und auf die im § 3 Abs. 2 daselbst bezeichneten Arbeiten keine Anwendung. Von besonderer Bedeutung für die hier zu entscheidende Frage ist die Außerkraftsetzung des § 105e GO., der den höheren Verwaltungsbehörden die Befugnis gibt, Ausnahmen von den Bestimmungen über die Sonntagsruhe zu bewilligen für Gewerbe, deren vollständige oder teilweise Ausübung an Sonn- und Festtagen zur Befriedigung täglicher oder an diesen Tagen besonders hervortretender Bedürfnisse der Bevölkerung erforderlich ist. Diese Außerkraftsetzung läßt besonders deutlich erkennen, daß die Bedürfnisse des Publikums gegenüber den sozialen Belangen der Arbeitnehmer in den Hintergrund zu treten haben, und daß ein Verzicht auf den Verkauf und Genuß von solchen Bäcker- und Konditorwaren verlangt wird, die nur unter Durchbrechung der Sonntagsruhe hergestellt werden können. Jeder Zweifel an der Richtigkeit der hier vertretenen strengen Auslegung muß aber schwinden, wenn die Vorgänge nach dem Erlaß der BäckVO. in Betracht gezogen werden. Um den Klagen der Bäckermeister und Konditoren über die für sie harten Bestimmungen der BäckVO. abzuhelfen, wurde im Jahre 1919 dem Staatenausschuß und später der Nationalversammlung der Entwurf eines Gesetzes zur Abänderung der VO. über die Arbeitszeit in den Bäckereien und Konditoreien v. 23. 11. 18 vorgelegt (Drucks. d. StA. 1919 Nr. 113; Drucks. d. NatVers. Bd. 338 Nr. 1016 S. 1042). Durch ihn sollte u. a. § 6 BäckVO. dahin geändert werden, daß an Sonn- und Festtagen von 6½—9½ Uhr vormittags leicht verderbliche Konditoreiwaren auch hergestellt werden dürfen. In der Begründung hierzu heißt es: „Nach der VO. über die Arbeitszeit in den Bäckereien und Konditoreien v. 23. 11. 18 darf in Bäckereien und Konditoreien an Sonn- und Festtagen überhaupt nicht gearbeitet werden. Lediglich das Austragen leicht verderblicher Waren ist an den Sonn- und Feiertagen während höchstens dreier Stunden gestattet ... Zu § 6: Nach den übereinstimmenden Angaben der gehörten Arbeitgeber und Arbeitnehmer ist es erwünscht, die Herstellung bestimmter leicht verderblicher Konditoreiwaren während einiger Stunden an den Sonn- und Festtagen zuzulassen, weil gerade in diesen Tagen eine große Nachfrage danach herrscht und es nicht möglich ist, sie auf Vorrat oder am Tage vorher herzustellen. Als solche Waren sind bezeichnet: Eis, Schlagsahne, Cremes und Speisen. Durch die vorgeschlagene Änderung wird daher den Bäckereien und Konditoreien gestattet, an den Sonn- und

Festtagen während höchstens dreier Stunden Arbeiter, statt wie bisher nur mit dem Austragen, auch mit der Herstellung leicht verderblicher Konditorwaren zu beschäftigen." Hier wurde also ohne Widerspruch der beteiligten Kreise vorausgesetzt, daß nach dem geltenden Recht die Herstellung leicht verderblicher Konditorwaren an Sonn- und Festtagen nicht zulässig ist. Auch bei den Verhandlungen in der Nationalversammlung (StenBer. Bd. 329 S. 2829ff.) gingen sämtliche Redner einschließlich der Fachleute von der gleichen Annahme aus. Der Entwurf wurde in der Nationalversammlung nicht mehr erledigt. Wie sich aus dem schon erwähnten Erlaß des Preußischen Ministers für Handel und Gewerbe v. 21. 1. 21 ergibt, war beabsichtigt, den Entwurf beim Reichstag wieder einzubringen. Es haben sich aber nachträglich Bedenken dagegen erhoben, weshalb die Einbringung unterblieben ist. Nun erst begannen die Versuche, das, was durch eine Gesetzesänderung nicht zu erreichen war, durch eine ausdehnende Auslegung zu erreichen. Diese ist aber abzulehnen. Sie würde zu einer Zulassung regelmäßiger Sonntagsarbeit führen und damit dem Sinn der VO. zuwiderlaufen.

2. Die Zulässigkeit des Ausfahrens bestellter leicht verderblicher Waren wird in der Revisionsbegründung lediglich aus der behaupteten Zulässigkeit ihrer Herstellung abgeleitet. Dieser an sich unrichtigen Schlußfolgerung ist durch die Ausführungen unter 1 der Boden entzogen. Ob die Zulassung des Verkaufs von Bäcker- und Konditorwaren innerhalb bestimmter Stunden auch die Erlaubnis zum Ausfahren bestellter Waren umfaßt, braucht nicht geprüft zu werden, da der Angeklagte die bestellten Waren nicht innerhalb der vom Rat der Stadt Leipzig festgesetzten Verkaufsstunden hat ausfahren lassen. Die Frage, ob diese unzulässige Beschäftigung einen Verstoß gegen die §§ 12, 6 BäckVO. oder gegen die §§ 146a, 105b und e GO. enthält, hängt davon ab, ob es sich um die Ablieferung von im Ladengeschäft gekauften oder von im Konditoreibetrieb

auf Bestellung angefertigten Waren handelte (vgl. Landmann-Rohmer, Anm. 7 Abs. 5 zu § 105b GO., Bd. 2 S. 230).

3. Die Verteidigung des Angeklagten geht dahin, daß sein Verhalten erlaubt gewesen sei. Hierin liegt für den Fall, daß das Gericht die Strafvorschriften über die Sonntagsruhe für anwendbar erachtet, sinngemäß zugleich die Behauptung, daß er jedenfalls seine Tat für erlaubt gehalten und sich über die Anwendbarkeit der Strafvorschriften geirrt habe. Das Schöffengericht hätte daher prüfen sollen, ob nicht die Voraussetzungen der IrrtVO. gegeben sind. Da diese Prüfung unterblieben ist, unterliegt das Urteil der Aufhebung.

Verordnung, betreffend eine vorläufige Landarbeitsordnung[1].

Vom 24. Januar 1919 (RGBl. S. 111).

(Nachstehend sind von der VO. nur die Teile abgedruckt, die sich auf den Arbeitszeitschutz beziehen.)

Die Verbände landwirtschaftlicher Arbeitgeber und Arbeitnehmer haben mittels Vereinbarung, die durch die Bekanntmachung des Staatssekretärs des Reichsernährungsamts vom 22. November 1918 (Deutscher Reichsanzeiger Nr. 278 vom 25. November 1918) in Kraft gesetzt worden ist, den Reichs-Bauern- und Landarbeiterrat in Berlin geschaffen[2]. Die in ihm zusammengeschlossenen Verbände haben unter dem 20. Dezember 1918 und 23. Januar 1919 die nachstehende vorläufige[3] Landarbeitsordnung vereinbart[4] [5]:

1. Über die Arbeitszeit in den landwirtschaftlichen Tarifverträgen ist im RABl. 1923 S. 256ff. eine sehr ausführliche Abhandlung erschienen, welche die Festsetzung der Arbeitszeit, die Verteilung der Jahresarbeitszeit auf die einzelnen Monate usw. zum Gegenstand der Betrachtung hat. Wegen der großen

Bedeutung des auf amtlichem Material beruhenden, jetzt noch geltenden Inhalts ist die Abhandlung hinter dieser VO. auszugsweise abgedruckt.

2. S. die „Denkschrift des Reichsarbeitsministers über die seit dem 9. 11. 18 auf dem Gebiete der Sozialpolitik getroffenen gesetzgeberischen und sonstigen Maßnahmen" S. 12ff. (Drucks. Nr. 215 und zu Nr. 215 der NatVers.). Hier hat die VO. eine eingehende amtliche Behandlung erfahren.

3. Die gegenwärtige Regelung ist nicht erschöpfend und behandelt nur einige wesentliche Punkte des Arbeitsrechts und des Arbeiterschutzes. Weitere Vorschriften können von der Landesgesetzgebung erlassen werden und sind auch bereits erlassen worden. Der Aufruf der Volksbeauftragten v. 12. 11. 18 (RGBl. S. 1303) hat nur die alten Gesindeordnungen und die Ausnahmegesetze gegen die Landarbeiter aufgehoben; § 20 der VO. hält günstigere gesetzliche oder vertragliche Arbeitsbedingungen aufrecht, als erstere können nur landesgesetzliche in Frage kommen. Vor allem aber handelt es sich um landesrechtliche Ausführungsbestimmungen, besonders zu § 3.

4. Einschlägig sind für die Neuregelung des landwirtschaftlichen Arbeitsverhältnisses neben dem erwähnten Aufruf v. 12. 11. 18 noch die VO. v. 23. 12. 18 (RGBl. S. 1456), v. 16. 3. 19 (RGBl. S. 310) und die VO. zur Beschaffung von landwirtschaftlichem Siedlungsland v. 29. 1. 19, aufgenommen durch das Reichssiedlungsgesetz v. 11. 8. 19 (RGBl. S. 1429), ergänzt und abgeändert durch Ges. vom 7. 6. 1923 (RGBl. S. 364), 18. 8. 1923 (RGBl. S. 805), 8. 7. 1926 (RGBl. S. 398). Während die an zweiter Stelle genannte VO. Bestimmungen über die Rückkehr arbeitsloser früherer Landarbeiter aufs Land trifft, gibt das Reichssiedlungsgesetz die Möglichkeit, daß ständige Landarbeiter Pachtland erwerben können.

5. Die VO. wurde durch das Übergangsgesetz v. 4. 3. 19 (RGBl. S. 285) aufrechterhalten, da sie in dem durch § 1 des Gesetzes geforderten Verzeichnisse steht (Drucks. Nr. 223 der NatVers.), und gilt noch.

Vorläufige Landarbeitsordnung.

§ 1. Für die Betriebe der Land- und Forstwirtschaft[1] einschließlich ihrer Nebenbetriebe[2] gelten die Vorschriften des Bürgerlichen Gesetzbuchs über den Dienstvertrag[3] ergänzt durch die nachfolgenden Bestimmungen.

1. Nach der hier anwendbaren Begriffsbestimmung der Reichsstatistik (Statistik des Deutschen Reichs, Bd. 202 S. 6, Bd. 212 S. 12) muß ein Stück Boden mit Feldfrüchten bebaut oder es muß der Wildwuchs genutzt werden, damit von einem Betrieb der Land- und Forstwirtschaft die Rede sein kann. Kunst- und Handelsgärtnerei gehört nicht hierher (Landmann, Komm. z. GO., 7. Aufl., Bd. 1 S. 36); auch reine Vieh- und Milchwirtschaft ohne eigene Erzeugung wenigstens eines Teils des Futters wäre hiernach nicht hierher zu rechnen, doch kann der Begriff wohl zwanglos auch auf diese Wirtschaftsarten angewendet werden.

2. Die landwirtschaftlichen Nebenbetriebe gewerblicher Art fallen unter den Schutz der Ziff. 1 der ArbZO. v. 23. 11. 18 (s. oben S. 49)

Für die Nebenbetriebe landwirtschaftlicher Betriebe ist eine Begriffsbestimmung in § 918 der RVO. enthalten: „Die Versicherung gilt auch für Unternehmen, die ein landwirtschaftlicher Unternehmer neben seiner Landwirtschaft, aber in wirtschaftlicher Abhängigkeit von ihr betreibt (landwirtschaftliche Nebenbetriebe). Hierher gehören besonders Betriebe, die ganz oder hauptsächlich dazu bestimmt sind: 1. Erzeugnisse der Landwirtschaft herzustellen oder zu verarbeiten, 2. Bedürfnisse seiner Landwirtschaft zu befriedigen, 3. Bodenbestandteile seines Grundstücks zu gewinnen oder zu verarbeiten." Diese Bestimmung hat sich in der Praxis bewährt. Vgl. ASchG. S. 65.

Lohndreschereien sind gewerbliche Betriebe und die mit dem Heizen und Beaufsichtigen beschäftigten Gehilfen sind gewerbliche Arbeiter, so daß für sie die ArbZO. gilt. Die von den Landwirten gestellten Hilfskräfte (Einleger, Einfüller) sind dagegen landwirtschaftliche Arbeiter, für deren Arbeitszeit die VLAO. maßgebend ist. Um den Schwierigkeiten zu begegnen, die sich bei der verschiedenen Behandlung zusammen tätiger Arbeiter ergeben haben, hat sich der Reichsarbeitsminister damit einverstanden erklärt, daß die Arbeitszeit der bei den Lohndreschereien beschäftigten gewerblichen Arbeiter nach den Vorschriften der VLAO. geregelt wird (Erlaß v. 19. 7. 19, GewArch. 1919 S. 91).

Für Gemüsekonservenfabriken kann ebenfalls die in der VLAO. festgesetzte Arbeitszeit zugelassen werden (Bescheid des Reichsarbeitsministers v. 8. 5. 19).

Bezüglich der Unterstellung eines landwirtschaftlichen Nebenbetriebes bei vorübergehender Verarbeitung fremder Rohstoffe unter die GO. hat der Reichsarbeitsminister folgenden wichtigen Bescheid v. 9. 6. 21 erteilt: „Nach der bisher üblichen Auslegung des Begriffs der landwirtschaftlichen Nebenbetriebe liegt ein solcher Betrieb dann vor, wenn die Landwirtschaft die ausschließliche oder hauptsächliche Grundlage für den Betrieb abgibt und die im Betrieb vorgenommenen Arbeiten in der Landwirtschaft üblich sind. Für den Betrieb einer Spiritusbrennerei, in der ein Landwirt ausschließlich oder größtenteils selbst erzeugte Kartoffeln u. dgl. verarbeitet, ist im allgemeinen angenommen worden, daß dieser Betrieb die in der Landwirtschaft üblichen Grenzen der Verarbeitung selbstgewonnener Erzeugnisse nicht überschreitet. Die zeitweilige und unerhebliche Verarbeitung nicht selbst erzeugter Rohstoffe genügt hiernach nicht, um den Betrieb aus einem landwirtschaftlichen zu einem gewerblichen zu machen.

Es wird von Fall zu Fall entschieden werden müssen, ob die Verarbeitung fremder Rohstoffe sowohl der Dauer als auch dem Umfang nach so erheblich ist, daß dadurch der landwirtschaftliche Charakter des Betriebes aufgehoben wird.

Im allgemeinen sollte man möglichst davon absehen, landwirtschaftliche Betriebe wegen der vorübergehenden Verarbeitung fremder Rohstoffe zeitweilig der GO. zu unterstellen" (RABl. 1921 S. 695).

3. BGB. §§ 611—630 und die allgemeinen Grundsätze des BGB. Vereinzelt können auch die Bestimmungen der §§ 631—651 über den Werkvertrag Anwendung finden.

§ 2. In den Betrieben der Land- und Forstwirtschaft einschließlich ihrer Nebenbetriebe, für welche ein Tarifvertrag[1] nicht besteht, sind Dienstverträge mit mehr als halbjähriger Dauer schriftlich[2] abzuschließen, sofern darin Bezüge nicht barer Art[3] zugesichert sind. Den Dienstverpflichteten ist auf Verlangen eine Vertragsabschrift auszuhändigen.

1. Der Erlaß des Demobilmachungsamts v. 16. 1. 19 („Die wirtschaftliche Demobilmachung" Nr. 24 v. 30. 1. 19) erklärte die Bauern- und Landarbeiterräte der einzelnen Kreise usw. als zuständig für Vereinbarung von Lohn- und Arbeitsbedingungen landwirtschaftlicher Arbeiter. Als solche kommen hauptsächlich in Betracht: Landarbeiter im engeren Sinne, Tagelöhner, Instleute, Deputanten, Drescher, Schnitter, Hofgänger, Scharwerker; Forstarbeiter; landwirtschaftliches Gesinde; land- und forstwirtschaftliche Angestellte; Gelegenheitsarbeiter.

2. Maßgebend ist also § 126 BGB. mit § 125 aaO.

3. Naturalleistungen, besonders Gewährung von Wohnung, Feuerung, Beleuchtung, Nahrungsmitteln, Vieh, Landnutzung.

§ 3. Die tägliche Höchstarbeitszeit[1] beträgt in vier Monaten durchschnittlich acht, in vier Monaten[2] durchschnittlich[3] zehn und in weiteren vier Monaten elf Stunden[3]. Darüber hinaus geleistete Überstunden sind besonders zu vergüten[4].

1. S. § 4: Reine Arbeitszeit ohne Pausen aber einschließlich der für Hin- und Heimweg verwendeten Zeit.

2. Soweit keine besondere zeitliche Abgrenzung durch Landesrecht, Tarifvertrag usw. erfolgt, haben als die vier

Monate mit durchschnittlich achtstündiger Arbeitszeit jene der am wenigsten belichteten Jahreszeit zu gelten, während für die Erntezeit die 11stündige Arbeitszeit einzuhalten ist. Diese Zeitabschnitte brauchen nicht mit Kalenderabschnitten zusammenzufallen.

3. Das ist in allmählichem Übergang. Im Gegensatz dazu ist die 11stündige Arbeitszeit fest umgrenzt. Im Jahre also 2900 Stunden. S. unten S. 288.

4. Vgl. wegen Art und Höhe der Vergütung § 11. Näheres kann durch Arbeitsordnung oder Tarifvertrag festgelegt werden.

§ 4. In die Arbeitszeit sind die Wege vom Hofe[1] zur Arbeit und von der Arbeit zum Hofe einzurechnen, nicht dagegen die Arbeitspausen sowie die Fütterungszeiten bei den Arbeitsgespannen.

1. Auch Hof eines Vorwerks, wenn von hier aus der den Arbeiter angehende Wirtschaftsbetrieb geleitet wird. S. § 3 Anm. 1. S. auch unten S. 291.

§ 5. Während des Sommerhalbjahrs[1] sind täglich mindestens zwei Stunden Ruhepause zu gewähren[2].

1. S. § 3 Anm. 2.
2. S. unten S. 294.

§ 11. Als Vergütung für eine Überstunde soll mindestens ein Zehntel des Ortslohns im Sinne der Reichsversicherungsordnung mit 50 vom Hundert Aufschlag zugrunde gelegt werden[1].

1. Pauschvergütungen sind zulässig, müssen aber so bemessen sein, daß für die Überstunde eine höhere Entlohnung als für die normale Arbeitsstunde herauskommt. Gegebenenfalls durch den Schlichtungsausschuß in angemessener Weise zu regeln. S. auch S. 296 unten. Wegen Vergütung für

Überstunden der gewerblichen Arbeiter und der Angestellten s. § 6a AZVO. S. 136 oben.

§ 12. Fütterung und Pflege der Tiere sowie sonstige naturnotwendige Arbeiten[1] sind solchen Arbeitern, welche diese Arbeiten nicht allgemein vertraglich übernommen haben, als Überstunden zu vergüten. Andere dringliche[2] Arbeiten an Sonn- und Festtagen sollen mit mindestens dem doppelten Ortslohn im Sinne der Reichsversicherungsordnung vergütet werden[3].

1. Hier sind die Worte „an Sonn- und Festtagen" einzuschalten (RGBl. S. 184).

2. Besonders Erntearbeiten. Im übrigen besteht Sonntagsruhe.

3. S. unten S. 294.

§ 13. In Betrieben, in denen ein Betriebsrat besteht, ist eine Arbeitsordnung zu erlassen und an sichtbarer Stelle auszuhängen[1]. Sie muß Bestimmungen enthalten über die Arbeitszeit sowie über etwaige Strafen und über die Verwendung der Strafgelder[2], die nur zum Besten der Arbeiter des Betriebs zulässig ist.

1. Gemäß § 104 Z. VII des Betriebsrätegesetzes abgeändert.

2. An deren Verwaltung war der Betriebsrat (gemäß der durch Betriebsrätegesetz § 103 abgeänderten GO.) zu beteiligen. Im übrigen gelten die Vorschriften des Betriebsrätegesetzes, besonders § 80.

§ 14. Arbeiterinnen, die ein Hauswesen zu versorgen haben, sind so früh von der Arbeit zu entlassen, daß sie eine Stunde vor der Hauptmahlzeit in ihrer Häuslichkeit eintreffen. An den Tagen vor Weihnachten, Ostern und Pfingsten sind sie von der Arbeit entbunden.

Arbeiterinnen, die ein größeres Hauswesen zu versorgen, insbesondere auch Gehilfen, die nicht zur eigenen Familie gehören, zu beköstigen haben, sind abgesehen von Notfällen nur insoweit zur Arbeit zu verpflichten, als dies ohne erhebliche Beeinträchtigung ihrer häuslichen Pflichten zulässig ist.

§ 20. Für den Dienstverpflichteten günstigere gesetzliche oder vertragliche[1] Arbeitsbedingungen bleiben bestehen[2].

1. Dienstvertrag, Tarifvertrag, Arbeitsordnung, aber auch ortsübliche Bedingungen kommen in Frage.

2. Verkürzte Arbeitszeit begründet unter Umständen Anspruch auf Lohnerhöhung. (Feig, erläuterte Textausgabe S. 29.)

Die vorstehende Vorläufige Landarbeitsordnung erhält hierdurch bis zum Erlaß einer endgültigen Landarbeitsordnung vom Tage der Verkündung dieser Verordnung ab mit folgenden Maßgaben Gesetzeskraft[1] usw.

Berlin, den 24. Januar 1919.

Die Reichsregierung.

Ebert. Scheidemann.

Der Staatssekretär des Reichsarbeitsamts.

Bauer.

1. Durch Gesetz v. 4. 3. 19 (RGBl. S. 285) bestätigt. S. auch Anm. 5 oben S. 277. — Abgeändert wurde die VLAO. auch durch das Arbeitsgerichtsgesetz v. 23. 12. 26 (RGBl. S. 507). Diese Abänderungen betreffen aber nicht den hier

behandelten Arbeitszeitschutz und sind deshalb nicht berücksichtigt. S. Anm. 1 zu § 13. — Übertretungen sind nicht unter Strafe gestellt und begründen nur bürgerrechtliche Ansprüche auf Schadensersatz, Nichtigkeit des Vertrags usw.

Die Arbeitszeit in den landwirtschaftlichen Tarifverträgen.

(Auf Grund des im Tarifarchiv des Reichsarbeitsamts befindlichen Materials verfaßt.)

(RABl. 1923 S. 256 NA. Teil.)

Auszugsweise Wiedergabe.

I. Allgemeines.

Die Arbeitszeit in der Landwirtschaft nimmt eine wesentlich andere Stellung ein als die Arbeitszeit in der Industrie. Während die industrielle Tätigkeit ohne Rücksicht auf die Naturverhältnisse und äußeren Bedingungen in den festen Rahmen des Achtstundentages gespannt werden kann, ohne dem Betriebe Schaden zuzufügen, ist die Arbeit in der Landwirtschaft so eng mit der Natur verknüpft, so abhängig von Witterungsverhältnissen, Naturerscheinungen und von der Jahreszeit, daß die schematische Einführung des Achtstundentages mit den schädlichsten Folgen nicht nur für den Einzelbetrieb, sondern für die gesamte Volkswirtschaft verknüpft sein würde. Schon ein kurzer Blick auf die Vorkriegsverhältnisse zeigt die vollkommene Anlehnung der Arbeitszeit in der Landwirtschaft an die Naturbedingungen. Es wurde im Sommer von Sonnenaufgang bis -untergang, im Winter von Hell- bis

Dunkelwerden gearbeitet, so daß sich meist im Sommer eine 12—13stündige und im Winter eine 7—9stündige Arbeitszeit herausgebildet hatte, mit einer Arbeitsunterbrechung von 2 Stunden im Sommer und 1 Stunde im Winter. Überstunden waren selten; in Ostpreußen und Mecklenburg, Pommern und Schlesien leisteten sie die am Ertrage interessierten Instleute und Hoftagelöhner häufig ohne Vergütung, in Ostpreußen und Schlesien wurden Überstunden auch oft durch Verabreichung von Getränken (Schnaps) entlohnt. Die kürzeste Arbeitszeit und die größte Abneigung gegen Überstunden fand sich in Gegenden mit starker Industrie oder Bergbau, wie z. B. in Oberschlesien.

Die politischen Umwälzungen des Winters 1918 brachten dann mit der Aufhebung der Gesindeordnungen und der Ausnahmebestimmungen für die Landarbeiter den Gewerkschaftsgedanken in die Landwirtschaft. Das erwachende Zusammenhörigkeitsgefühl der Landarbeiter zeigte sich in dem dringenden Verlangen, die gesetzliche Lücke auszufüllen und das alte patriarchalische Verhältnis zwischen dem Besitzer und seinen Arbeitern in ein Rechtsverhältnis umzuwandeln. So kam neben der Tarifvertragsverordnung vom 23. Dezember 1918, die auch für die Landwirtschaft bedeutungsvoll wurde, am 24. Februar 1918 als provisorisches Gesetz die Vorläufige Landarbeitsordnung zustande. Das Nebeneinanderwirken von Gesetz und Tarifvertragsverordnung zeigte sich nirgends so notwendig, wie in der Landwirtschaft mit ihrer individuellen Verschiedenheit der einzelnen Gegenden, Verfassungen und Betriebe. Die VLO. gibt hier die festen Normen, sie ist ein Rahmengesetz; die Tarifverträge regeln innerhalb dieser Normen die einzelnen Arbeitsbedingungen, angepaßt an die Eigenart der Gegenden und der Betriebe, für die sie gelten sollen. Arbeitszeit, Pausen, Überstunden und Sonntagsarbeit werden in den §§ 3, 4, 5, 11 und 12 der VLO. folgendermaßen behandelt: Es wird eine tägliche Höchstarbeitszeit festgesetzt, die in 4 Monaten durchschnittlich 8, in 4 Monaten durchschnittlich 10 und in 4 Monaten 11 Stunden, also jährlich 2900 Stunden betragen soll. Darüber hinaus geleistete Überstunden sollen besonders vergütet werden und zwar mit mindestens $^1/_{10}$ des Ortslohnes im Sinne der Reichsversicherungsordnung mit 50 v. H. Aufschlag. Sonntagsarbeit ist mit dem doppelten Ortslohn zu bezahlen. Fütterung und Pflege der Tiere und sonstige naturnotwendige Arbeiten sind Arbeitnehmern, die diese Arbeit nicht vertraglich übernommen haben, als Überstunden zu vergüten. In die Arbeitszeit sind die Wege vom Hofe zur Arbeit und von der Arbeit zum Hofe einzurechnen, nicht dagegen die Arbeitspausen sowie die Fütterungszeiten bei den Arbeitsgespannen. Während des Sommerhalbjahres sind täglich mindestens 2 Stunden Ruhepause zu gewähren. Besondere Bestimmungen über die Arbeitszeit für das landwirtschaftliche Gesinde enthält die VLO. nicht. Die praktische Handhabung der gesetzlichen Rahmenbestimmungen kommt in den einzelnen Tarifverträgen in ganz verschiedenartiger Gestaltung zum Ausdruck, und der Einfluß der erstarkten Landarbeitergewerkschaften ist dabei nicht ohne Bedeutung geblieben. Die Verkürzung der Arbeitszeit in der Landwirtschaft hat sich nicht ohne Kämpfe durchsetzen lassen, wenn auch die Gegensätze zwischen Arbeitnehmer und Arbeitgeber bei weitem nicht so scharf ausgeprägt sind wie in der Industrie, da die Arbeitnehmer in der Landwirtschaft häufig selbst Besitzer und Arbeitgeber im kleinen sind und in vielen Fragen mit ihren Arbeitgebern konsolidarisch vorgehen müssen. Den landwirtschaftlichen Arbeitgebern erschien die gesetzliche Höchstarbeitszeit zu kurz, und der Reichsausschuß der deutschen Landwirtschaft wandte sich im Jahre 1920 mit einem Vorschlag an das Reichsarbeitsministerium, eine Abänderung des § 3 der VLO. vorzunehmen. Das Wort „Höchstarbeitszeit" sollte in „Normalarbeitszeit" umgewandelt, die Jahresarbeitszeit von 2900 auf 3075 Stunden erhöht werden. Gesindepersonen sollten ohne Inanspruchnahme einer besonderen Vergütung regelmäßig zur Überstundenleistung verpflichtet sein, „wenn der Arbeitgeber oder seine Familienangehörigen in der Regel daran beteiligt sind". Die 2. Generalversammlung des deutschen Landarbeiterverbandes legte gegen diese Eingabe Protest ein und faßte folgende Resolution: „Die Notwendigkeit einer gesetzlichen Verlängerung der Arbeitszeit im Interesse der Volksernährung ist nicht erwiesen. Die im deutschen Landarbeiterverband organisierten Landarbeiter verkennen die Schwierigkeiten unseres Wirtschaftslebens keinesfalls und haben durch ihr bisheriges Verhalten bewiesen, daß sie auch in Zukunft bereit sind, die in

Betrieben notwendigen Überstunden in der Saat- und Erntezeit gegen entsprechende Bezahlung zu leisten, damit eine Sicherstellung der Volksernährung, soweit es in ihrer Macht liegt, herbeigeführt wird."

II. Die Festsetzung der Jahresarbeitszeit.

Bei der Festsetzung der Jahresarbeitszeit spielt einmal der Einfluß der Gewerkschaften eine Rolle, die in vielen Gegenden eine kürzere als die gesetzlich festgesetzte Arbeitszeit erreicht haben, zweitens mußte auch auf die klimatischen Verhältnisse in gewissem Maße Rücksicht genommen werden. In Mitteldeutschland wird man mit einer kürzeren Arbeitszeit auskommen können als in den Küstenprovinzen Pommern und Ostpreußen. So muß in Ostpreußen die Hackfruchternte schon unbedingt vor Ende Oktober geborgen sein, um ein Erfrieren der Hackfrüchte zu verhüten. Aus Rücksicht auf die Naturbedingungen findet sich darum in den Tarifverträgen verschiedener Gegenden die Vorschrift, eine Anzahl „Notarbeitsstunden" zu leisten, von denen im Abschnitt „Überstunden" näher die Rede sein wird.

Die gesetzlich festgelegte Höchstarbeitszeit von 2900 Stunden findet sich nur in wenigen Tarifverträgen, im Tarifvertrag für Baden, Bayern, Württemberg 1922/23 und zum Teil für Pommern. Es ergibt sich für die Verteilung der Jahresarbeitszeit in Deutschland nach Ländern und Provinzen folgendes Bild:

Bayern	2900	Stunden
Württemberg	2900	„
Baden	2900	„
Pommern (teilw.) .	2900	„
Ostpreußen	2840	„
Schlesien	2840	„
Mecklenburg	2800	„
Thüringen	2800	„
Kurhessen	2800	„
Rheinland	2800	„
Waldeck	2800	„
Anhalt I	2750	„
Anhalt II	2675	„
Rheinhessen	2750	„
Hannover	2750	„
Schleswig-Holstein .	2725	„
Brandenburg . . .	2700	„
Braunschweig . . .	2625	„

III. Die Verteilung der Jahresarbeitszeit auf die einzelnen Monate.

Es ist die Aufgabe der Tarifverträge, den allgemeinen Rahmen, den die VLO. gibt, wenn sie für 4 Monate 8 Stunden, für 4 Monate 10 Stunden und für 4 Monate 11 Stunden vorschreibt, durch nähere Angaben auszufüllen. Dies geschieht auf zwei Arten:

1. Entweder wird die Verteilung der Jahresarbeitszeit auf die einzelnen Monate gleich im Tarifvertrage festgelegt oder

2. die Verteilung bleibt der gesetzlichen Betriebsvertretung überlassen. Dazwischen gibt es den Fall, daß der Tarifvertrag zwar eine Einteilung gibt, aber mit Einwilligung des Betriebsrates Abweichungen gestattet.

1. Die Verteilung der 10- oder 11stündigen Arbeitszeit auf die Sommermonate und der kürzesten 7- oder 8stündigen auf die Wintermonate ist naturgemäß in allen Gegenden die gleiche, doch läßt sich in den verschiedenen Gegenden eine mehr oder weniger eingehend ausgestaltete Einteilung der Stundenzahl beobachten. So geben einzelne Tarifverträge den gleichen Wortlaut wie die VLO., ohne die Monate näher zu bezeichnen, in den meisten Verträgen jedoch werden bei der Verteilung der Stunden Monate und Datum genau angegeben. Man kann die Beobachtung machen, daß die in der VLO. vorgesehene mehrmonatliche Arbeitszeit von 11 Stunden nur in wenigen Tarifverträgen sich durchgesetzt hat, nämlich nur in Ostpreußen, Pommern und Mecklenburg.

2. Die Einteilung der Jahresarbeitszeit wird der gesetzlichen Betriebsvertretung überlassen in Thüringen, wenn die Bezirksarbeitsgemeinschaften keine Festsetzung vornehmen, ferner in Niederbayern, Oberfranken, in Waldeck und in der Neumark, Kreis Friedeberg. Beginn und Ende der Arbeitszeit an den einzelnen Tagen wird regelmäßig der Vereinbarung zwischen Arbeitgeber und Betriebsvertretung überlassen.

IV. Die Einberechnung der Wege in die Arbeitszeit.

Die Wegeberechnung ist in den meisten Tarifverträgen so geregelt wie in der VLO., daß die Wege vom Hofe zur Arbeitsstelle und zurück in die Arbeitszeit einzuberechnen sind. Dies geschieht im Tarifvertrag für die schlesische Landwirtschaft, in den Tarifverträgen für Pommern, für Hannover und für Mecklenburg. In anderen Gegenden finden sich 1. Abweichungen von der VLO. oder 2. nähere Bestimmungen, die insbesondere auf die Lage des Hofes oder der Wohnung des Arbeitnehmers zur Arbeitsstelle Rücksicht nehmen, woraus sich 3. die Notwendigkeit ergibt, eine bestimmte Gehzeit festzusetzen, die der Arbeiter durchschnittlich für 1 km braucht.

1. Abweichungen.

Nach dem Rahmentarif für Brandenburg werden die Wege vom Hofe zur Arbeitsstelle und zurück in der Regel miteinberechnet; doch endet in Fällen, in denen das Mittagessen nicht auf der Arbeitsstelle eingenommen wird und der Weg zur Arbeitsstelle nicht mehr als 2 km beträgt, die Arbeit abends auf der Arbeitsstelle. Der Tarifvertrag für Ober- und Mittelfranken, für Oberbayern und Schwaben 1922/23 für land- und forstwirtschaftliche Arbeiter bestimmt: „Die normale Arbeitszeit darf durch die Wegezeit nur bis zu insgesamt 1 Stunde verkürzt werden. Die übrige auf den Weg verwendete Zeit muß als Arbeitszeit nachgeholt werden und wird nach dem gewöhnlichen Tagelohn vergütet." Nach den Tarifverträgen für den Stadtkreis Aschersleben vom 2. Januar 1923 und für Quedlinburg vom 4. Januar 1923 hat in der Regel die Arbeitszeit auf dem Gehöft zu beginnen und zu enden; statt dessen kann ein Sammelpunkt bestimmt werden, der nicht über die bebaute Grenze der Stadt hinausgehen darf. Die Möglichkeit, einen besonderen Treffpunkt festzusetzen, ist auch in den Tarifverträgen für das Land Braunschweig gegeben. Abweichungen von der VLO. finden sich in den Tarifverträgen für Anhalt I und II, für Thüringen, Fehmarn und Schleswig-Holstein. Dort endigt die Arbeitszeit abends auf der Arbeitsstelle. Im Tarifvertrag für Anhalt und Thüringen ist die Bestimmung hinzugefügt, daß in Fällen, wo das Mittagessen auf dem Felde eingenommen wird, die Arbeitszeit abends auf dem Hofe endigt. Der Manteltarif für Rheinhessen regelt die Wegeberechnung so, daß die Hinwege auf Kosten des Arbeitgebers, die Rückwege auf Kosten des Arbeitnehmers gehen. Werden bei einem vollen Arbeitstag nur zwei Wege geleistet, so gehen Hin- und Rückweg zu Lasten des Arbeitgebers. In Sachsen-Anhalt werden nach einem Schiedsspruch des Reicharbeitsministeriums vom 15. Dezember 1920 die Wege, die durch Arbeitspausen entstehen, nicht einberechnet. In Thüringen werden abweichend von diesem Schiedsspruche die Wege, die durch die Mittagspause entstehen, in die Arbeitszeit eingerechnet. Dagegen geht der Abendweg bis zu 2 km Länge zu Lasten des Arbeitnehmers.

2. Berücksichtigung der Lage des Hofes oder der Wohnung zur Arbeitsstätte.

Der Tarifvertrag für die ostpreußische Landwirtschaft und der Tarifvertrag für die Gestütsverwaltung Trakehnen schreibt Beginn und Ende der Arbeitszeit auf dem Hofe vor, wenn das Gehöft nicht mehr als 1 km von der Wohnung des Arbeitnehmers entfernt ist. In den Tarifverträgen für Thüringen Kurhessen und Anhalt heißt es: „Ist die Arbeitsstelle über 2 km vom Hofe entfernt, so ist abends der über 2 km betragende Weg in die Arbeitszeit einzurechnen.“ In Schleswig-Holstein und in Fehmarn beginnt die tägliche Arbeitszeit auf dem Hof und endet auf der Arbeitsstätte ohne Rücksicht auf die Entfernung der Arbeitnehmerwohnung. Liegt jedoch die Wohnung des Arbeitnehmers näher an der Arbeitsstätte als am Hofe, so wird auf Anordnung des Arbeitgebers Beginn und Ende der Arbeitszeit auf die Arbeitsstätte verlegt. Auch hier werden Wegestrecken von über 2 km, welche die Arbeitsstelle vom Hofe entfernt ist, abends von der Arbeitszeit gekürzt.

3. Gehzeiten.

Die Berechnung der Gehzeiten pro Kilometer ist in den einzelnen Gegenden verschieden. Sie ist nicht in allen Tarifverträgen geregelt. Brandenburg, Mecklenburg-Schwerin und Landsberg an der Warthe berechnen für 1 km = 15 Minuten. Im Tarifvertrag für Mecklenburg-Schwerin heißt es näher: „Der Weg vom Hofe zur Arbeitsstelle muß in „angemessenem Schritte' zurückgelegt werden." In Schleswig-Holstein, Fehmarn, Anhalt II, in Braunschweig, Thüringen und Kurhessen wird eine Gehzeit von 12 Minuten zugrunde gelegt, während Anhalt I bloß 10 Minuten für den Kilometer rechnet.

V. Einberechnung der Ruhepausen und Fütterungszeiten in die Arbeitszeit.

Die Pausen, Fütterungs- und Anspannungszeiten werden übereinstimmend mit der Bestimmung der VLO. in den Tarifverträgen nirgends in die Arbeitszeit einberechnet. In mehreren Tarifverträgen wird die Arbeitszeit für die Gespann- oder Geschirrführer noch genauer festgelegt. Im Tarifvertrag für die Ostpreußische Landwirtschaft heißt es: „Männer und Hofgänger, die zu Gespannen gemietet sind, haben außerhalb der tariflichen Arbeitszeit morgens vor Beginn, mittags während der Pause, abends nach Ende ihre Gespanne abzufüttern und hierzu das Futter, soweit es sich innerhalb des Hofraumes befindet, heranzuholen. Das Abfüttern der Gespannpferde in den 4 Wintermonaten hat abends in der Zeit zwischen 6 und 7 Uhr zu geschehen. Ferner haben sie außerhalb der Arbeitszeit das Pflegen der Pferde auszuführen und den Stall auszumisten. Mit Beginn der Arbeitszeit sind die angeschirrten Pferde aus dem Stall zu führen."

VI. Früherer Arbeitsschluß an den Vortagen hoher Feste.

An den Tagen vor hohen Festen wird in manchen Tarifverträgen ein früherer Arbeitsschluß festgesetzt, ohne einen Lohnabzug vorzunehmen. Nach den Tarifverträgen für Mittel- und Unterfranken, für Bayern, Schwaben, Rheinhessen und die Oberpfalz soll an den Tagen vor Weihnachten und Neujahr die Arbeitszeit 2 Stunden früher als gewöhnlich schließen. Nach dem Tarifvertrag für das Rheinland wird an den Tagen vor Ostern, Pfingsten und Weihnachten, sowie an Vortagen solcher Feiertage, die auf einen Samstag fallen, die Arbeit eine Stunde früher eingestellt. Nach dem Tarifvertrag für die Ostpreußische Landwirtschaft und dem Tarifvertrag für Dresden endet die Arbeitszeit vor Weihnachten mittags um 12 Uhr, in Chemnitz um 4 Uhr, im Erzgebirge um 1 Uhr.

VII. Die Regelung der Pausen.

Der § 5 der VLO. über Ruhepausen: „Während des Sommerhalbjahres sind täglich mindestens 2 Stunden Ruhepausen zu gewähren" gibt den Tarifverträgen hinsichtlich einer näheren Regelung freie Bahn. Es ist Beginn und Ende der Pausen festzusetzen und die Verteilung der Stundenzahl auf die einzelnen Pausen vorzunehmen; es besteht ferner die Möglichkeit, bei der Festsetzung der Pausen auf die Jahreszeit und damit auf die Höchstarbeitszeit am Tage Rücksicht zu nehmen. Kurz, die Einteilung der Arbeitszeit am Tage ist wegen der mannigfaltigen Abweichungen der landwirtschaftlichen Arbeiten auch innerhalb der Betriebe mit Recht den einzelnen Tarifverträgen überlassen worden. Hinsichtlich der Art der Regelung lassen sich 3 Fälle unterscheiden:

1. Anzahl der Ruhestunden, Beginn und Ende werden in den Tarifverträgen festgelegt.
2. Die Festsetzung geschieht durch Vereinbarung zwischen Arbeitgeber und der gesetzlichen Betriebsvertretung.
3. Die Festsetzung geschieht nur durch den Arbeitgeber.

1. Die Anzahl der Ruhestunden richtet sich in den meisten Tarifverträgen, worin sie festgesetzt wird, nach der Jahreszeit, d. h. nach der Länge des Arbeitstages oder nach der Notwendigkeit der landwirtschaftlichen Arbeiten.

2. Der Tarifvertrag für die Ostpreußische Landwirtschaft überläßt die Einteilung der Arbeitszeit am Tage der gesetzlichen Betriebsvertretung, ebenso der Tarifvertrag für die Gestütsverwaltung Trakehnen. Im Freistaate Danzig hat die Regelung der Pausen für die einzelnen Gemeinden durch die örtlichen Einigungsämter zu erfolgen.

3. Die Festsetzung der Ruhepausen bleibt dem Arbeitgeber überlassen in Schlesien, Pommern und im Rheinlande. Im Tarifvertrage für das Rheinland soll die Regelung zwischen den einzelnen Betriebsinhabern stattfinden. Der Tarifvertrag für die schlesische Landwirtschaft fügt hinzu: „Frühstücks- und Vesperpausen sind genau inne- und wo es die Betriebsverhältnisse erfordern, auf der Arbeitsstelle abzuhalten.“

VIII. Die Regelung der Überstunden.

Die Eigenart der landwirtschaftlichen Produktion bedingt nicht nur eine längere gesetzliche Arbeitszeit in den Sommermonaten, sondern unter gewissen Umständen sogar die Notwendigkeit, Überstunden zu leisten. Solche Fälle können in der Erntezeit eintreten, wenn ein plötzlicher Witterungsumschlag droht, aber auch die wirtschaftlichen Ernährungsverhältnisse können eine Steigerung der Arbeitsleistung in der Landwirtschaft notwendig machen. Die Arbeitnehmerkreise haben sich, wie die oben erwähnte Resolution des Landarbeiterverbandes beweist, dieser Einsicht nicht verschlossen, und die Überstundenfrage bedeutet nunmehr meist eine Lohnfrage. Der Leiter eines Betriebes wird vor die Überlegung gestellt, ob die erhöhten Überstundenlöhne die Vorteile, die der Betrieb von einer verlängerten Arbeitszeit hat, aufwiegen oder umgekehrt. Da die VLO. hier nur Rahmenbestimmungen gibt, indem sie im § 4 eine besondere Vergütung der Überstunden vorschreibt und im § 11 mindestens ein Zehntel des Ortslohnes im Sinne der RVO. mit 50 v. H. Aufschlag als Vergütung vorschreibt, ist die Überstundenfrage in allen Tarifverträgen geregelt worden. Es findet sich in den Tarifverträgen: 1. eine allgemeine Begründung der Notwendigkeit von Überstunden. Als Ausgleich für die verkürzte Jahresarbeitszeit sind in einigen Gegenden 2. Notarbeitsstunden eingeführt worden. Ferner regeln die Tarifverträge 3. die Nachtarbeit und 4. die Bezahlung der Überstunden.

1. Allgemeines: Im Tarifvertrag für die Schlesische Landwirtschaft heißt es: „Überstunden müssen geleistet werden, wenn es die Betriebs-

verhältnisse dringend erfordern, besonders in der Ernte und während der Bestellung."

2. Notarbeitsstunden. In Brandenburg und in Landsberg a. d. Warthe sind mit Rücksicht auf die unbedingte Notwendigkeit der Steigerung der landwirtschaftlichen Produktion und zur Sicherstellung der Volksernährung noch weitere 200 Notarbeitsstunden zu leisten. „Die tägliche Höchstarbeitszeit einschließlich der Notarbeitsstunden darf 11 Stunden nicht überschreiten."

3. Als Nachtarbeit gilt im allgemeinen wie es in den Tarifverträgen für Mittelfranken und Hannover besonders erwähnt wird, die Arbeitszeit, die zwei Stunden nach dem Schluß des üblichen Arbeitstages beginnt. Im Tarifvertrage für Lippe-Detmold werden 2 Stunden vor Beginn und 2 Stunden nach Ende der üblichen Arbeitszeit zur Nachtarbeit gerechnet. Die Nachtarbeitsstunde wird mit dem doppelten Barlohn vergütet.

4. Die Bezahlung der Überstunden ist sehr verschiedenartig geregelt. Die Voraussetzung des Gesetzgebers der VLO., daß $^1/_{10}$ des Ortslohnes mit 50 v. H. Aufschlag ungefähr dem Stundenlohn des landwirtschaftlichen Arbeiters entspreche, hat sich in einer Zeit, wo die rasche Markentwertung eine ebenso schnelle Anpassung des Ortslohnes an den tatsächlich gezahlten Lohn nicht mehr gestattet, als falsch erwiesen. Daher kommt es, daß in den Tarifverträgen nicht der Ortslohn, sondern der Stundenlohn (d. h. Barlohn und Naturalbezüge) zugrunde gelegt wird. Auf diesen Stundenlohn

gewähren die Mehrzahl der Tarifverträge für Überstunden an Werktagen 50 v. H. Aufschlag.

IX. Sonntagsarbeit.

1. Allgemeines. Für die Landarbeiter ist eine gesetzliche Regelung der Sonntagsruhe nach wirtschaftlichen und sozialpolitischen Gesichtspunkten, wie sie für die gewerblichen Arbeiter durch die Gewerbeordnung § 105 a—i erfolgt ist, nicht vorgesehen. Es gibt vielmehr nur einzelne aus religiösen und kirchlichen Rücksichten erlassene Vorschriften in den Einzelstaaten, die ein Verbot aller öffentlich bemerkbaren und geräuschvollen Arbeiten, darunter auch die gewöhnlichen Feldarbeiten, enthalten[1]. Für die Notwendigkeit der Sonntagsarbeit in der Landwirtschaft in gewissen Fällen gilt das gleiche, was oben über die Überstunden gesagt wurde, sie wird als Überstundenarbeit behandelt. Von vornherein ausgenommen ist dabei sowohl durch die VLO. wie durch die Tarifverträge die Leistung naturnotwendiger Arbeiten (Fütterung und Pflege der Tiere), sofern sie von Arbeitern vertraglich übernommen wird. Ist das nicht der Fall, so gilt auch sie als Überstundenarbeit.

2. Die Bezahlung der Sonntagsarbeit richtet sich wie die Überstundenvergütung nach dem Stundenlohn und beträgt in den meisten Tarifverträgen das Doppelte, so in Schlesien, Brandenburg, Schleswig-Holstein, Mecklenburg, Pommern,

---

[1]) Vgl. W. Asmis, Der landwirtschaftliche Arbeitsvertrag nach bürgerlichem und Gesinderecht, Berlin 1910.

Hannover, Bayern, Franken, Waldeck, Thüringen, Kurhessen und Braunschweig. Eine Vergütung von 50 v. H. wird in den Tarifverträgen für das Rheinland, für Rheinhessen, Danzig und Hannover (für die obengenannten Kreise) vorgesehen. Die Tarifverträge für Friedeberg und für Landsberg an der Warthe bezahlen Sonntagsarbeit mit 120 v. H.

X. Die Regelung der Arbeitszeit für das landwirtschaftliche Gesinde.

1. Der Begriff des landwirtschaftlichen Gesindes.

Über den Begriff des landwirtschaftlichen Gesindes herrscht noch keine klare und einheitliche Auffassung. Weder in den bis jetzt geltenden Reichsgesetzen ist eine Erklärung des Begriffes gegeben, noch steht er in der Literatur fest. Auch bei den früheren Gesindeordnungen wirkte der Umstand erschwerend, daß dort zwei verschiedene Berufsgruppen, das häusliche und das landwirtschaftliche Gesinde, zusammengefaßt waren, und es herrschte durchaus keine Klarheit darüber, ob z. B. verheiratete Hofknechte, die einen besonderen Hausstand haben, zum „Gesinde" zu rechnen waren oder nicht. Eine gesetzliche Begriffsbestimmung gibt zum erstenmal der § 1 des Regierungsentwurfes eines Hausgehilfengesetzes (Reichsarbeitsbl. 1921 S. 809): „Hausgehilfe ist, wer auf Grund eines Arbeitsvertrages Arbeit für den Haushalt des Arbeitgebers oder für Mitglieder des Hausstandes als solche zu leisten hat und in die häusliche Gemeinschaft aufgenommen ist" ... und § 2: „Hausgehilfe ist nicht, wer außer der in § 1 bezeichneten Arbeit landwirtschaftliche Arbeit zu leisten hat, es sei denn lediglich in einem Nebenbetriebe des Haushalts" (wie z. B. Gartenarbeit oder Wartung von Kleinvieh usw.). Für das landwirtschaftliche Gesinde also, dessen Merkmale nach den meisten Tarifverträgen die Aufnahme in die häusliche Gemeinschaft des Arbeitgebers und die Leistung von häuslicher und landwirtschaftlicher Arbeit wären, finden die Bestimmungen des Hausgehilfengesetzes keine Anwendung. Die Arbeitsbedingungen für das landwirtschaftliche Gesinde sind gegenwärtig — wenn überhaupt — so nur in den Tarifverträgen geregelt, und auch da nur in geringem Maße, weil das Gesinde noch verhältnismäßig wenig von den Gewerkschaften erfaßt wird, wegen seiner örtlichen Zersplitterung und seines engen Zusammenlebens mit dem Arbeitgeber. Die Begriffsbestimmung des landwirtschaftlichen Gesindes ist in den Tarifverträgen durchaus keine einheitliche, wenn auch überwiegend die obengenannten Eigenschaften als Merkmale gelten können. Der Kommentar zum Tarifvertrag für Mecklenburg-Schwerin vom 31. Oktober 1921 unterscheidet deutlich Hauspersonal zur privaten Bedienung (Hausmädchen, Diener, herrschaftliche Kutscher), für das der Tarifvertrag nicht gilt, und Mädchen, welche vorwiegend in der Landwirtschaft beschäftigt werden (Leuteköchinnen, Milchmädchen, Mädchen, welche die Wohnung des Inspektors besorgen), die den Bestimmungen des Tarifvertrages unterliegen. Die Tarifverträge für Schlesien und Schleswig-Holstein verstehen unter Gesinde „Arbeiter und Arbeiterinnen, die in die häusliche Gemeinschaft aufgenommen sind (das früher sogenannte bäuerliche Gesinde, insbesondere in bäuerlichen Betrieben)". In Bayern, Ober- und Unterfranken, Hessen sind besondere Tarifverträge für „familienfremde landwirtschaftliche Dienstboten" abgeschlossen worden. In fast allen Tarifverträgen ist die Leistung häuslicher und landwirtschaftlicher Arbeit erwähnt; im andern Falle wird sie als selbstverständlich vorausgesetzt.

2. Die Arbeitszeit des landwirtschaftlichen Gesindes.

Nach dem Tarifvertrage für die Schlesische Landwirtschaft richtet sich die Arbeitszeit des ledigen und in die häusliche Gemeinschaft aufgenommenen Arbeiters in bäuerlichen Betrieben nach der Arbeitszeit der Viehpfleger. Die Dauer der Viehpflege darf in der Regel nicht mehr als 3½ Stunden über die normale Arbeitszeit betragen. Im Tarifvertrag für die Insel Fehmarn heißt es: „Arbeiter und Arbeiterinnen, die in die häusliche Gemeinschaft aufgenommen sind, können bis zu 3 Stunden über die tägliche Tarifarbeitszeit hinaus zur Arbeit herangezogen werden, soweit diese Zeit zur Fütterung und Wartung des ihnen vertraglich anvertrauten Viehes zur Erledigung der Hausarbeit und für außerordentliche Fälle erforderlich ist. Jede weitere Dienstleistung unterliegt der Bestimmung über Überstundenarbeit. Die Festlegung des Umfanges der Hausarbeit kann durch Einzeldienstvertrag erfolgen." Ein Höchstmaß von 3 Stunden ist auch im

Tarifvertrag für die Altmark vorgeschrieben. Nach dem Rahmentarif für Lippe-Detmold ist die Außenarbeitszeit des Gesindes die gleiche wie die der anderen Arbeiter. Im allgemeinen darf Haushaltsarbeit nicht vor 1 ½ Stunden vor und nach 2 Stunden nach Ende der Außenarbeit verlangt werden. Wenn sie verlangt wird, gilt sie als Überstunde. Die Tarifverträge für familienfremde, landwirtschaftliche Dienstboten in Franken, Schwaben und Bayern für 1922 setzen eine Nachtruhe fest:

„Die Arbeitszeit hat der Jahreszeit und der Dringlichkeit zu entsprechen. Die Nachtruhe beträgt in der Regel: vom 15. November bis 15. März 10 Stunden, sonst 8 Stunden. Der Tarifvertrag für Bayern für das Jahr 1923 bestimmt: vom 1. November bis 28. Februar 10 Stunden, vom 1. März bis 31. Oktober 8 Stunden, während der Ernte 7 Stunden.

Soweit es wirtschaftliche und Naturverhältnisse bedingen, kann im Einverständnis mit den Dienstboten bzw. dem Betriebsobmann, sofern ein solcher gesetzlich zuständig ist, die Nachtruhe vorübergehend verringert werden. Notwendige Arbeiten im Stalle und für das Einbringen des Grünfutters sind auch an Sonn- und Feiertagen zu verrichten.“ Dem fügt der Tarifvertrag für Unterfranken noch hinzu: „Das Einbringen des Grünfutters hat möglichst an den Vortagen zu erfolgen.“ Nach dem Tarifvertrage für Ostpriegnitz vom 11. März 1922 dürfen Dienstmädchen in landwirtschaftlichen Betrieben nach 9 Uhr abends nicht mehr beschäftigt werden.

3. **Die Regelung der Bezahlung für Sonderleistungen oder Überstunden des Gesindes.**

Im allgemeinen erfolgt nach den Tarifverträgen für die über die Tarifarbeitszeit hinaus geleistete Arbeit des Gesindes bis zu der bestimmten, im Vertrage angegebenen Stundenzahl keine besondere Vergütung. Besonders erwähnt ist diese Bestimmung jedoch nur in den Tarifbezirken Freistaat Sachsen und Hannover (Hildesheim). Jede noch weitere Dienstleistung des Gesindes unterliegt, wie oben schon erwähnt wurde, den Bestimmungen über Überstunden. In den Tarifverträgen für familienfremde Dienstboten, Bayern, Schwaben und Franken erhalten Dienstboten, die zu einer gewerblichen Tätigkeit verwendet werden, die nicht in innerem Zusammenhang mit dem eigentlichen landwirtschaftlichen Betrieb des Arbeitgebers steht, eine besondere Zulage. Arbeiten, die der Instandhaltung des eigenen Betriebes, sowie den gemeinnützigen Bedürfnissen der Gemeinde dienen, fallen nicht darunter. Dienstboten erhalten für die geleistete Erntearbeit ein Erntegeld. Dieses wird durch freie Vereinbarung zwischen Arbeitgeber und Arbeitnehmer festgesetzt und ist nach Abschluß der Getreideernte auszubezahlen.

XI. Die Regelung der Arbeitszeit für die land- und forstwirtschaftlichen Angestellten.

In der Verordnung über die Regelung der Arbeitszeit der Angestellten während der wirtschaftlichen Demobilmachung vom 18. März 1919 (Reichs-Gesetzbl. S. 315) sind im § 12 u. a. auch die land- und forstwirtschaftlichen Angestellten in Haupt- und Nebenbetrieben ausgenommen worden. Eine schematische Durchführung des Achtstundentages wäre bei den land- und forstwirtschaftlichen Angestellten, mit Ausnahme der lediglich mit Schreibarbeiten Beschäftigten, ebensowenig angebracht wie bei den landwirtschaftlichen Arbeitern; da die Tätigkeit eines Försters oder eines Molkereiangestellten z. B. in ihrer Weise mit den Naturbedingungen nicht weniger eng verknüpft ist als die Tätigkeit eines Erntearbeiters, ihre Arbeitszeit auch nicht kürzer sein kann als die der von ihnen zu beaufsichtigenden Arbeiter. Die hier bestehende gesetzliche Lücke wird jedoch auch durch die Tarifverträge nicht ausgefüllt; die Gründe dafür liegen vielleicht in der verhältnismäßig geringen Zahl und schwachen Organisation der land- und forstwirtschaftlichen Beamten und Angestellten. Es bestehen an größeren Verbänden nur: der Reichsverband land- und forstwirtschaftlicher Fach- und Körperschaftsbeamten mit 13400 Mitgliedern am Ende des Jahres 1921; der Verband land- und forstwirtschaftlicher Angestellten mit 13500 Mitgliedern; der deutsche Gutsbeamtenbund mit 8200 Mitgliedern und der Reichsverband der Molkerei- und Käsereiangestellten mit 6720 Mitgliedern. — Bestimmungen über Arbeitszeit fanden sich nur in folgenden Tarifverträgen: Der Tarifvertrag für die kaufmännischen Angestellten in den Saatzüchtereien, im Samenhandel und in den gärtnerischen Betrieben Quedlinburgs vom 22. August 1922 bestimmt: Die Arbeitszeit ist die gesetzliche. Die durch die Eigenart des Betriebes in der Saison notwendig werdenden Überstunden werden nicht besonders vergütet. In den Betrieben, in denen Überstunden geleistet sind, werden den Angestellten in der arbeitsarmen Zeit des Jahres (5 Monate) verkürzte Arbeitszeit oder freie Nachmittage gewährt. Ist bei einem Angestellten ein Ausgleich auf diesem Wege nicht möglich, so ist die geleistete Mehrarbeit durch Gewährung eines längeren Urlaubs oder eine Geldentschädigung zu vergüten.

Verordnung über die Arbeitszeit in Krankenpflegeanstalten.

Vom 13. Februar 1924 (RGBl. I S. 66).

Auf Grund des Ermächtigungsgesetzes vom 8. Dezember 1923 (Reichs-Gesetzbl. I S. 1179[1]) verordnet die Reichsregierung nach Anhörung eines Ausschusses des Reichsrats und eines aus 15 Mitgliedern bestehenden Ausschusses des Reichstags vorbehaltlich einer späteren endgültigen Regelung:

1. Nach dem Ermächtigungsgesetz war die Regierung ermächtigt, die Maßnahmen zu treffen, die sie im Hinblick auf die Not von Volk und Reich für erforderlich und dringend erachtete. Der Geltungsbereich dieses Gesetzes war gegenüber dem Ermächtigungsgesetz v. 15. 10. 23 (RGBl. S. 943) insofern erweitert, als die Ermächtigung keiner Beschränkung auf irgendeinem Gebiet unterlag, also auch auf die Regelung der **Arbeitszeit** sich erstreckte, deren Regelung dem Gesetz v. 13. 10. 23 ausdrücklich entzogen war.

Das Gesetz v. 8. 12. 23 trat am 15. 2. 24 außer Kraft, die einmal ordnungsmäßig auf Grund des Gesetzes erlassenen VO. bleiben aber, trotzdem die Regelung nur als vorläufig gedacht war, weiter in Kraft, bis sie durch Gesetz ausdrücklich aufgehoben werden.

§ 1. In Krankenpflegeanstalten darf das Pflegepersonal in der Woche[1] — einschließlich der Sonn- und Feiertage — bis zu 60 Stunden, die Pausen nicht eingerechnet[2], beschäftigt werden. Die tägliche Arbeitszeit soll in der Regel 10 Stunden nicht überschreiten[3] und durch angemessene Pausen unterbrochen sein.

Als Krankenpflegeanstalten[4] gelten öffentliche und private Anstalten, in denen Kranke oder Sieche versorgt werden, die ständiger ärztlicher Aufsicht oder fachkundiger Pflege bedürfen, ferner Entbindungsanstalten, Säuglingsheime und Irrenanstalten.

Als Pflegepersonal[5] im Sinne dieser Verordnung gelten die Personen, die in einer derartigen Anstalt auf Grund eines Arbeits- oder Lehrverhältnisses überwiegend pflegerische Arbeiten leisten oder Arbeiten häuslicher oder sonstiger Art verrichten, die unmittelbar der Versorgung der Kranken dienen. Für Anstalten des Reichs wird durch den Reichsarbeitsminister, für die übrigen Anstalten durch die höheren Verwaltungsbehörden bestimmt, welche Arbeiten als pflegerische oder sonst unmittelbar der Versorgung der Kranken dienende anzusehen sind.

1. Es handelt sich hier also nicht um einen Tagesschutz (wie im § 1 der AZVO. v. 14. 4. 27, s. oben S. 112 f.), sondern um einen Wochenschutz (Maximalarbeitswoche von 60 Stunden).

Sonn- und Feiertage werden wegen des besonderen Geltungsbereichs den Wochentagen gleichgesetzt. Dadurch wird es ermöglicht, den Dienst in eine Tag- und Nachtschicht von je 12 Stunden Dauer einzuteilen.

2. Wegen des Ausschlusses der Pausen s. Anm. 9 zu § 1 der AZVO., S. 115 oben.

3. Außer dieser möglichen Überschreitung der Arbeitszeit ist das Personal nach § 3 Abs. 2 in Notfällen zur Mehrarbeit verpflichtet.

4. Welche Anstalten unter die VO. fallen, ergeben die vom Reichsarbeitsminister aufgestellten Grundsätze Ziff. I S. unten S. 313. Lazarette sind durch § 7 auf jeden Fall ausgenommen.

5. S. Ziff. III der Grundsätze.

§ 2. Für Personen, die in einer von der obersten Landesbehörde als gemeinnützig[1] anerkannten Krankenpflegeanstalt beschäftigt sind, gelten die Vorschriften dieser Verordnung auch dann, wenn sie nicht zu dem Pflegepersonal (§ 1 Abs. 3) gehören, es sei denn, daß etwas anderes vereinbart ist. Im übrigen gilt für die in Krankenpflegeanstalten beschäftigten, nicht zum Pflegepersonale gehörende Personen die Verordnung über die Arbeitszeit vom 21. Dezember 1923 (Reichs-Gesetzbl. I S. 1249[2]).

Keine dieser Verordnungen gilt für die in Krankenpflegeanstalten[3] beschäftigten Personen,

a) die nach § 10 des Betriebsrätegesetzes[4] nicht als Arbeitnehmer gelten,

b) die um ihrer eigenen dauernden Versorgung[5] willen in der Anstalt aufgenommen sind.

1. S. Ziff. II der Grundsätze.

2. Abgeändert durch Gesetz v. 14. 4. 27, mit diesen Änderungen neugefaßt als AZVO. v. 14. 4. 27. S. oben S. 112f.

3. S. Ziff. IV der Grundsätze.

4. BRG. v. 4. 2. 20 (RGBl. S. 147).

5. Also Personen, die selbst der Anstaltshilfe bedürfen, aber gleichzeitig nach Maß ihrer Fähigkeiten beschäftigt werden.

§ 3. Die Anstaltsleitung regelt die Dauer und Verteilung der Arbeitszeit und der Pausen sowie die wöchentlichen Freizeiten[1] nach Anhörung der leitenden Ärzte und der Betriebsvertretung[2]. Die Regelung ist durch Aushang an sichtbarer Stelle bekanntzugeben.

Die nach dieser Verordnung sich ergebenden Beschränkungen der Arbeitszeit finden keine Anwendung auf vorübergehende Arbeiten, die in Notfällen[3] unverzüglich vorgenommen werden müssen.

1. Falls die tägliche Arbeitszeit 10 Stunden nicht überschreitet (§ 1), ist die Maximalgrenze von 60 Stunden in der Woche durch sechstägige Arbeitszeit erreicht, so daß dann ein Tag frei ist.

2. Außer der Zulassung der Sechzigstundenwoche weicht die VO. also auch insoweit vom geltenden Arbeitsrecht ab, als die Mitwirkung der Arbeitnehmer oder ihrer Vertretung bei der Aufstellung des Dienststundenplans ausgeschaltet wird. Vgl. hierzu den Bescheid des Reichsarbeitsministers v. 19. 4. 24 (RABl. S. 185).: „Die Bestimmung des § 3 der VO. über die Arbeitszeit in Krankenpflegeanstalten v. 13. 2. 24 (RGBl. I S. 66) über Anhörung der Betriebsvertretung ist eine Abschwächung des § 78 Ziff. 2 des BRG., die wegen der Eigenart der Verhältnisse in Krankenpflegeanstalten notwendig wurde. Eine tarifvertragliche Regelung der Arbeitszeit wird also durch § 3 zunächst nicht berührt. Soweit daher durch Tarifvertrag eine kürzere als nach der VO. zulässige Arbeitszeit festgesetzt ist, kann m. E. die Erhöhung der Arbeitszeit bis zu 60 Stunden in der Woche erst eintreten, nachdem die

bestehenden Tarifverträge entsprechend abgeändert worden oder abgelaufen sind. Eine kurzfristige Kündigung für solche Tarifverträge, wie sie nach § 12 Abs. 1 der VO. über die Arbeitszeit v. 21. 12. 23 zulässig ist, ist in der VO. v. 13. 2. 24 nicht vorgesehen."

Ein Tarifvertrag besteht für die Krankenschwestern in den Krankenanstalten des Reichs und ist hinter dieser VO. abgedruckt.

3. Z. B. Hilfeleistung bei Operationen usw. Über den Begriff des Notfalles s. Anm. 4 zu § 10 der AZVO. S. 157 oben.

§ 4. Die Aufsicht über die Durchführung dieser Verordnung steht für die Anstalten des Reichs dem Reichsarbeitsminister, für die übrigen Anstalten den von der obersten Landesbehörde zu bestimmenden Gesundheits- oder Gewerbeaufsichtsbehörden[1] zu.

Der Reichsarbeitsminister kann für Anstalten des Reichs, die oberste Landesbehörde für Anstalten des Landes die Aufsicht über die Durchführung dieser Verordnung auf die den Anstaltsleitungen vorgesetzten Dienstbehörden übertragen. Die Vorschriften des § 139b[2] der Gewerbeordnung über die Gewerbeaufsicht gelten sinngemäß.

1. Gewerbeärzte. S. Ziff. V der Grundsätze.

2. § 139b enthält die Regelung der Befugnisse der Aufsicht über die Ausführung der gesetzlichen Bestimmungen. Der Wirkungskreis dieser Aufsichtsbeamten erstreckt sich u. a. auch auf die Revision der Anlagen (Maschinen usw.).

§ 5. Bei Zuwiderhandlungen gegen die Vorschriften dieser Verordnung findet § 11 der Verordnung über die Arbeitszeit vom 21. Dezember 1923[1] mit der Maßgabe Anwendung, daß Zuwiderhandlungen der beamteten Leiter von Anstalten des

Reichs, der Länder, der Gemeinden und Gemeindeverbände im Dienstaufsichtswege[2] verfolgt werden.

1. S. Anm. 2 zu § 2.

2. Die Strafen sind: Warnung, Verweis, Geldstrafe, Gehaltskürzung, Dienstentlassung (§ 2 der Reichsdienststrafordnung in der Fassung der Beschlüsse des Beamtenausschusses). Der „Entwurf einer Reichsdienststrafordnung" liegt zur Zeit der Drucklegung dieses Kommentars dem Reichstag zur Beschlußfassung vor (RT.-Drucks. Nr. 1474, III. WP. 1924/27).

§ 6. Der Reichsarbeitsminister kann Ausführungsbestimmungen zu dieser Verordnung erlassen[1], insbesondere Richtlinien darüber aufstellen, welche Anstalten unter diese Verordnung fallen, welche als gemeinnützig (§ 2 Abs. 1) und welche Arbeiten als pflegerische oder sonst unmittelbar der Versorgung von Kranken dienende Arbeiten (§ 1 Abs. 3) anzusehen sind.

1. S. die Grundsätze unten S. 313 f.

§ 7. Die Regelung der Arbeitszeit in den dem Reichswehrministerium unterstellten Krankenpflegeanstalten (Lazarette), ebenso die Aufsicht über die Durchführung dieser Regelung steht dem Reichswehrminister zu; die Grundsätze dieser Verordnung sind nach Möglichkeit zur Anwendung zu bringen.

§ 8. Die Landesregierungen[1] bestimmen, welche Behörden unter der Bezeichnung oberste Landesbehörde und höhere Verwaltungsbehörde im Sinne dieser Verordnung zu verstehen sind.

1. Z. B. hat Sachsen am 12. 4. 24 Ausführungsbestimmungen zu § 8 erlassen (RABl. S. 263), Preußen am 25. 3. 25. Dazu Erlaß v. 28. 1. 27 (RABl. S. 194).

§ 9. Diese Verordnung tritt am 1. April 1924 in Kraft.

Berlin, den 13. Februar 1924.

Der Reichskanzler.
Marx.

Der Reichsarbeitsminister.
Dr. Brauns.

Grundsätze zur Durchführung der Verordnung über die Arbeitszeit in Krankenpflegeanstalten.

Berlin, den 17. Mai 1924.

(RABl. S. 222.)

Der Reichsarbeitsminister.
III B 1035.

An die Regierungen der Länder.

Der § 6 der Verordnung über die Arbeitszeit in Krankenpflegeanstalten vom 13. Februar 1924 (Reichs-Gesetzbl. I S. 66) ermächtigt den Reichsarbeitsminister, Ausführungsbestimmungen zu erlassen und insbesondere Richtlinien zu einigen Vorschriften der Verordnung aufzustellen. Da es sich bei der Verordnung über die Arbeitszeit in Krankenpflegeanstalten um ein neues und eigenartiges Gebiet handelt, so möchte ich zunächst von förmlichen Ausführungsbestimmungen oder Richtlinien, welche rechtlich bindende Kraft besitzen, absehen. Um trotzdem die notwendige Einheitlichkeit bei der Durchführung der Verordnung zu sichern, gebe ich jedoch in folgendem einige Grundsätze bekannt, die den obersten Landesbehörden sowie den höheren Verwaltungsbehörden Anhaltspunkte für die gemäß § 1 und 2 der Verordnung zu treffenden Entscheidungen bieten können.

Die auf Grund des Ermächtigungsgesetzes erlassene Verordnung über die Arbeitszeit in Krankenpflegeanstalten ist zunächst nur als vorläufige Regelung gedacht. Um Unterlagen für die Weiterbildung der Gesetzgebung auf diesem Gebiet oder für den Erlaß von Ausführungsbestimmungen zu erhalten, wäre es mir von Wert, wenn mir im Laufe des Jahres Berichte der mit der Aufsicht betrauten Behörden darüber ermittelt werden könnten, wie sich die Durchführung der Verordnung in der Praxis gestaltet hat.

I. Welche Anstalten fallen unter die Verordnung? (§ 1 Abs. 2.)

Die Verordnung behandelt öffentliche und private Anstalten gleich. Sie bezieht sich jedoch nur auf solche öffentlichen oder privaten Anstalten, die allen oder wenigstens weiteren Kreisen der Bevölkerung offenstehen. Krankenpflegeanstalten für geschlossene Kreise — z. B. Krankenanstalten bei Gefängnissen für die Gefängnisinsassen, oder Krankenpflegestationen bei Internaten — fallen nicht unter die Verordnung. Für die dem Reichswehrministerium unterstehenden Lazarette folgt dies schon aus der Vorschrift des § 7 der Verordnung. Der dort ausgesprochene Grundsatz, daß die Verordnung auch für Militärlazarette nach Möglichkeit zur Anwendung zu bringen sei, wird für nichtöffentliche Krankenpflegeanstalten in diesem Sinne allgemein zu gelten haben.

Die Verordnung bezieht sich auf Anstalten, in denen Kranke oder Sieche versorgt werden, „die ständiger ärztlicher Aufsicht oder fachkundiger Pflege bedürfen". Hierunter sind außer den eigentlichen Krankenhäusern auch Siechenhäuser, Kliniken, Lungenheilstätten, Krüppelheilstätten, Beobachtungsstationen, Genesungsheime, Kindererholungsheime und -heilstätten, Sanatorien usw. zu verstehen. Es muß sich jedoch stets um Anstalten handeln, die aus einem wirklichen Pflege- und Versorgungsbedürfnis der Kranken heraus aufgesucht werden. Manche Arten von Kurhäuse n, die im Grunde nichts weiteres sind als Hotels und Pensionen, bei denen also in erster Linie die Unterbringungsart (Komfort) des Aufzunehmenden und erst in zweiter Linie die ärztliche Behandlung steht, und deren Besitzer auf den Besuch eines besonders zahlungsfähigen Publikums rechnen, fallen nicht unter die Verordnung.

Für die Anwendung der Verordnung ist ohne Belang, ob die Kranken gegen Bezahlung oder unentgeltlich aufgenommen werden.

II. Welche Anstalten sind als gemeinnützige anzuerkennen? (§ 2 Abs. 1.)

Den als gemeinnützig anerkannten Krankenpflegeanstalten ist die Erleichterung eingeräumt, daß das gesamte in der Anstalt beschäftigte Personal, soweit es nicht überhaupt von der Verordnung ausgenommen bleibt (vgl. unter IV), bis zu 60 Stunden in der Woche beschäftigt werden darf. Bei den nicht als gemeinnützig anerkannten Anstalten gilt die 60-Stunden-Woche nur für das Pflegepersonal im Sinne des § 1 Abs. 3 der Verordnung über die Arbeitszeit in Krankenpflegeanstalten.

Als gemeinnützige Anstalten im Sinne der Verordnung über die Arbeitszeit in Krankenpflegeanstalten werden im allgemeinen Anstalten anzusehen sein, die folgenden Anforderungen genügen:

a) Erwerbszwecke müssen ausgeschlossen sein; der Erlös aus den Pflegesätzen sowie die sonstigen Einkünfte der Anstalt müssen zur Aufrechterhaltung der Anstalt oder zum weiteren Ausbau der Anstaltszwecke verwendet werden; es darf nur eine mäßige Verzinsung des Anlagekapitals stattfinden.

b) Die Wirtschaftsführung der Anstalt muß geordnet sein; ihr innerer Betrieb und ihre Leistungen müssen den berechtigterweise an eine gut geleitete Krankenpflegeanstalt zu stellenden Anforderungen entsprechen.

Die Anerkennung als „gemeinnützig" im Sinne des Steuer- und Stempelrechts genügt nicht, um die Gemeinnützigkeit im Sinne der Verordnung über die Arbeitszeit in Krankenpflegeanstalten zu begründen. Dagegen empfiehlt es sich, bei der Abgrenzung der als gemeinnützig anzuerkennenden Anstalten die Richtlinien zu berücksichtigen, die der Reichsarbeitsminister und der Reichsminister des

Innern mit Zustimmung des Reichsrats am 10. August 1923 über die Verwendung von Mitteln zur Unterstützung von Anstalten und Einrichtungen der Wohlfahrtspflege auf Grund des § 61 des Finanzausgleichsgesetzes erlassen haben.

Unter Ziffer II, 1 dieser Richtlinien werden als Reichsspitzenverbände der Wohlfahrtspflege anerkannt:

1. Zentralausschuß für die Innere Mission,
2. Deutscher Caritasverband,
3. Zentralwohlfahrtsstelle der deutschen Juden,
4. Deutsches Rotes Kreuz,
5. Vereinigung der freien privaten gemeinnützigen Wohlfahrtseinrichtungen Deutschlands,
6. Hauptausschuß für Arbeiterwohlfahrt,
7. Zentralwohlfahrtsausschuß der christlich-nationalen Arbeiterschaft.

Anstalten, die einem der unter 1—7 genannten Reichsspitzenverbände der Wohlfahrtspflege angehören, und die als zuschußberechtigt im Sinne der Richtlinien vom 10. August 1923 unter I Ziffer 3 anerkannt worden sind, dürften im allgemeinen auch ohne weitere Nachprüfung als gemeinnützige Anstalten im Sinne der Verordnung über die Arbeitszeit in Krankenpflegeanstalten anzuerkennen sein. Dasselbe dürfte für die Anstalten zutreffen, die einer der unter IV a—d dieser Grundsätze genannten religiösen Genossenschaften gehören, soweit diese Anstalten nicht bereits einem der anerkannten Reichsspitzenverbände der Wohlfahrtspflege angeschlossen sind. Wollen andere Anstalten als gemeinnützig anerkannt werden, so muß eine Nachprüfung stattfinden.

Bei der Abfassung des § 2 der Verordnung über die Arbeitszeit in Krankenpflegeanstalten war in erster Linie an Anstalten gedacht, deren Träger religiöse oder humanitäre Verbände sind. Jedoch auch die meisten Anstalten des Reichs, der Länder, der Provinzen, der Kreise, der Gemeinden und der Träger der Sozialversicherung müssen als gemeinnützig angesehen werden, da die unter a) und b) dieses Abschnitts genannten Merkmale auf sie zutreffen. Sollte jedoch eine Anstalt dieser öffentlich-rechtlichen Körperschaften zu Erwerbszwecken betrieben werden, so würde sie nicht darunter fallen. Falls es notwendig wird, behalte ich mir vor, für die Anstalten des Reichs Ausführungsbestimmungen auf Grund des § 6 der Verordnung zu erlassen, um die Anstalten des Reichs als gemeinnützig anzuerkennen.

III. Welche Personen fallen unter die Verordnung? (§ 1 Abs. 3.)

Der Abschnitt III hat im allgemeinen nur Bedeutung für die nicht als gemeinnützig anerkannten Anstalten (vgl. unter II dieser Grundsätze). Die in den folgenden Ausführungen vorgenommene Gruppierung des in Krankenpflegeanstalten beschäftigten Personals hat daher nur für einen verhältnismäßig kleinen Kreis von Anstalten Bedeutung.

Die Verordnung über die Arbeitszeit in Krankenpflegeanstalten spricht in § 1 Abs. 3 von Personen, die überwiegend pflegerische Arbeit leisten oder

Arbeiten häuslicher und sonstiger Art verrichten, die unmittelbar der Versorgung der Kranken dienen. Die Abgrenzung des Pflegepersonals im engeren Sinne wird sich im allgemeinen leicht treffen lassen. Schwieriger dürfte in manchen Fällen die Entscheidung darüber sein, welche Arten von Arbeit „unmittelbar der Versorgung der Kranken dienen".

1. Im strengsten Sinne gehören dazu nur Dienste persönlicher Art, die den besonderen Bedürfnissen und Wünschen des Kranken angepaßt werden müssen und vom Pflege-, Wärter- und Hilfswärterpersonal ausgeübt werden.

2. Im erweiterten Sinne rechnen dazu Dienstverrichtungen, die insofern unmittelbar der Versorgung der Kranken dienen, als sie ihrem Zeitpunkt nach sich nach den persönlichen Bedürfnissen der Kranken richten müssen; hierzu rechnet die Arbeit der Masseure, Bademeister, des Küchenpersonals, des Laboratoriums- und Apothekenpersonals und des Reinigungspersonals, das die Aufenthaltsräume der Kranken zu reinigen hat.

3. Manche Arten von Arbeiten, z. B. der Heizer usw. können nicht als unmittelbar der Versorgung der Kranken dienend angesehen werden, da dieser Personenkreis seine Arbeit nach allgemein geltenden Regeln unbeeinflußt durch die Sonderwünsche des einzelnen Kranken verrichtet. Sie dienen nur mittelbar der Versorgung der Kranken, da das Wohlbefinden der Kranken, unter Umständen auch der ganze Heilungserfolg, von der Temperatur in den Krankensälen und Operationssälen beeinflußt wird.

Bei einer letzten Gruppe von Arbeitern ist weder ein unmittelbarer noch ein mittelbarer Zusammenhang zwischen der Arbeit und dem Wohle der Kranken vorhanden; hierzu gehören z. B. die büromäßigen Arbeiten Angestellter, die Arbeiten der Handwerker, der Wächter, der Pförtner, der Gärtner, der Näherinnen, die Arbeiten in der Wäscherei und andere mehr.

Diese zuletzt genannten Personenkreise werden daher dem Pflegepersonal im allgemeinen nicht gleichzustellen sein, namentlich wenn diese Arbeiten nicht fest in den eigentlichen Anstaltsbetrieb eingegliedert sind.

Die Entscheidung, ob und wieweit die in den Krankenpflegeanstalten beschäftigten Personen unter die Verordnung über die Arbeitszeit in Krankenpflegeanstalten fallen oder nicht, wird auch dadurch beeinflußt, ob es sich um große Anstalten mit zahlreichem Personal und streng durchgeführter Arbeitsteilung handelt oder um kleine Anstalten, in denen das eigentliche Pflege- und Wärterpersonal unter Umständen zugleich häusliche Dienste, Arbeit im Laboratorium, Arbeit als Pförtner, Gärtner oder dergleichen leistet. In großen Anstalten kann die Grenze enger gezogen werden als in kleinen Anstalten. Der höheren Verwaltungsbehörde muß m. E. ein gewisser Spielraum gegeben werden, sich von Fall zu Fall mit der Anstaltsleitung, den leitenden Ärzten und der Betriebsvertretung darüber zu verständigen, wie die verschiedenen Gruppen der Beschäftigten einzuordnen sind.

IV. Welche Personen fallen nicht unter die Verordnung, obwohl sie in Krankenpflegeanstalten arbeiten? (§ 2 Abs. 2.)

Die Verordnung findet keine Anwendung auf Personen, die nach § 10 des Betriebsrätegesetzes nicht als Arbeitnehmer gelten; daher fallen insbesondere nicht unter die Verordnung:

1. öffentliche Beamte und Beamtenanwärter,
2. Personen, deren Beschäftigung nicht in erster Linie ihrem Erwerb dient, sondern mehr durch Beweggründe caritativer und religiöser Art bestimmt wird. Auch Personen, die um ihrer eigenen dauernden Versorgung willen oder zum Zweck der Heilung, der Wiedereingewöhnung, der sittlichen Besserung oder Erziehung in die Anstalt aufgenommen sind und dort je nach dem Maß ihrer Fähigkeit beschäftigt werden (Erziehungszöglinge, körperlich und geistig Erwerbsbeschränkte, Epileptiker usw.), fallen nicht unter die Verordnung.

Zu den unter 2 Satz 1 genannten Personen sind zu rechnen:

a) Die Mitglieder der katholischen Kongregationen. Hierunter sind sowohl die geschlossenen Orden, wie auch die in freierer Form organisierten Kongregationen zu verstehen. Den Kongregationen stehen im Sinne der Verordnung über die Arbeitszeit in Krankenpflegeanstalten religiöse Verbände gleich, die sozial-caritativ arbeiten, deren Mitglieder aber nicht durch Gelübde gebunden sind.

b) Die Mitglieder evangelischer Mutter- und Brüderhäuser, sowie evangelische Schwesternschaften. Das Merkmal für die unter Gruppe b) fallenden Personen liegt darin, daß die Schwestern oder Brüder in Mutter- oder Brüderhäusern oder in Genossenschaften zusammengeschlossen sind, die im evangelischen Geiste geleitet werden. Die religiöse Grundlage wird nach außen hin durch die Satzungen und die Haus- oder Berufsordnung erkennbar. Die einzelne Schwester oder der einzelne Bruder schließt niemals einen Vertrag selbständig mit einer Krankenpflegeanstalt ab, sondern sie gehen dahin, wohin das Mutterhaus oder die Genossenschaft sie schickt. Das Mutterhaus oder die Genossenschaft übernimmt die volle Fürsorge auch in Krankheitsfällen und im Alter.

c) Die Schwesternschaften der Balley Brandenburg des ritterlichen Ordens St. Johannis vom Spital zu Jerusalem (Johanniterorden). Die Schwestern des Johanniterordens werden in den Diakonissen-Mutterhäusern (Gruppe b) oder in Krankenhäusern des Johanniterordens ausgebildet. Es gibt Johanniterschwestern, die ständig in der Krankenpflege tätig sind, und Schwestern, die nur zeitweilig zu Übungen als eine Art Reserve herangezogen werden. Die Schwestern des Johanniterordens arbeiten auf derselben religiösen Grundlage wie die Diakonissinnen. Auch die Johanniterschwester schließt keinen eigenen Vertrag mit den Krankenpflegeanstalten ab, sondern folgt der Anweisung des Ordens.

d) Die vom Maltheserorden mit der Krankenpflege betrauten Brüder- und Schwesternschaften. Der Maltheserorden ist eine ähnliche Einrichtung auf katholischer Seite, wie der Johanniterorden (c) auf evangelischer. Der Orden bedient sich in den von ihm unterhaltenen Anstalten der Mitglieder der katholischen Kongregationen.

e) Die jüdischen Schwesternschaften, die nach dem Mutterhaussystem oder in Genossenschaften zusammengeschlossen sind; die Beschäftigung der Schwestern erfolgt nach ähnlichen Grundsätzen wie bei Gruppe b).

f) Die Mitglieder der zum „Verband der Mutterhäuser vom Roten Kreuz" gehörigen Schwesternschaften. Die Organisation ist dieselbe wie bei den Gruppen unter b), d. h. die einzelne Schwester schließt nicht selbst einen Vertrag mit einer Krankenpflegeanstalt, sondern folgt den Weisungen ihres Mutterhauses.

Die unter a) bis f) genannten Personen sind ohne weitere Nachprüfung von den Vorschriften der Verordnung über die Arbeitszeit in Krankenpflegeanstalten auszunehmen. Bei anderen Gruppen liegen Grenzfälle vor. Es gibt Schwesternschaften, denen vom Staat das Recht zur Führung des Roten Kreuzes verliehen worden ist, die aber nicht zu dem unter f) genannten Verband gehören, sowie Schwesternschaften des Reichsverbandes der privaten gemeinnützigen Kranken- und Pflegeanstalten Deutschlands. Die Befreiung der zu diesen beiden Gruppen gehörenden Personen soll nur auf Antrag der Anstaltsleitung oder der Beteiligten geschehen. Bei der Nachprüfung ist darauf zu achten, ob die Entlohnung ungefähr der Höhe der sonst an die Pflegepersonen gezahlten Gehälter entspricht, oder ob sie nur eine Art Taschengeld bedeutet. Im ersteren Falle spricht die Vermutung für ein Arbeitnehmerverhältnis, im anderen Falle für die Anwendbarkeit des § 10 Abs. 2 Nr. 2 des Betriebsrätegesetzes. Es ist ferner darauf zu achten, ob die Anstaltsleitung mit den einzelnen Pflegepersonen oder mit dem Mutterhaus einen Vertrag abgeschlossen hat. Im ersteren Falle dürfte ein Arbeitnehmerverhältnis, im anderen Falle eher ein Verhältnis im Sinne von § 10 Abs. 2 Nr. 2 des Betriebsrätegesetzes anzunehmen sein. Auch der Umstand, ob und wieweit das Mutterhaus die Sorge für die Schwestern im Falle von Krankheit, Invalidität und Alter übernimmt, dürfte zur Beantwortung der Frage heranzuziehen sein, ob ein Verhältnis ähnlich wie bei den katholischen Kongregationen und den evangelischen Diakonissenhäusern vorliegt oder nicht.

V. Aufsicht über die Durchführung der Verordnung. (§ 4 Abs. 1.)

Nach der Verordnung bleibt es den obersten Landesbehörden überlassen, ob sie die Aufsicht über die Durchführung der Verordnung den Gesundheitsbehörden oder den Gewerbeaufsichtsbehörden übertragen wollen. Ist das letztere der Fall, so würde ich es für wünschenswert erachten, daß eine möglichst enge Fühlung zwischen den Gewerbeaufsichtsbehörden und den Gesundheitsbehörden stattfindet. Insbesondere sollten Anordnungen, die das zuständige Gewerbeaufsichtsamt zur Durchführung der Verordnung über die Arbeitszeit in Krankenpflegeanstalten zu treffen hat, in der Regel nur im Einverständnis mit der zuständigen Gesundheitsbehörde getroffen werden.

Dr. Brauns.

Preußen.

An sämtliche Herren Oberpräsidenten, die Herren Regierungspräsidenten und den Herrn Polizeipräsidenten in Berlin.

Erlaß des Ministers für Volkswohlfahrt und des Ministers für Handel und Gewerbe vom 28. Januar 1927 Nr. I M II 126 M. f. V., III 840 M. f. H., betr. Durchführung der Verordnung über die Arbeitszeit in Krankenpflegeanstalten.

(Handelsministerialbl. S. 84.)

Nach den auf unseren gemeinsamen Erlaß vom 22. Juni 1926 — I M II 20 08/26 VM., III 6203 M. f. H. — erstatteten Berichten hat sich die in Ziff. 4 unserer Ausführungsbestimmung vom 25. März 1925 — I M II Nr. 2808 I VM., III 419 M. f. H. — zur Verordnung über die Arbeitszeit in Krankenpflegeanstalten vom 13. Februar 1924 (Reichsgesetzbl. I S 66) angeordnete Zusammenarbeit der Medizinalbeamten und der Gewerbeaufsichtsbeamten bei der Aufsicht über die Durchführung der Verordnung durch Vornahme gemeinsamer Besichtigungen der Krankenpflegeanstalten als zweckmäßig erwiesen. Durch die gemeinsamen Besichtigungen und die damit verbundenen Besprechungen mit den Leitern der Krankenpflegeanstalten konnten wiederholt Mißverständnisse bei der Auslegung der Bestimmungen der obengenannten Verordnung aufgeklärt und vorhandene Mängel beseitigt werden. Zur weiteren möglichst wirksamen Durchführung der Schutzbestimmungen ersuchen wir, die gemeinsamen Besichtigungen der Krankenpflegeanstalten fortzusetzen und mir, dem unterzeichneten Minister für Volkswohlfahrt, bis zu Ende d. J. über das Ergebnis der Zusammenarbeit erneut zu berichten.

Wir nehmen gleichzeitig Veranlassung, entgegen der von einzelnen Berichterstattern vertretenen Auffassung, auf folgendes hinzuweisen. Die Gewerbeaufsichtsbeamten haben sich zur Überwachung der Durchführung der Arbeitszeit- und sonstigen Arbeiterschutzbestimmungen auch an den Besichtigungen solcher Krankenpflegeanstalten zu beteiligen, in denen nur wenige, nicht zum Pflegepersonal gehörige Personen (Maschinisten, Heizer, Gärtner, Hausgehilfen und dgl.), die als Arbeitnehmer im Sinne des § 10 des Betriebsrätegesetzes gelten, beschäftigt werden. Auch legen wir Wert darauf, daß die Medizinalbeamten an den Besichtigungen solcher Krankenpflegeanstalten teilnehmen, in denen keine oder nur wenige unter die Bestimmungen der Verordnung über die Arbeitszeit in Krankenpflegeanstalten fallende Pflegepersonen tätig sind, wenn sie ohnehin im Rahmen ihrer sonstigen Amtsbefugnisse diese Krankenpflegeanstalten besichtigen müssen.

Abdrucke für die Medizinalbeamten und die Gewerbeaufsichtsbeamten sind beigefügt.

Zugleich im Namen des Preußischen Ministers für Handel und Gewerbe

Der Preußische Minister für Volkswohlfahrt.

Im Auftrage Krohne.

Tarifvertrag für die Krankenschwestern in den Krankenanstalten des Reichs.

Vom 25. Juli 1925.

(Nachstehend sind nur die Bestimmungen des Tarifvertrages abgedruckt, die sich auf die Arbeitszeit beziehen.)

§ 1. Geltungsbereich.

(1) Der vorliegende Tarifvertrag erstreckt sich auf die Krankenschwestern in den Krankenanstalten des Reichs.

(2) Mutterhausschwestern fallen nicht unter diesen Tarifvertrag; ihre Arbeits- und Vergütungsverhältnisse werden durch Abmachungen mit dem Mutterhause besonders geregelt.

§ 2. Dienstliche Stellung.

Die Krankenschwester untersteht der Leitung der Krankenanstalt, die ihre Dienstobliegenheiten regelt.

Für den eigentlichen Krankendienst sind die Anordnungen des zuständigen Arztes maßgebend.

§ 4. Arbeitszeit.

(1) Die Arbeitszeit regelt sich nach der Verordnung über die Arbeitszeit in Krankenpflegeanstalten vom 13. Februar 1924 (Reichs-Gesetzbl. I S. 66).

(2) Bei vorübergehendem außerordentlichem und dringendem Bedürfnis (§ 3 Abs. 2 der VO. vom 13. 2. 1924) ist jede Schwester verpflichtet, auch über die festgesetzte Zeit hinaus Dienst zu tun. Eine Vergütung hierfür wird nicht gewährt.

(3) Jede Schwester ist zur Übernahme von Vertretungen bei Urlaub und Krankheitsfällen in angemessenen Grenzen verpflichtet.

§ 17. Ausführungsbestimmungen.

(1) Zwischen dem Reichsminister der Finanzen und einer von der vertragschließenden Organisation hierfür aufgestellten Vertretung von zwei Mitgliedern können erforderlichenfalls Ausführungsbestimmungen zu diesem Tarifvertrag vereinbart werden, die damit Bestandteil dieses Tarifvertrages werden.

(2) Abänderungen des Tarifvertrages können jedoch rechtswirksam nur durch ein schriftliches Abkommen zwischen dem Reichsminister der Finanzen und der vertragschließenden Organisation getroffen werden.

§ 18. Schlichtung von Streitigkeiten.

(1) Bei Einzelstreitigkeiten steht neben dem Rechtswege der Beschwerdeweg bis zur obersten Reichsbehörde offen.

(2) Werden Gesamtstreitigkeiten nicht durch eine Vereinbarung zwischen dem Reichsminister der Finanzen und der in Frage kommenden obersten Verwaltungsbehörde einerseits und einer in gleicher Weise wie im Falle des § 17 dieses Tarifvertrages gebildeten Vertretung der vertragschließenden Organisation anderseits beigelegt, so bleiben beiderseits die gesetzlichen Wege (Anrufung der Schlichtungsausschüsse usw.) offen.

§ 19. Gültigkeitsdauer.

Der vorliegende Tarifvertrag tritt mit dem 1. Juli 1925 in Kraft und gilt bis zum 30. September 1926.

§ 20. Verlängerung der Gültigkeitsdauer.

Der vorliegende Tarifvertrag verlängert sich jedesmal stillschweigend um ein Jahr, wenn er nicht drei Monate vor seinem Ablauf gekündigt wird. Im Falle der Kündigung sind beide Vertragsteile verpflichtet, sofort in Vorarbeiten für einen neuen Tarifvertrag einzutreten.

Berlin, den 27. Juli 1925.

Für die Reichsregierung:

Der Reichsminister der Finanzen.

J. V.: Dr. Lothholz.

Reichsverband der Krankenschwestern.

Schwester Lizzie Carstens.

Verordnung über die Beschäftigung jugendlicher Arbeiter auf Steinkohlenbergwerken.

Vom 25. März 1927 (RGBl. S. 82[1]).

Auf Grund des § 139a der Gewerbeordnung und des Artikel 179 Abs. 2 der Reichsverfassung wird mit Zustimmung des Reichsrats hiermit verordnet:

In Abänderung der Verordnung vom 24. April 1925 (Reichs-Gesetzbl. I S. 51) wird die Gültigkeit der Bekanntmachung, betreffend die Beschäftigung jugendlicher Arbeiter[2] auf Steinkohlenbergwerken, vom 7. März 1913[3] (Reichs-Gesetzbl. S. 125) bis zum 31. März 1929 verlängert.

Berlin, den 25. März 1927.

Der Reichsarbeitsminister.
In Vertretung: Dr. Geib.

1. Die VO. v. 24. 3. 23 (RGBl. S. 221) verlängerte die Gültigkeit der am 31. 3. 23 ablaufenden Bekanntmachung v. 7. 3. 13 auf zwei Jahre, ebenso die VO. v. 24. 4. 25 (RGBl. S. 51).

2. Die die Arbeitszeit der jugendlichen Arbeiter im Steinkohlenbergwerk besonders schützende VO. wird durch die AZVO. v. 21. 12. 23/14. 4. 27 nicht berührt (§ 9 Abs. 2 der AZVO.). Anders die beiden VO. v. 25. 3. 27 (Walz- und Hammerwerke und Glashütten usw. unten S. 333f.), welche bezüglich der Regelung der Arbeitszeit und der Pausen den Vorschriften der AZVO. unterworfen sind.

3. Die zugrunde liegende Bekanntmachung v. 7. 3. 13 ist nachstehend abgedruckt. An Stelle des die Bekanntmachung erlassenden Bundesrats ist nach der neuen Verfassung des Deutschen Reichs vom 11. 8. 1919 (RGBl. S. 1383) jetzt die Reichsregierung, d. h. in diesem Falle der Reichsarbeits-

minister getreten, der zum Erlaß solcher VO. der Zustimmung des Reichsrats bedarf.

Bekanntmachung, betreffend die Beschäftigung jugendlicher Arbeiter auf Steinkohlenbergwerken in Preußen, Bayern, Sachsen und Elsaß-Lothringen.

Vom 7. März 1913 (RGBl. S. 125).

Auf Grund des § 139a der Gewerbeordnung hat der Bundesrat die nachstehenden Bestimmungen, betreffend die Beschäftigung jugendlicher Arbeiter auf Steinkohlenbergwerken in Preußen, Bayern, Sachsen und Elsaß-Lothringen erlassen:

I. Auf Steinkohlenbergwerken, deren Betrieb auf achtstündige Schichten eingerichtet ist, dürfen bei der Beschäftigung derjenigen jugendlichen Arbeiter männlichen Geschlechts über vierzehn Jahre, welche über Tage mit den unmittelbar mit der Förd rung der Kohlen zusammenhängenden Arbeiten beschäftigt sind, die Beschränkungen des § 136 Abs. 1, 2 der Gewerbeordnung mit folgenden Maßgaben außer Anwendung bleiben:

1. Die Beschäftigung darf nicht vor fünf Uhr morgens beginnen und, wo in zwei Tagesschichten gearbeitet wird, nicht nach elf Uhr abends schließen; keine Schicht darf einschließlich der Pausen länger als acht Stunden dauern.

   Die Beschäftigung darf am Tage vor Sonn- und Festtagen sowie an den Tagen der Kontrollversammlungen um vier Uhr morgens beginnen und, wo in zwei Tagesschichten gearbeitet wird, am nächsten Werktag nach den Sonn- und Festtagen um ein Uhr nachts schließen.
2. Zwischen zwei Arbeitsschichten muß den jugendlichen Arbeitern eine Ruhezeit von mindestens fünfzehn Stunden gewährt werden. Die den Arbeitsschichten an Tagen vor Sonn- und Festtagen sowie an den Tagen der Kontrollversammlungen vorausgehende und die den Arbeitsschichten an Tagen nach Sonn- und Festtagen folgende Ruhezeit muß mindestens dreizehn Stunden dauern.

3. Zwischen den Arbeitsstunden müssen den jugendlichen Arbeitern an jedem Arbeitstag eine oder mehrere Pausen in der Gesamtdauer von mindestens einer Stunde gewährt werden; von diesen müssen zwei mindestens je eine Viertelstunde oder drei mindestens je zehn Minuten betragen. Während der Pausen darf den jugendlichen Arbeitern eine Beschäftigung im Betriebe nicht gestattet werden.

II. Auf Steinkohlenbergwerken dürfen jugendliche Arbeiter männlichen Geschlechts über vierzehn Jahre in höchstens sechsstündigen Schichten unter Wegfall der im § 136 Abs. 1 Satz 3 der Gewerbeordnung vorgeschriebenen Pause mit ihren Kräften angemessenen Arbeiten über Tage beschäftigt werden, sofern die Art des Betriebs an sich Unterbrechungen der Beschäftigung mit sich bringt.

Wegen des Beginns und des Schlusses dieser Beschäftigung und wegen der zwischen zwei Arbeitsschichten zu gewährenden Ruhezeit gelten die Bestimmungen unter I Ziffer 1 und 2.

III. Auf Steinkohlenbergwerken dürfen die Arbeitsstunden derjenigen jugendlichen Arbeiter männlichen Geschlechts über vierzehn Jahre, welche über Tage mit Arbeiten beschäftigt werden, die bei der An- und Abfahrt der Belegschaft zu leisten sind, in Abweichung von § 136 Abs. 1 Satz 1 der Gewerbeordnung bereits von fünfeinhalb Uhr morgens an und am Tage vor Sonn- und Festtagen sowie an den Tagen der Kontrollversammlungen bereits von vier Uhr morgens an beginnen.

IV. In der bei I bis III bezeichneten Art dürfen jugendliche Arbeiter nur beschäftigt werden, wenn durch das Zeugnis eines von der höheren Verwaltungsbehörde zur Ausstellung solcher Zeugnisse ermächtigten Arztes nachgewiesen ist, daß die körperliche Entwicklung des Arbeiters die für ihn in Aussicht genommene und genau anzugebende Beschäftigung auf dem Werke ohne Gefahr für seine Gesundheit zuläßt. Das ärztliche Zeugnis ist vor Beginn der Beschäftigung dem Arbeitgeber auszuhändigen, welcher es zu verwahren, auf amtliches Verlangen vorzulegen und bei Beendigung des Arbeitsverhältnisses dem jugendlichen Arbeiter bzw. dessen gesetzlichem Vertreter wieder auszuhändigen hat.

V. Auf Arbeitsstellen, wo jugendliche Arbeiter nach Maßgabe der Vorschriften unter Nr. I bis IV beschäftigt werden, muß neben der nach § 138 Abs. 2 der Reichs-Gewerbeordnung auszuhängenden Tafel eine zweite Tafel ausgehängt werden, welche in deutlicher Schrift die Bestimmungen unter I bis IV wiedergibt.

Die höhere Verwaltungsbehörde kann einzelne Betriebe, in denen jugendliche Arbeiter nach Maßgabe der Vorschriften unter I beschäftigt werden, auf Antrag von der Angabe des Beginns und Endes der Pausen in der nach § 138 der Gewerbeordnung zu erstattenden Anzeige und von der entsprechenden Angabe in dem Aushang für solche im einzelnen namhaft zu machende Beschäftigungszweige entbinden, bei denen nach der Art der Arbeit regelmäßig mindestens Arbeitsunterbrechungen von der unter I Ziffer 3 bestimmten Dauer eintreten. Diese schriftlich zu erteilende Genehmigung ist jederzeit widerruflich.

Die höhere Verwaltungsbehörde hat über die Betriebe, die auf Grund der Bestimmung im vorstehenden Absatz von der Angabe des Beginns und Endes der Pausen in der nach § 138 der Gewerbeordnung zu erstattenden Anzeige und von der entsprechenden Angabe in dem Aushang entbunden worden sind, nach dem anliegenden Muster ein Verzeichnis zu führen. Ein Auszug aus diesem Verzeichnis, der das abgelaufene Kalenderjahr umfaßt, ist bis zum 1. Februar jedes Jahres durch die Landes-Zentralbehörde dem Reichskanzler vorzulegen.

VI. Die vorstehenden Bestimmungen haben für zehn Jahre Gültigkeit.

Sie treten am 1. April 1913 in Kraft und an Stelle der durch die Bekanntmachung des Reichskanzlers vom 24. März 1903 (Reichs-Gesetzbl. S. 61) verkündeten Bestimmungen.

Berlin, den 7. März 1913.

Der Stellvertreter des Reichskanzlers.
Delbrück.

Verordnung über die Beschäftigung von Arbeiterinnen und jugendlichen Arbeitern in Walz- und Hammerwerken.

Vom 25. März 1927 (RGBl. S. 82[1]).

Auf Grund des § 139a der Gewerbeordnung und des Artikel 179 Abs. 2 der Reichsverfassung wird mit Zustimmung des Reichsrats hiermit verordnet:

In Abänderung der Verordnung vom 28. Mai 1925 (Reichs-Gesetzbl. I S. 82) wird die Gültigkeit der Bestimmungen in Ziffer I bis V der Bekanntmachung, betreffend die Beschäftigung von Arbeiterinnen und jugendlichen Arbeitern[2] in Walz- und Hammerwerken, vom 20. Mai 1912 (Reichs-Gesetzbl. S. 311) bis zum 31. März 1929 verlängert. Die Dauer der Arbeitszeit und der Pausen richtet sich nach den Vorschriften der Verordnung über die Arbeitszeit vom 21. Dezember 1923 (Reichs-Gesetzbl. I S. 1249).

Berlin, den 25. März 1927.

Der Reichsarbeitsminister.

In Vertretung: Dr. Geib.

1. Die Bekanntmachung v. 20. 5. 12, die ihre Gültigkeit am 30. 6. 22 verloren hat, ist durch VO. v. 2. 6. 22 (RGBl. S. 493), v. 15. 5. 23 (RGBl. S. 298) und v. 28. 5. 25 (RGBl. S. 82), zuletzt bis zum 31. 3. 27 verlängert worden.

2. Nach der Bekanntmachung v. 20. 5. 12 unterliegt die Beschäftigung von Arbeiterinnen und jugendlichen Arbeitern folgenden Beschränkungen: a) Arbeiterinnen dürfen bei dem unmittelbaren Betriebe der Werke nicht beschäftigt werden; b) Kinder unter 14 Jahren dürfen überhaupt nicht beschäftigt werden; c) jeder jugendliche Arbeiter muß ein ärztliches Zeugnis

beibringen, daß er ohne Gefahr für seine Gesundheit beschäftigt werden kann.

Die übrigen materiellen Bestimmungen beziehen sich auf die Arbeitszeit und auf die Pausen. Die Dauer der Arbeitszeit und der Pausen richtet sich nunmehr nach den Vorschriften der AZVO. v. 21. 12. 23/14. 4. 27 (§ 9 Abs. 2) und somit auch nach den Bestimmungen der ArbAO. v. 23. 11. 18 Ziff. V Abs 2. Vgl. auch GO §§ 120e, 120f, 135, 136, 137, 138 Abs. 2, 139 Abs. 2 und 3, 139a und 139b, die Bekanntmachung des Reichskanzlers, betr. die Beschäftigung von jugendlichen Arbeitern und Arbeiterinnen in Werkstätten mit Motorbetrieb v. 13. 7. 00 (RGBl. S. 566) sowie die §§ 1, 13 der BäckVO. oben S. 247 f.

Verordnung über die Beschäftigung von Arbeiterinnen und jugendlichen Arbeitern in Glashütten, Glasschleifereien und Glasbeizereien sowie Sandbläsereien.

Vom 25. März 1927 (RGBl. S. 82[1]).

Auf Grund der §§ 120e und 139a der Gewerbeordnung und des Artikel 179 Abs. 2 der Reichsverfassung wird mit Zustimmung des Reichsrats hiermit verordnet:

In Abänderung der Verordnung vom 4. März 1926 (Reichs-Gesetzbl. I S. 174) wird die Gültigkeit der Bestimmungen in Ziffer I bis VI der Bekanntmachung[2], betreffend die Beschäftigung von Arbeiterinnen und jugendlichen Arbeitern in Glashütten, Glasschleifereien und Glasbeizereien sowie Sandbläsereien, vom 9. März 1913 (Reichs-Gesetzbl. S. 129) bis zum 31. März 1929 verlängert. Die Dauer der Arbeitszeit und der Pausen richtet sich nach den Vorschriften der Verordnung über die Arbeitszeit vom 21. Dezember 1923 (Reichs-Gesetzbl. I S. 1249).

Berlin, den 25. März 1927.

Der Reichsarbeitsminister.

In Vertretung: Dr. Geib.

1. Die zugrundeliegende Bekanntmachung v. 9. 3. 13, deren Gültigkeit am 31. 3. 18 ablief, ist durch VO. v. 22. 8. 17 (RGBl. S. 727), 5. 11. 18 (RGBl. S. 1290), 23. 1. 20 (RGBl. S. 75), 28. 1. 21 (RGBl. S. 140), 20. 4. 22 (RGBl. S. 462), 10. 2. 23 (RGBl. S. 113), 20. 3. 24 (RGBl. S. 395) 4. 3. 26 (RGBl. S. 174), zuletzt bis 31. 3. 27 verlängert worden.

2. Die Bekanntmachung v. 9. 3. 13 enthält in sieben Abschnitten ganz ausführliche Vorschriften über die Zulassung zur Beschäftigung von Arbeiterinnen und jugendlichen Arbeitern. Die darin enthaltenen Bestimmungen über die Arbeitszeit und die Pausen sind jetzt durch die Vorschriften der AZVO. und ArbAO. ersetzt. S. auch die Anm. 2 zur VO. v. 25. 3. 27 (Walz- und Hammerwerke).

Verordnung über Sonntagsruhe im Handelsgewerbe und in Apotheken.

Vom 5. Februar 1919 (RGBl. S. 176).

Artikel 1.

Der § 105b Abs. 2 der Gewerbeordnung wird durch folgende Bestimmungen ersetzt[1]:

„Im Handelsgewerbe dürfen Gehilfen[2], Lehrlinge und Arbeiter an Sonn- und Festtagen nicht beschäftigt werden. Die Polizeibehörde kann[3] für sechs Sonn- und Festtage, die höhere Verwaltungsbehörde für weitere vier Sonn- und

Festtage im Jahre, an denen besondere Verhältnisse einen erweiterten Geschäftsverkehr erforderlich machen, für alle oder für einzelne Geschäftszweige eine Beschäftigung bis zu acht Stunden, jedoch nicht über sechs Uhr abends hinaus, zulassen und die Beschäftigungsstunden unter Berücksichtigung der für den öffentlichen Gottesdienst bestimmten Zeit festsetzen.

Für das Speditions- und das Schiffsmaklergewerbe sowie für andere Gewerbebetriebe, soweit es sich um Abfertigung und Expedition von Gütern handelt, kann die höhere Verwaltungsbehörde eine Beschäftigung bis zu zwei Stunden zulassen[4]."

1. Es bleibt also Abs. 1, der die Sonn- und Festtagsarbeit in Bergwerken, Fabriken, Bauhöfen usw. regelt, in Kraft; doch sind die ArbAO. und AngBO. (oben S. 49 und S. 78) zu beachten.

Für das Handelsgewerbe hatte § 105b Abs. 2 die fünfstündige Sonn- und Festtagsarbeit zugelassen (mit Ausnahme der drei großen Feste); Einschränkung oder Verbot konnten durch statutarische Bestimmung einer Gemeinde oder eines weiteren Gemeindeverbands ausgesprochen werden. An Stelle dieser Regelung tritt jetzt die völlige Sonntagsruhe. Die nunmehr zulässigen Ausnahmen sind auf längstens 8 Stunden täglich und auf höchstens 10 Sonn- und Festtage im Jahre beschränkt; sie werden vorzugsweise für die Sonntage vor Weihnachten bewilligt werden, an welchen nach dem früheren § 105b Abs. 2 eine Arbeitszeit bis zu 10 Stunden zugelassen werden konnte.

2. Gehilfen, Lehrlinge = Angestellte im Handelsgewerbe, Arbeiter = Arbeiter im Handelsgewerbe, d. h. auch Personen, welche im Handelsgewerbe Hilfsdienste nicht kaufmännischer,

gewöhnlicher Art leisten, wie Hausdiener, Kutscher, Packer, Fuhrleute, Laufburschen.

Die Bestimmungen des Art. 1 finden auch auf die Gehilfen, Lehrlinge und Arbeiter im Geschäftsbetriebe von Konsum- und anderen Vereinen Anwendung.

Die Vorschrift hat öffentlich-rechtlichen Charakter, während die Bestimmung des § 105a GO., die für dieselben Personen wie § 105b Abs. 2 gilt, und nach der die Gewerbetreibenden die Arbeiter zu Arbeiten an Sonn- und Festtagen nicht verpflichten dürfen, lediglich zivilrechtliche Bedeutung hat, so daß also der Vorschrift zuwiderlaufende Verträge gemäß § 134 BGB. nichtig sind.

3. Wegen der Ausnahmen s. die unten abgedruckten Richtlinien. Vgl. auch den Erlaß v. 24. 1. 25, ebenfalls unten abgedruckt.

4. Bestimmungen dieser Art sind z. B. in Bremen ergangen.

Artikel 2.

Auf Geschäftsbetriebe der Versicherungsunternehmer einschließlich der Vereine zur Versicherung auf Gegenseitigkeit, der Versicherungsagenten und der Sparkassen finden die Vorschriften der Gewerbeordnung über die Sonntagsruhe im Handelsgewerbe[1] entsprechende Anwendung.

1. Mit dem durch Art. 1 festgelegten Inhalt.

Artikel 3.

Die höhere Verwaltungsbehörde ist befugt, für eine Gemeinde oder für benachbarte Gemeinden mit mehreren Apotheken an Sonn- und Festtagen oder während bestimmter Stunden dieser Tage abwechselnd einen Teil der Apotheken zu schließen.

Die Schließung kann bis acht Uhr morgens des nächsten Tages ausgedehnt werden[1].

An den geschlossenen Apotheken ist an sichtbarer Stelle ein Aushang anzubringen, welcher die zurzeit offenen Apotheken bekannt gibt.

Wird von dem Rechte der Schließung kein Gebrauch gemacht oder bleibt die Apotheke an Sonn- und Festtagen länger als sechs Stunden geöffnet, so müssen den pharmazeutischen Dienstangestellten für jeden Sonn- und Festtag, an dem sie beschäftigt werden, ein Wochentag oder zwei Nachmittage freigegeben werden.

1. Eine Regelung betr. Sonntagsruhe in Apotheken ist landesrechtlich in den meisten Ländern erfolgt. — § 154 Abs. I Ziff. 1 GO. schließt die Anwendbarkeit der §§ 105—139 m GO. auf Gehilfen und Lehrlinge in Apotheken aus.

Artikel 4.

Diese Verordnung tritt am 1. April 1919 in Kraft. Gleichzeitig treten alle Sonder- und Ausnahmebestimmungen außer Kraft, die für die Sonntagsruhe im Handelsgewerbe auf Grund des § 105b Abs. 2 und 3 der Gewerbeordnung erlassen sind[1].

1. S. oben Anm. 1 zu Art. 1. Solche Bestimmungen konnten von den Gemeinden, Kommunalverbänden und Polizeibehörden erlassen werden.

Weimar, den 5. Februar 1919.

Die Reichsregierung.

Ebert. Scheidemann.

Der Staatssekretär des Reichsarbeitsamts.

Bauer.

Richtlinien für die Bewilligung von Ausnahmen vom Verbot der Sonntagsarbeit im Handelsgewerbe.

Vom 21. Februar 1924 (RABl. S. 300).

Der Reichsarbeitsminister.
III B 495.

An die Regierungen der Länder (Sozialministerien), in Preußen: Ministerium für Handel und Gewerbe, Ministerium des Innern, Ministerium für Landwirtschaft, Domänen und Forsten, und an die hiesigen Gesandtschaften der Länder.

Sonntagsruhe im Handelsgewerbe.

In Verfolg meines Schreibens vom 19. Mai 1923 — III B 2994 — übersende ich ergebenst die beifolgenden Richtlinien für die Bewilligung von Ausnahmen vom Verbot der Sonntagsarbeit im Handelsgewerbe gemäß § 105e Abs. 2 der Gewerbeordnung. Nach dem Ergebnis meines Schreibens vom 19. Mai dürfen die Richtlinien mit einer nicht wesentlichen Einschränkung als eine Vereinbarung der Landesregierungen angesehen werden.

Ich würde es nicht für zweckmäßig erachten, daß die Landesregierungen im gegenwärtigen Zeitpunkt ihre Verordnungen über Sonntagsruhe ändern, sofern diese Verordnungen sich bewährt haben und die Bevölkerung sich an die getroffene Regelung gewöhnt hat. Soweit jedoch in Grenzgebieten Schwierigkeiten durch abweichende Regelung der Sonntagsruhe in den verschiedenen Ländern entstanden sind, dürfte es sich m. E. empfehlen, daß die beteiligten Landesregierungen auf Grund der Richtlinien eine einheitliche Regelung herbeizuführen suchen.

Ich möchte ferner empfehlen, daß Anordnungen im Sinne von Ziffer 1 Abs. 2 der Richtlinien nur aus zwingenden Gründen getroffen werden. Es muß m. E. durchaus vermieden werden, der bloßen Bequemlichkeit und Gedankenlosigkeit des Publikums nachzugeben; eine Ausnahme von der Sonntagsruhe, wie sie durch Ziffer 1 Abs. 2 ermöglicht wird, darf m. E. nur bewilligt werden, wenn es zum Zwecke der Steigerung der landwirtschaftlichen Erzeugung geboten erscheint.

Ich wäre dankbar, wenn mir gegen Ende des Jahres über die Erfahrungen, die etwa bei der Anwendung der Richtlinien gemacht worden sind, Mitteilung gemacht werden könnte.

Dr. Brauns.

Richtlinien

für die Bewilligung von Ausnahmen vom Verbot der Sonntagsarbeit im Handelsgewerbe gemäß § 105e Abs. 2 der Gewerbeordnung:

1. Offene Verkaufsstellen, in denen ausschließlich oder überwiegend folgende Waren ständig feilgehalten werden: Roheis, Milch, Bäckerei-, Feinbäckerei- und Konditoreiwaren, frische Blumen, Zeitungen dürfen an jedem Sonn- und Festtag mit

Ausnahme des zweiten Osterfeiertages, des zweiten Pfingstfeiertages und des zweiten Weihnachtsfeiertages auf die Dauer von 2 Stunden für den Geschäftsverkehr geöffnet sein. In der Zeit vom 1. April bis zum 30. September kann in derselben Weise der Verkauf von frischem Gemüse, frischem Obst, frischem Fleisch, frischen und geräucherten Fischen (auch Krabben) gestattet werden. Der Verkauf von Roheis und Milch ist auch an den zweiten Feiertagen zulässig.

Für Gemeinden in Gegenden, in denen infolge weitläufiger Siedlungsweise für die landwirtschaftliche Bevölkerung ein dringendes Bedürfnis dafür vorliegt, kann der Verkauf weiterer Bedarfsgegenstände auf die Dauer von zwei Stunden zugelassen werden.

2. Innerhalb der Geschäftszeit ist die Beschäftigung von Angestellten, Lehrlingen und Arbeitern gestattet. Unter Berücksichtigung der örtlichen Gebräuche ist zu bestimmen, ob die Geschäftszeit vor oder nach der Kirchzeit liegen und wann sie beginnen soll. Die Geschäftszeit darf für die einzelnen Arten von Waren verschieden festgesetzt, aber nicht geteilt werden.

3. Für den Verkauf von Roheis und Milch kann eine Verkaufzeit bis zu 5 Stunden zugelassen werden.

4. An Sonn- und Feiertagen, an denen ein besonders starker Besuch der Friedhöfe zu erwarten steht, kann für frische Blumen eine Verkaufszeit bis zu 5 Stunden zugelassen werden.

5. An Sonn- und Feiertagen kann während der Erntezeit der einzelnen Obstsorten der Verkauf frischen Obstes in Obsthütten, auf Obstkähnen, bei den Obstzüchtern usw. bis zur Dauer von 5 Stunden zugelassen werden.

6. In Gegenden, die an Sonn- und Festtagen einen besonders starken Fremdenverkehr aufweisen, kann an höchstens 20 Sonn- oder Festtagen im Jahr der Verkauf von Bade-, Andenken- und Luxusartikeln, sowie von Tabak und Tabakwaren, Süßigkeiten und Blumen bis zu 5 Stunden zugelassen werden.

7. Die nach Nummer 3 bis 6 zugelassenen Verkaufsstunden sind tunlichst unter Berücksichtigung der für den öffentlichen Gottesdienst bestimmten Zeit festzusetzen. Sie können auf den Vor- und Nachmittag verteilt, dürfen jedoch höchstens in 2 Abschnitte zerlegt werden. Angestellten, Lehrlingen und Arbeitern, die länger als 2 Stunden beschäftigt werden, ist zum Ausgleich ein Nachmittag in der Woche freizugeben.

8. Die Bewilligung von Ausnahmen auf Grund des § 55a Abs. 2 der Gewerbeordnung wird durch diese Richtlinien nicht berührt.

9. Weitere als die vorstehend vorgesehenen Ausnahmen sollen in der Regel nicht bewilligt werden; in dringenden Fällen und unter besonderen Umständen können jedoch die Landesregierungen Ausnahmen von den obigen Richtlinien bewilligen.

Ergänzung der Richtlinien vom 21. Februar 1924.

Vom 27. Juli 1925 (RABl. S. 365).

Der Reichsarbeitsminister.
III B 4211.

An das Staatsministerium für Soziale Fürsorge, München.

Sonntagsruhe im Handelsgewerbe.

Die Frage, ob zu den Feinbäckerei- und Konditorwaren, die unter Ziffer 1 Absatz 1 der mit meinem Schreiben vom 21. Februar 1924 — III B 495 — übersandten Richtlinien für die Bewilligung von Ausnahmen vom Verbot der Sonntagsarbeit im Handelsgewerbe aufgeführt sind, auch Schokolade, Pralinen usw. zu rechnen sind, möchte ich verneinen, und zwar besonders im Hinblick darauf, daß unter Ziffer 6 der Richtlinien „Süßigkeiten" noch besonders aufgeführt sind.

Im Auftrage: Reitzel.

Erlaß des Reichsarbeitsministers über die behördliche und tarifliche Regelung der Sonntagsarbeit.

Vom 24. Januar 1925 (RABl. I S. 62).

Der Reichsarbeitsminister.
III B 98/25.

An den Gewerkschaftsbund der Angestellten in Zehlendorf (Mitte) Wannseebahn.

Behördliche und tarifliche Regelung der Sonntagsarbeit.

Behördliche Anordnungen nach § 105b Abs. 2 GO. haben lediglich die Folge, daß eine entsprechend erweiterte Sonntagsbeschäftigung nicht gegen ein gesetzliches Beschäftigungsverbot verstößt und somit nicht strafbar ist. Tarifvertragliche Abmachungen, die sich innerhalb der durch die behördliche Anordnung zugelassenen Grenze halten, werden von der Anordnung nicht berührt und bleiben für die Beschäftigung der Arbeitnehmer, für die der Tarifvertrag verbindlich ist, maßgebend. Das geltende Recht bietet den in Frage kommenden Arbeitnehmern durchaus die Möglichkeit, ihre vertraglichen Rechte zu wahren.

Zur Vermeidung von Mißverständnissen halte jedoch auch ich es für erwünscht, daß die Behörden bei der Festsetzung von Ausnahmesonntagen gemäß § 105b GO. bestehende tarifvertragliche Abmachungen berücksichtigen, sofern der Tarifvertrag für die Gestaltung der Arbeitsbedingungen des Berufskreises im Tarifgebiet maßgebende Bedeutung erlangt hat. Ich habe die Landesbehörden gebeten, dafür Sorge zu tragen, daß nach Möglichkeit entsprechend verfahren wird.

Da die Behörden bei den vielfachen Änderungen von Tarifverträgen nicht immer über den jeweils geltenden Inhalt unterrichtet sein werden, dürfte es sich empfehlen, daß die Arbeitnehmer die Behörden auf die in Frage kommenden Bestimmungen der Tarifverträge hinweisen, bevor die gewohnheitsmäßig wiederkehrenden Ausnahmen zugelassen werden. Ich nehme an, daß wohl in den meisten Fällen dem Erlasse der behördlichen Anordnung Verhandlungen mit Arbeitgebern und Arbeitnehmern vorangehen.

Bei einer künftigen Neuregelung der gesetzlichen Bestimmungen über die Sonntagsruhe werde ich die von Ihnen geltend gemachten Gesichtspunkte in Betracht ziehen.

An die Sozialministerien der Länder.

Vorstehende Abschrift beehre ich mich mit der Bitte zu übersenden, dafür Sorge zu tragen, daß bei der Festsetzung von Ausnahmesonntagen gemäß § 105b GO. bestehende tarifvertragliche Abmachungen nach Möglichkeit berücksichtigt werden, sofern der Tarifvertrag für die Gestaltung der Arbeitsbedingungen des Berufskreises im Tarifgebiet maßgebende Bedeutung erlangt hat.

In Vertretung: Dr. Geib.

Gesetz über einen allgemeinen Feiertag.

Vom 17. April 1919 (RGBl. S. 393).

Die verfassunggebende Deutsche Nationalversammlung hat das folgende Gesetz beschlossen, das nach Zustimmung des Staatenausschusses hiermit verkündet wird:

§ 1. Es wird ein allgemeiner Feiertag eingeführt, der dem Gedanken des Weltfriedens, des Völkerbundes und des internationalen Arbeiterschutzes geweiht ist und für den der Charakter eines Weltfeiertags erstrebt wird.

Seine endgültige Festlegung erfolgt nach Friedensschluß und Verabschiedung der Verfassung.

In diesem Jahre[1] wird er am 1. Mai gefeiert, zugleich als eine Volkskundgebung für politischen

und sozialen Fortschritt, für einen gerechten Frieden, für sofortige Befreiung der Kriegsgefangenen, für Räumung der besetzten Gebiete und für volle Gleichberechtigung im Völkerbunde.

Der 1. Mai 1919 gilt im Sinne reichs- und landesgesetzlicher Vorschriften als allgemeiner Feiertag.

1. Seit 1920 nicht wiederholt.

Inzwischen haben einzelne Parteien des Reichstages ihrer politischen Richtung entsprechende Anträge auf Einführung eines Nationalfeiertages — u. a. 11. August (Verfassungstag), 18. Januar (Gründung des Reichs) — und zuletzt den nachstehend abgedruckten Initiativgesetzentwurf:

„Entwurf eines Gesetzes über den Nationalfeiertag.

Der Reichstag hat das folgende Gesetz beschlossen, das mit Zustimmung des Reichsrats hiermit verkündet wird:

§ 1.

Nationalfeiertag des deutschen Volkes ist der 11. August als Verfassungstag. Er ist Fest- oder allgemeiner Feiertag im Sinne reichs- und landesrechtlicher Vorschriften.

§ 2.

Am Nationalfeiertage sind alle öffentlichen Gebäude in den Reichsfarben zu beflaggen. In allen Schulen sind, für Lehrer und Schüler verbindlich, der Bedeutung des Tages entsprechende Feiern zu veranstalten; fällt der Nationalfeiertag in die Schulferien, so finden diese Gedenkfeiern bei Wiederbeginn des Unterrichts statt.

Berlin, den 15. Juni 1927."

eingebracht (vgl. RT.-Drucks. Nr. 90, 238, 359, 982, 3428, 3443, III. WP. 1924/27 — sämtliche Anträge sind dem Rechtsausschuß überwiesen). — Nach Mitteilung des federführenden Reichsministeriums des Innern sind die Verhandlungen über diese Frage noch nicht abgeschlossen. Die bisherige Feier des

11. August und eines Volkstrauertages, wie sie jetzt üblich ist, stellt also noch keine reichsgesetzliche Regelung dar. Allerdings hat das Reichskabinett in seiner Sitzung v. 18. 6. 27 beschlossen, durchgängig für alle Reichsbehörden am 11. August Sonntagsdienst anzuordnen, so daß wohl mit der reichsgesetzlichen Regelung in absehbarer Zeit gerechnet werden kann.

§ 2. Das Gesetz tritt mit dem Tage der Verkündung in Kraft.

Berlin, den 17. April 1919.

Der Reichspräsident.
Ebert.

Der Reichsminister des Innern.
Dr. Preuß.

Internationale Arbeitskonferenz.

Erste Jahrestagung.

Washington, 29. 10. — 29. 11. 1919.

Von der Konferenz angenommene Entwürfe von Übereinkommen und Vorschlägen. (Im ganzen sind es sechs Übereinkommen und sechs Vorschläge, davon ist das nachstehend abgedruckte das 1. Übereinkommen.)

Entwurf eines Übereinkommens, betreffend Festsetzung der Arbeitszeit in gewerblichen Betrieben auf acht Stunden täglich und achtundvierzig Stunden wöchentlich.[1]

1. Abgedruckt aus der vom Internationalen Arbeitsamt in Genf 1927 herausgegebenen Textausgabe der „Von der Internationalen Arbeitskonferenz auf den ersten neun Jahres-

tagungen (1919—1926) angenommenen Entwürfe von Übereinkommen und Vorschläge" (S. 7 ff).

Die Allgemeine Konferenz der Internationalen Arbeitsorganisation des Völkerbundes,

einberufen von der Regierung der Vereinigten Staaten von Amerika auf den 29. Oktober 1919 nach Washington,

gestützt auf ihren Beschluß über die Annahme verschiedener Anträge betreffend „die Anwendung des Grundsatzes des Achtstundentages oder der Achtundvierzigstundenwoche", eine Frage, die den ersten Verhandlungsgegenstand der Konferenz von Washington bildete,

gestützt ferner auf ihren Beschluß, diese Anträge in die Form eines Entwurfes zu einem internationalen Übereinkommen zu fassen,

nimmt den nachstehenden Entwurf eines Übereinkommens an, das den Mitgliedern der Internationalen Arbeitsorganisation gemäß den Bestimmungen über die Arbeit im Vertrag von Versailles vom 28. Juni 1919 und im Vertrag von Saint-Germain vom 10. September 1919 zur Ratifizierung vorzulegen ist:

Artikel 1.

Als „gewerbliche Betriebe" im Sinne dieses Übereinkommens gelten insbesondere:

a) Bergwerke, Steinbrüche und andere Anlagen zur Gewinnung von Bodenschätzen;

b) Gewerbe, in denen Gegenstände hergestellt, umgeändert, gereinigt, ausgebessert, verziert, fertiggestellt, verkaufsbereit gemacht oder in denen Stoffe umgearbeitet werden, mit Einschluß des Schiffsbaus, der Abbruchunternehmungen, der Erzeugung, Umformung und Übertragung von mototischer Kraft irgendwelcher Art und von Elektrizität;

c) der Bau, der Wiederaufbau, die Instandhaltung, die Ausbesserung, der Umbau oder der Abbruch von Bauwerken, Eisenbahnen, Straßenbahnen, Häfen, Docks, Dämmen, Kanälen, Anlagen für die Binnenschiffahrt, Straßen, Tunneln, Brücken, Straßenüberführungen, Abwasserkanälen, Brunnenschächten, Telegraph- und Telephonanlagen, elektrischen Anlagen, Gas- und Wasserwerken und anderen Bauarbeiten, sowie die dazu nötigen Vor- und Grundarbeiten;

d) die Beförderung von Personen oder Gütern auf Straßen, Eisenbahnen, Binnengewässern, oder zur See, inbegriffen der Verkehr mit Gütern in Docks, auf Ausladeplätzen, Werften und in Lagerhäusern, mit Ausnahme der Handbeförderung.

Die Bestimmungen über die Beförderung zur See und auf Binnengewässern werden durch eine besondere Konferenz zur Regelung der Arbeitsverhältnisse der Seeleute und der Binnenschiffer getroffen werden.

In jedem Lande bestimmt die zuständige Behörde die Grenze zwischen Gewerbe einerseits, Handel und Landwirtschaft anderseits.

Artikel 2.

Die Arbeitszeit der in öffentlichen oder privaten gewerblichen Betrieben oder deren Nebenbetrieben beschäftigten Personen darf acht Stunden täglich und achtundvierzig Stunden wöchentlich nicht übersteigen. Dies gilt nicht für Betriebe, in denen lediglich Mitglieder einer und derselben Familie beschäftigt sind. Ferner gelten folgende Ausnahmen:

a) Die Bestimmungen dieses Übereinkommens finden keine Anwendung auf Personen, die mit der Aufsicht oder Leitung beauftragt sind oder eine Vertrauensstellung bekleiden.

b) Beträgt nach Gesetz, Gewohnheit oder Vereinbarung zwischen Arbeitgeber- und Arbeiterverbänden (oder, in Ermangelung solcher Verbände, zwischen Vertretern der Arbeitgeber und Arbeiter) die Arbeitszeit an einem oder mehreren Tagen der Woche weniger als acht Stunden, so kann durch Verfügung der zuständigen Behörde oder durch Vereinbarung zwischen den genannten Verbänden oder Vertretern der Beteiligten eine Überschreitung der achtstündigen Arbeitszeit an den übrigen Tagen der Woche gestattet werden. Diese Überschreitung darf indessen nie mehr als eine Stunde täglich betragen.

c) Bei Schichtarbeit kann die Arbeitszeit an einzelnen Tagen über acht Stunden täglich und in einzelnen Wochen über achtundvierzig Stunden wöchentlich verlängert werden; in diesem Falle darf jedoch der Durchschnitt der Arbeitszeit, berechnet auf einen Zeitraum von drei Wochen oder weniger, acht Stunden täglich und achtundvierzig Stunden wöchentlich nicht übersteigen.

Artikel 3.

Die in Artikel 2 festgesetzte Arbeitszeit kann überschritten werden, wenn ein unvorhergesehenes Ereignis eintritt oder droht, wenn dringliche Arbeiten an den Maschinen oder den Betriebseinrichtungen vorzunehmen sind oder wenn höhere Gewalt vorliegt, jedoch nur soweit es erforderlich ist, um eine ernstliche Störung des regelmäßigen Betriebs zu verhüten.

Artikel 4.

Die in Artikel 2 festgesetzte Arbeitszeit kann bei Arbeiten, die ihrer Natur nach einen ununterbrochenen Fortgang mit Schichtenwechsel erfordern unter der Bedingung überschritten werden, daß die Arbeitszeit durchschnittlich sechsundfünfzig Stunden wöchentlich nicht übersteigt. Durch diese Bestimmung wird der Anspruch der Arbeiter auf die freie Zeit, die ihnen etwa nach den Landesgesetzen als Ersatz für den wöchentlichen Ruhetag zugesichert ist, nicht berührt.

Artikel 5.

Erweisen sich die Bestimmungen des Artikels 2 über die Arbeitszeit ausnahmsweise als nicht anwendbar, aber nur in diesem Falle, kann durch Vereinbarungen zwischen Arbeiter- und Arbeitgeberverbänden die tägliche Arbeitszeit auf der Grundlage eines für einen längeren Zeitraum aufgestellten Arbeitsplanes geregelt werden, sofern jenen Vereinbarungen von der Regierung, der sie vorzulegen sind, die Kraft von Verordnungen gegeben wird.

Die durchschnittliche Arbeitszeit, berechnet auf die Zahl der im Plan festgesetzten Wochen, darf unter keinen Umständen achtundvierzig Stunden wöchentlich übersteigen.

Artikel 6.

Die Behörden können durch Verordnungen für einzelne Gewerbe oder Berufe zulassen:

a) Dauernde Ausnahmen für Vorbereitungs- oder Ergänzungsarbeiten, die notwendigerweise außerhalb der für den Betrieb allgemein festgesetzten Arbeitszeit vorgenommen werden müssen, oder für gewisse Gruppen von Arbeitern, deren Arbeit ihrem Wesen nach Unterbrechungen erfährt;

b) vorübergehende Ausnahmen bei außergewöhnlicher Häufung der Arbeit.

Derartige Verordnungen dürfen erst nach Anhörung der beteiligten Arbeitgeber- und Arbeiterverbände, falls solche bestehen, erlassen werden. Sie müssen für jeden einzelnen Fall die Höchstzahl der zulässigen Überstunden vorschreiben. Diese Überstunden müssen mindestens um fünfundzwanzig vom Hundert höher bezahlt werden.

Artikel 7.

Jede Regierung hat dem Internationalen Arbeitsamt zu übersenden:

a) Ein Verzeichnis der Arbeiten, die im Sinne des Artikels 4 ihrer Natur nach einen ununterbrochenen Betrieb erheischen;

b) eingehende Mitteilungen über die im Artikel 5 vorgesehenen Vereinbarungen;

c) eingehende Mitteilungen über die auf Grund des Artikels 6 erlassenen Verordnungen und ihre Anwendung.

Das Internationale Arbeitsamt hat der Allgemeinen Konferenz der Internationalen Arbeitsorganisation alljährlich einen Bericht darüber zu erstatten.

Artikel 8.

Um die Durchführung der Bestimmungen dieses Übereinkommens zu erleichtern, muß jeder Arbeitgeber:

a) durch Anschläge an gut sichtbarer Stelle im Betrieb oder an einem andern geeigneten Ort oder auf sonst eine von der Regierung genehmigte Weise Beginn und Schluß der Arbeitsstunden oder bei Schichtarbeit Beginn und Schluß jeder Schicht bekanntgeben. Die Arbeitsstunden müssen so festgesetzt werden, daß sie die in diesem Übereinkommen vorgeschriebenen Grenzen nicht überschreiten und dürfen, einmal bekanntgemacht, nur in der von der Regierung genehmigten Art und Weise abgeändert werden;

b) in gleicher Weise die während der Arbeit gewährten Ruhepausen, die nicht als Arbeitszeit gelten, bekanntgeben;

c) alle auf Grund der Artikel 3 und 6 dieses Übereinkommens geleisteten Überstunden in ein Verzeichnis eintragen, nach den Vorschriften der Landesgesetze oder der Verordnungen der zuständigen Behörde.

Die Beschäftigung einer Person außerhalb der nach Absatz a) festgesetzten Arbeitsstunden oder während der nach Absatz b) festgesetzten Ruhepausen gilt als ungesetzlich.

Artikel 9.

Für die Anwendung dieses Übereinkommens auf Japan gelten folgende Änderungen und Bestimmungen:

a) als „gewerbliche Betriebe" gelten insbesondere:
die in Artikel 1 Absatz a) aufgezählten Betriebe;
die in Artikel 1 Absatz b) aufgezählten Betriebe, sofern sie mindestens zehn Personen beschäftigen;
die in Artikel 1 Absatz c) aufgezählten Betriebe, sofern sie von der zuständigen Behörde als „Fabriken" bezeichnet werden;
die in Artikel 1 Absatz d) aufgezählten Betriebe mit Ausnahme der Beförderung von Personen oder Gütern auf Straßen, des Verkehrs mit Gütern in Docks, auf Ausladeplätzen, Werften und in Lagerhäusern, sowie der Handbeförderung, und

ohne Rücksicht auf die Zahl der beschäftigten Personen diejenigen in Artikel 1 Absatz b) und c) aufgezählten gewerblichen Betriebe, die von der zuständigen Behörde als sehr gefährlich oder als gesundheitsschädlich bezeichnet werden.

b) Die tatsächliche Arbeitszeit von Personen im Alter von mindestens fünfzehn Jahren, die in öffentlichen oder privaten gewerblichen Betrieben oder deren Nebenbetrieben beschäftigt sind, darf siebenundfünfzig Stunden wöchentlich nicht überschreiten, abgesehen von der Rohseidenindustrie, in der die Höchstarbeitszeit sechzig Stunden wöchentlich betragen darf.

c) Die tatsächliche Arbeitszeit von Personen unter fünfzehn Jahren, die in öffentlichen oder privaten gewerblichen Betrieben oder deren Nebenbetrieben beschäftigt sind, und von Personen ohne Altersunterschied, die Bergwerksarbeit unter Tag verrichten, darf achtundvierzig Stunden wöchentlich nicht überschreiten.

d) Die Höchstarbeitszeit kann im Sinne der Artikel 2, 3, 4 und 5 dieses Übereinkommens abgeändert werden; doch darf die bewilligte Verlängerung im Verhältnis zur normalen Arbeitswoche nicht größer sein als diejenige, die sich aus den Bestimmungen der erwähnten Artikel ergibt.

e) Allen Arbeitern ohne Unterschied ist eine wöchentliche ununterbrochene Ruhezeit von vierundzwanzig Stunden zu gewähren.

f) Die Bestimmung der japanischen Fabrikgesetzgebung, wonach diese nur für Betriebe gilt, in denen mindestens fünfzehn Personen beschäftigt sind, ist dahin abzuändern, daß sie künftig auf Betriebe, in denen mindestens zehn Personen beschäftigt sind, Anwendung finden soll.

g) Es treten in Kraft: die vorstehenden Bestimmungen dieses Artikels spätestens am 1. Juli 1922, die durch Absatz d) dieses Artikels abgeänderten Bestimmungen des Artikels 4 spätestens am 1. Juli 1923.

h) Die in Absatz c) dieses Artikels vorgesehene Altersgrenze von fünfzehn Jahren wird spätestens am 1. Juli 1925 auf sechzehn Jahre erhöht.

Artikel 10.

In Britisch-Indien wird der Grundsatz der Sechzigstundenwoche für alle Arbeiter derjenigen Gewerbe eingeführt werden, welche gegenwärtig unter die Fabrikgesetzgebung fallen, deren Vollzug der indischen Regierung obliegt, ferner für die Bergwerke, sowie für diejenigen Arten von Eisenbahnarbeiten, die von der zuständigen Behörde bestimmt werden. Diese Behörde darf Abänderungen der hier festgesetzten Grenze nur unter Beobachtung der in den Artikeln 6 und 7 dieses Übereinkommens enthaltenen Bestimmungen bewilligen.

Im übrigen gelten die Bestimmungen dieses Übereinkommens nicht für Indien; dagegen soll eine weitere Verkürzung der Arbeitszeit an einer späteren Tagung der Allgemeinen Konferenz erwogen werden.

Artikel 11.

Für China, Persien und Siam gelten die Bestimmungen dieses Übereinkommens nicht; dagegen soll die Festsetzung der Arbeitszeit in diesen Ländern an einer späteren Tagung der Allgemeinen Konferenz erwogen werden.

Artikel 12.

In Griechenland kann das nach Artikel 19 vorgesehene Inkrafttreten dieses Übereinkommens hinausgeschoben werden, und zwar auf den 1. Juli 1923 für die folgenden gewerblichen Betriebe:

1. Schwefelkohlenstoffabriken,
2. Säurefabriken,
3. Gerbereien,
4. Papierfabriken,
5. Druckereien,
6. Sägereien,
7. Tabaklagerhäuser und Betriebe zur Verarbeitung des Tabaks,
8. Arbeiten über Tag in Bergwerken,
9. Gießereien,
10. Kalkwerke,
11. Färbereien,
12. Glashütten (Bläser),
13. Gaswerke (Heizer),
14. Auf- und Abladen von Waren,

und spätestens auf den 1. Juli 1924 für die folgenden gewerblichen Betriebe:

1. Mechanische Gewerbe: Maschinenbau, Herstellung von Geldschränken, Wiegevorrichtungen, Betten, Nägeln, Jagdschrot, Eisen- und Bronzegießereien, Klempnerei, Verzinnanstalten, Herstellung hydraulischer Apparate;
2. Baugewerbe: Kalköfen, Zement- und Gipsfabriken, Ziegeleien, Backsteinbrennereien, Fliesenfabriken, Töpfereien, Marmorwerke, Erd- und Bauarbeiten;
3. Faserstoffgewerbe: Spinnereien und Webereien jeder Art, mit Ausnahme der Färbereien;
4. Nahrungsmittelgewerbe: Getreidemühlen, Bäckereien, Teigwarenfabriken, Weinkellereien, Alkohol- und Getränkefabriken, Ölfabriken, Brauereien, Eis- und Mineralwasserfabriken, Zuckerwaren- und Schokoladefabriken, Wurst- und Konservenfabriken, Schlachthäuser und Metzgereien;
5. Chemische Industrie: Fabriken zur Herstellung synthetischer Farben, Glashütten (mit Ausnahme der Bläser), Terpentinöl- und Weinsteinfabriken, Sauerstoffabriken und Fabriken zur Herstellung pharmazeutischer Produkte, Leinölfabriken, Glyzerinfabriken, Kalziumkarbidfabriken, Gaswerke (mit Ausnahme der Heizer);
6. Lederverarbeitung: Schuhfabriken, Lederwarenfabriken;
7. Papier- und Buchdruckereigewerbe: Briefumschlag-, Geschäftsbücher-, Schachtel- und Tütenfabriken, Buchbindereien, Steindruckereien und Zinkätzanstalten;

8. Bekleidungsgewerbe: Näh- und Weißnähwerkstätten, Plättanstalten, Bettdecken-, Kunstblumen-, Federn- und Posamentenfabriken. Hut- und Schirmfabriken;
9. Holzverarbeitungsgewerbe: Tischlereien, Küfereien, Wagenfabriken, Möbel- und Stuhlfabriken, Einrahmewerkstätten, Bürsten- und Besenfabriken;
10. Elektrische Industrie: Kraftwerke, Werkstätten für elektrische Einrichtungen;
11. Beförderungen zu Lande: Eisenbahn- und Straßenbahnangestellte, Chauffeure, Kutscher und Wagenführer.

Artikel 13.

In Rumänien kann das nach Artikel 19 vorgesehene Inkrafttreten dieses Übereinkommens auf den 1. Juli 1924 hinausgeschoben werden.

Artikel 14.

Die Bestimmungen dieses Übereinkommens können in jedem Lande durch die Regierung im Falle eines Krieges oder anderer Ereignisse, welche die Landessicherheit gefährden, außer Kraft gesetzt werden.

Artikel 15.

Die förmlichen Ratifikationen dieses Übereinkommens sind nach den Bestimmungen des Teils XIII des Vertrags von Versailles vom 28. Juni 1919 und des Vertrages von Saint-Germain vom 10. September 1919 dem Generalsekretär des Völkerbundes zur Eintragung mitzuteilen.

Artikel 16.

Jedes Mitglied der Internationalen Arbeitsorganisation, das dieses Übereinkommen ratifiziert, verpflichtet sich, es für diejenigen seiner Kolonien, Besitzungen oder Protektorate, die keine völlige Selbstregierung haben, in Kraft zu setzen, jedoch unter den folgenden Vorbehalten:

a) Die Anwendbarkeit des Übereinkommens darf nicht durch die örtlichen Verhältnisse ausgeschlossen sein;

b) die für die Anpassung des Übereinkommens an die örtlichen Verhältnisse erforderlichen Abänderungen dürfen ihm eingefügt werden.

Jedes Mitglied hat dem Internationalen Arbeitsamte seine Entschließung hinsichtlich seiner einzelnen Kolonien, Besitzungen oder Protektorate, die keine völlige Selbstregierung haben, mitzuteilen.

Artikel 17.

Sobald die Ratifikation durch zwei Mitglieder der Internationalen Arbeitsorganisation beim Sekretariat eingetragen ist, teilt der Generalsekretär des Völkerbundes dies sämtlichen Mitgliedern der Internationalen Arbeitsorganisation mit.

Artikel 18.

Dieses Übereinkommen tritt mit dem Tage in Kraft, an dem die Mitteilung durch den Generalsekretär des Völkerbundes stattgefunden hat. Es bindet nur diejenigen Mitglieder, die ihre Ratifikation beim Sekretariat haben eintragen lassen.

In der Folge tritt für jedes andere Mitglied dieses Übereinkommen mit dem Tage in Kraft, an dem seine Ratifikation beim Sekretariat eingetragen worden ist.

Artikel 19.

Jedes Mitglied, das dieses Übereinkommen ratifiziert, verpflichtet sich, seine Bestimmungen spätestens am 1. Juli 1921 zur Anwendung zu bringen und die zu ihrer Durchführung nötigen Maßnahmen zu treffen.

Artikel 20.

Jedes Mitglied, das dieses Übereinkommen ratifiziert hat, kann es nach Ablauf von zehn Jahren, gerechnet von dem Tage, an dem es zum erstenmal in Kraft tritt, durch eine an den Generalsekretär des Völkerbundes zu richtende und von ihm einzutragende Anzeige kündigen. Die Wirkung der Kündigung tritt erst ein Jahr nach ihrer Eintragung beim Sekretariat ein.

Artikel 21.

Der Verwaltungsrat des Internationalen Arbeitsamts hat mindestens alle zehn Jahre einmal der Allgemeinen Konferenz einen Bericht über die Durchführung dieses Übereinkommens zu erstatten und darüber zu entscheiden, ob seine Durchsicht oder Abänderung auf die Tagesordnung der Konferenz gesetzt werden soll.

Artikel 22.

Der französische und der englische Wortlaut dieses Übereinkommens sind in gleicher Weise maßgebend.

Ergebnisse der Londoner Konferenz der Arbeitsminister von Belgien, Deutschland, Frankreich, Großbritannien und Italien vom 15. bis 19. März 1926[1].

1. Siehe die Einführung S. 47 oben.

Artikel 1.

Es besteht Einverständnis darüber, daß das Übereinkommen auf alle gewerblichen Betriebe anzuwenden ist, gleichviel wie groß die Zahl der beschäftigten Personen ist, ausgenommen die in Artikel 2 bezeichneten Familienbetriebe.

Es besteht Einverständnis darüber, daß der Dienst der Post, der Telegraphie und der Telephonie im eigentlichen Sinne nicht unter das Übereinkommen fällt, daß aber Bau-, Unterhaltungs- und Instandsetzungsarbeiten hinsichtlich der Post-, Telegraphen- und Telephonanlagen darunter fallen.

Artikel 2.

Es besteht Einverständnis darüber, daß Arbeitszeit die Zeit ist, in der der Arbeitnehmer dem Arbeitgeber zur Verfügung steht, und daß sie nicht die Ruhepausen umfaßt, während deren der Arbeitnehmer nicht zur Verfügung des Arbeitgebers steht und die gemäß Artikel 8 bekannt gemacht sein müssen.

Artikel 5.

Es besteht Einverständnis darüber, daß die Bestimmungen des Artikel 5 auf das Baugewerbe angewendet werden können.

Artikel 6a.

Der Ausdruck Arbeitsbereitschaft darf nicht zu weit ausgelegt werden.

Er findet nur Anwendung auf Pförtner, Wächter, Feuerwehrleute und andere Arbeitnehmer, deren Arbeit nicht der Gütererzeugung im engen Sinne dient und deren Beschäftigung ihrer Art nach lange Zeitabschnitte umfaßt, in denen von den Arbeitern weder eine wirkliche Arbeit noch eine angestrengte Aufmerksamkeit verlangt wird, sondern während deren sie an ihrem Platz bleiben müssen, um im Bedarfsfalle eingreifen zu können.

Artikel 6b.

Es besteht Einverständnis darüber daß es zur Zuständigkeit der Gesetzgebung jedes Landes gehört, für die nach Artikel 6b zu leistenden Überstunden eine Höchstzahl festzusetzen.

Es besteht Einverständnis darüber, daß die Verpflichtung, die das Übereinkommen zur Zahlung eines Lohnzuschlags ausspricht, sich lediglich auf die in Artikel 6b vorgesehenen Ergänzungsstunden bezieht.

Es besteht Einverständnis darüber, daß der Mindestbetrag für den Lohnzuschlag von 25 %, der im Artikel 6 vorgesehen ist, zwingend vorgeschrieben ist.

Woche von 5 Tagen.

Um die Arbeitszeit in einer Woche auf 5 Tage oder in zwei Wochen auf 11 Tage verteilen zu können, ist es zulässig, einen Plan über einen längeren Zeitraum als die Woche in ähnlicher Weise aufzustellen, wie dies in Artikel 5 vorgesehen ist. Dabei wird vorausgesetzt, daß die durchschnittliche Arbeitszeit 48 Stunden in der Woche nicht überschreitet.

Wöchentlicher Ruhetag.

Es besteht Einverständnis darüber, daß Arbeit über 48 Stunden wöchentlich hinaus, die ihrer Art nach an dem wöchentlichen Ruhetag notwendig ist (soweit sie nicht unter die Artikel 2c, 3, 4 und 5 des Übereinkommens fällt), entweder als Arbeitszeit, die unter die landesgesetzlichen Vorschriften über den wöchentlichen Ruhetag fällt, oder als Arbeitszeit, die unter die Bestimmungen des Artikel 6 fällt, zu behandeln ist.

Eisenbahnen.

Es besteht Einverständnis darüber, daß die Eisenbahnen unter das Übereinkommen fallen. Soweit Artikel 5 und Artikel 6a für die Bedürfnisse der Eisenbahnen nicht genügen, können die notwendigen Überstunden nach Artikel 6b zugelassen werden.

Nachholung ausgefallener Arbeitszeit.

Es besteht Einverständnis darüber, daß, wenn Staaten die Nachholung der infolge von Feiertagen ausgefallenen Arbeitszeit über 48 Stunden wöchentlich hinaus gestatten, diese Arbeitszeit unter die durch Artikel 6 vorgeschriebene Höchstzahl von Überstunden fällt und daß für sie der in diesem Artikel vorgeschriebene Überstundenzuschlag bezahlt werden muß. Ausgenommen ist die Nachholung allgemeiner nationaler Feiertage und bezahlten Urlaubs.

Artikel 14.

1. Es besteht Einverständnis darüber, daß jede Regierung den Artikel 14 in seinem Wortlaut in die Landesgesetzgebung aufnimmt.

2. Ferner ist man darüber einig (von seiten des Vertreters von Großbritannien nur vorläufig), daß von Artikel 14 nur im Falle einer Krise Gebrauch gemacht werden darf, die die nationale Wirtschaft so stark trifft, daß die Lebensmöglichkeiten der Bevölkerung bedroht sind. Dagegen kann eine Wirtschafts- oder Handelskrise, die nur einzelne Wirtschaftszweige betrifft, nicht als eine Gefährdung der Staatssicherheit angesehen werden und daher die Außerkraftsetzung des ratifizierten Abkommens nicht rechtfertigen.

Sachregister.

(Die Zahlen verweisen auf die Seiten.)

A.

C.

D.

E.

F.

G.

M.

N.

T.

U.

Z.

Gedruckt bei A. W. Hayn's Erben, Potsdam.

Juni 1927

Walter de Gruyter & Co.

Berlin W 10 und Leipzig

Guttentagsche Sammlung

Deutscher Reichs- und Preußischer Gesetze

Textausgaben

mit Anmerkungen und Sachregister — Taschenformat — Gebunden

A. Reichsgesetze.

Band

1. **Verfassung des Deutschen Reichs** siehe Bd. 137.
2. **Strafgesetzbuch.** Von Fr. v. Liszt und E. Delaquis. 27. Auflage von E. Kohlrausch. — 1926. *Rm* 8,—
3. **Militärstrafgerichtsordnung.** Von A. Romen und E. Rissom. 2. Auflage. — 1918. *Rm* 5,—
4. **Handelsgesetzbuch** ohne Seerecht. Von Litthauer und Mosse. 17. Auflage. Von E. Heymann. Groß-Oktav. — 1926. *Rm* 14.—
5. **Wechselordnung.** Von J. Stranz und M. Stranz. 12. Auflage. — 1923. Mit Nachtrag, enthaltend **Wechselstempelgesetz und Scheckgesetz.** — 1926. *Rm* 3,50
6. **Reichsgewerbeordnung** nebst Ausführungsbestimmungen. Von Fr. Hiller und H. Luppe. 20. Auflage. — 1921. Mit Nachtrag, enthaltend alle Änderungen und Neuerungen bis Ende 1924. *Rm* 6,— Nachtrag einzeln *Rm* 1,50.
7. **Post- und Telegraphen-Gesetzgebung.** Von M. König. 6. Auflage. Vergriffen.
8. **Unterstützungswohnsitz** siehe **Fürsorgepflicht** von Sandré, Bd. 160.
9. Sammlung **kleinerer strafrechtlicher Reichsgesetze.** Von R. H. Kriegsmann. 3. Auflage. — 1910. *Rm* 4,—
10. **Reichsbeamtengesetz** siehe Bd. 82.
11. **Zivilprozeßordnung mit Gerichtsverfassungsgesetz.** Von R. Sydow. Fortgeführt von L. Busch und Krantz. 19. Auflage. Groß-Oktav. — 1926. *Rm* 25,—
12. **Strafprozeßordnung und Gerichtsverfassungsgesetz.** Von E. Kohlrausch. 21. Auflage. — 1927. *Rm* 7,50
13. **Konkursordnung und Anfechtungsgesetz.** Von R. Sydow. Fortgeführt von L. Busch und O. Krieg. 14. Auflage. — 1926 *Rm* 10,—

VI. 27. — 15 000.

Band

14. **Gerichtsverfassungsgesetz.** Von R. Sydow. Fortgeführt von L. Busch. 10. Auflage. 1925. *Rm* 6,—
15. **Das deutsche Gerichtskostengesetz.** Von R. Sydow. Fortgeführt von L. Busch und F. Koehler. 11. Auflage. In Bearbeitung.
16. **Rechtsanwaltsordnung.** Von R. Sydow. 5. Auflage von M. Jacobsohn. — 1907. Mit Nachtrag von 1910. Vergriffen.
17. **Gebührenordnung für Rechtsanwälte usw.** Von R. Sydow. Fortgeführt von L. Busch und O. Krieg. 13. Auflage. In Bearbeitung.
18. **Reichsstempelgesetz.** Von P. Loeck. Vergriffen. Wird durch Kapitalverkehrssteuergesetz ersetzt. Erläuterte Ausgabe in Bearbeitung.
19. **Die Seegesetzgebung.** Von W. E. Knitschky. 5. Auflage von O. Rudorff. — 1913. *Rm* 8,—
20. **Krankenversicherungsgesetz** siehe Bd. 107, 161.
21. **Die Konsulargesetzgebung.** Von Ph. Zorn. 8. Auflage von K. Zorn. — 1911. *Rm* 4,50
22. **Patentgesetz.** Von R. Lutter. 8. Auflage. — 1920. Mit Nachtrag 1927. Nachtrag apart *Rm* 0,80. *Rm* 4,—
23. **Gewerbe-Unfallversicherungsgesetz** siehe Bd. 107, 161 und 161a/b.
24. **Aktiengesellschaft und Kommanditgesellschaften auf Aktien.** Von H. Keyßner und H. Veit Simon. 7. Auflage. In Bearbeitung.
25. **Brausteuergesetz.** Siehe Reichsgesetz Bd. 54 II.
26. **Münz- und Notenbankwesen.** Von R. Koch. 7. Auflage von Reichsbankpräsident Schacht. — 1925. *Rm* 14,—
27. **Gesundheitswesen im Deutschen Reich.** Von E. Goesch und J. Karsten. — 1888. Vergriffen.
28. **Bau-Unfallversicherungsgesetz** siehe Bd. 108.
29. **Erwerbs- und Wirtschaftsgenossenschaften.** Von L. Parisius und H. Crüger. 18. Auflage. — 1925. *Rm* 4,—
30. **Invalidenversicherungsgesetz** siehe Bd. 109, 161 und 161 a.
31. **Gewerbegerichtsgesetz.** Von W. Cuno. Vergriffen. Siehe auch Bd. 112, 112 a und Arbeitsgerichte Bd. 168.
32. **Gesellschaften mit beschränkter Haftung.** Von L. Parisius und H. Crüger. 17. Auflage. — 1926. *Rm* 3,50
33. **Vereins- und Versammlungsrecht.** Von E. Ball. 2. Auflage von F. Friedenthal. — 1907. *Rm* 2,— **Reichsvereinsgesetz** vom 19. April 1908 siehe Bd. 88.
34. **Die Abzahlungsgeschäfte.** 3. Aufl. von E. Wilke. — 1910. *Rm* 1,20
35. **Die Reichs-Eisenbahngesetzgebung.** Von W. Coermann. — 1895. (Siehe auch Bd. 66.) *Rm* 2,—
36. **Privatrechtliche Verhältnisse der Binnenschiffahrt und Flößerei.** Von E. Löwe. 6. Auflage. — 1923. *Rm* 4,—

Band

37. **Unlauterer Wettbewerb.** Von A. Pinner. 7. Auflage von A. Elster. — 1921. *Rm* 1,40

38/39. **Bürgerliches Gesetzbuch nebst Einführungsgesetz.** Von A. Achilles. In Verbindung mit F. André, O. Meyer, O. Strecker, K. v. Unzner herausgegeben von M. Greiff. 12. Auflage. — 1926. *Rm* 24,—

40. Gesetz, betr. die **Pflichten der Kaufleute bei Aufbewahrung fremder Wertpapiere [Depotgesetz].** Von F. Lusensky. 3. Auflage. — 1916. Mit Nachtrag 1924. *Rm* 1,—

41. **Börsengesetz.** Von Th. Hemptenmacher. 3. Auflage von O. Meyer. — 1915. *Rm* 3,50

42. **Grundbuchordnung.** Von O. Fischer. 8. Auflage. — 1924. *Rm* 3,—

43. **Zwangsvollstreckung.** Von J. Krech und O. Fischer. 9. Auflage von O. Fischer. — 1922. *Rm* 3,50

44. **Auswanderungswesen.** Von F. Stoerk. — 1899. *Rm* 2,—

45. **Entmündigungsrecht.** Von P. Koll. — 1900. *Rm* 1,20

46. **Freiwillige Gerichtsbarkeit.** Von H. Jastrow. 6. Auflage von Herm. Günther. — 1921. *Rm* 4,50

47. **Deutsches Vormundschaftsrecht.** Von M. Schultzenstein und P. Köhne. 2. Auflage. — 1901. *Rm* 2,50

48. Gesetze, betr. den **Drogen-, Gift- und Farbenhandel** außerhalb der Apotheken. Von J. Broh. — 1899. *Rm* 1,20

49. **Deutsche Kolonialgesetzgebung.** Von Ph. Zorn. 2. Auflage von Sassen. — 1913. *Rm* 5,—

50. **Der Viehkauf [Viehgewährschaft].** Von H. Stölzle und H. Weiskopf. 6. Auflage. — 1926. *Rm* 15,—

51. **Hypothekenbankgesetz.** Von H. Göppert. 2. Auflage von Seidel. — 1911. Mit Nachtrag 1926. *Rm* 2,20

52. **Rechte der Besitzer von Schuldverschreibungen.** Von H. Göppert. 2. Auflage von E. Trendelenburg. — 1915. *Rm* 1,50

53. **Reichspreßgesetz.** Von A. Born. 3. Auflage. — 1924. *Rm* 4,—

54. Verkehr mit **Nahrungsmitteln, Genußmitteln und Gebrauchsgegenständen.** Von G. Lebbin. — 2. Auflage in 2 Bänden.
II.: **Getränkegesetze und Getränkesteuergesetze** (Wein, Bier, Branntwein, Mineralwasser). Unter Mitwirkung von Dr. Kniebe. *Rm* 10,—

55. **Beschlagnahme von Lohn- und Gehaltsforderungen.** Von G. Meyer. 5. Auflage. — 1914. Durch Nachträge ergänzt 1925. Nachträge allein *Rm* 0,70. *Rm* 2,30

56. **Bekämpfung gemeingefährlicher Krankheiten.** Von B. Burkhardt. — 1900. *Rm* 1,20

57. **See-Unfallversicherungsgesetz** siehe Bd. 108 und 161 a.

58. **Recht der unehelichen Kinder.** Von H. Jastrow. — 1901. Mit Nachtrag 1925. *Rm* 1,60

Band

59. **Beurkundung des Personenstandes und die Eheschließung.** Von F. Fidler. 2. Auflage. — 1912. *Rm* 2,30
60. **Das Urheberrecht an Werken der Literatur und der Tonkunst.** Von O. Lindemann. 4. Auflage. — 1921. *Rm* 1,80
61. **Verlagsrecht.** Von B. Marwitz. 3. Auflage. — 1922. *Rm* 1,60
62. **Private Versicherungsunternehmungen.** Von H. Könige. 3. Auflage von Könige und Petersen. — 1927. *Rm* 20,—
63. **Gesetzestafel des deutschen Reichsrechts.** Von H. Bruhns. 2. Auflage. — 1913. *Rm* 3,—
64. Gesetzsammlung, betr. den **Handel mit Drogen und Giften.** Von H. Sonnenfeld. 3. Auflage. — 1926. *Rm* 12,—
65. **Weingesetz.** Von G. Lebbin. 2. Auflage. — 1909. *Rm* 2,— (Siehe auch Reichsgesetz Bd. 54 II.)
66. **Die Eisenbahngesetzgebung.** Von W. Pietsch. 2. Auflage. — 1913. (Siehe auch Bd. 91.) Vergriffen.
67. **Militärstrafgesetzbuch.** Von A. Romen und E. Rissom. 3. Auflage. — 1918. *Rm* 5,—
68. **Fleischbeschaugesetz.** Von G. Lebbin und G. Baum. — 1903. Vergriffen.
69. Reichsgesetz über die **Naturalleistungen der bewaffneten Macht im Frieden.** Von W. v. Hippel. — 1903. *Rm* 1,—
70. **Das Reichshaftpflichtgesetz.** Von G. Eger. — 1903. Vergriffen. (Als Ersatz Kommentar von Seligsohn. — 1920. *Rm* 8,—, geb. *Rm* 9,50)
71. **Kinderarbeit in gewerblichen Betrieben.** Von H. Spangenberg. 2. Auflage. — 1904. *Rm* 1,20
72. **Unfallversicherungsgesetz** siehe Bd. 108 und 161 a.
73. **Entschädigung für unschuldig erlittene Verhaftung und Bestrafung.** Von A. Romen. — 1904. *Rm* 1,70
74. **Die Kaufmannsgerichte.** Von M. Apt. 3. Auflage. — 1904. (Siehe auch Bd. 112 und 112 a.) Vergriffen.
75. **Konsulargerichtsbarkeit.** Von A. F. Vorwerk. 2. Ausgabe, mit den Schutzgebietsgesetzen. — 1908. *Rm* 1,60
76. **Die Rechtshilfe im Verkehr mit den ordentlichen Gerichten.** Von A. Friedländer. — 1906. *Rm* 1,50
77. **Das Erbschaftssteuergesetz.** Von B. Hendel. 1920. *Rm* 5,— Neue Fassung von H. Schachian. 4. Auflage. — 1926. *Rm* 2,50.
78. **Zigarettensteuergesetz.** Von Cuno. Vergriffen.
79. **Die Militärpensionsgesetze.** Von A. Romen.
    a) I. Teil: **Offizierpensionsgesetz.** — 1907. *Rm* 2,—
    b) II. Teil: **Mannschaftsversorgungsgesetz.** Mit **Kapitalabfindungsgesetz.** — 1908. *Rm* 2,—

Militärversorgungsgesetze siehe auch Bd. 152 und 152 a.

Band

80. **Gerichtliche Registerführung.** Von O. Lindemann. — 1906. *Rm* 2,40
81. **Urheberrecht an Werken der bildenden Künste und der Photographie.** Von L. Fuld. 2. Auflage. — 1926. *Rm* 6,—
82. **Reichsbeamtengesetz.** Von A. Arndt. 3. Auflage. — 1923. Mit Nachtrag, enthaltend die Änderungen bis 1924. *Rm* 3,50
83. **Versicherungsvertrag.** Von P. Hager und E. Bruck. 5. Auflage. — 1926. *Rm* 14,—
84. **Sammlung kleinerer privatrechtlicher Reichsgesetze.** Von G. Müller. — 1903. *Rm* 5,50
85. **Scheckgesetz.** Neue Auflage in Bearbeitung. (Siehe auch Reichsgesetze Bd. 5 und 162.) Kommentar von Michaelis. *Rm* 16,—, geb. *Rm* 18,—
86. **Die Auslieferungsverträge des Deutschen Reiches.** Von A. Cohn. — 1908. *Rm* 4,—
87 a. **Das deutsche Warenzeichenrecht.** Von Freund und Magnus. 6., neubearbeitete Auflage von Jüngel und Magnus. Teil I: **Die internationalen Verträge.** — 1924. *Rm* 9,—
88. **Vereinsgesetz.** Von A. Romen. 5. Auflage. In Bearbeitung.
89. **Vogelschutzgesetz.** Von L. v. Boxberger. — 1909. *Rm* 1,—
90. Die Haager Abkommen über das **Internationale Privatrecht.** Von G. Bogeng. — 1908. *Rm* 2,—
91. **Eisenbahn-Verkehrsordnung.** Von E. Blume. 3. Auflage von Weirauch. — 1926. *Rm* 12,—
92. **Verkehr mit Kraftfahrzeugen.** Von R. Kirchner. 3. Auflage. — 1915. Mit Nachtrag, enthaltend alle Neuerungen bis Ende 1925. Nachtrag einzeln *Rm* 1,50. *Rm* 5,—
93. **Sicherung der Bauforderungen.** Von E. Harnier. 3. Auflage. — 1912. *Rm* 1,50
94. **Die Beamtenhaftpflichtgesetze des Reiches und der Länder.** Von H. Delius. 3. Auflage. — 1921. *Rm* 3,20
95. Die Berner Übereinkunft über **Internationales Urheberrecht.** Von H. Dungs. — 1910. *Rm* 1,—
96. **Branntweinsteuergesetz — Branntweinmonopolgesetz** siehe Bd. 54 II.
97. **Schutzgebietsgesetz.** Von J. Gerstmeyer. — 1910. *Rm* 2,50
98. **Sechs Haager Abkommen über Internationales Privatrecht.** Von H. Dungs. — 1910. *Rm* 1,50
99. **Die Abkommen der Haager Friedenskonferenz.** Vergriffen. Jetzt: Wehberg, **Völkerbundakte.** *Rm* 4,—. (Außerhalb der Sammlung.)
100. **Kaligesetz.** Von B. Voelkel. — 1910. *Rm* 2,40
101. **Zuwachssteuergesetz.** Von W. Cuno. Vergriffen.

Band

152. **Wohlfahrtsgesetze.** Von Behrend und Stranz-Hurwitz. Teil I. — 1923. *Rm* 5,—
152 a. Desgl. Teil II. — 1925. *Rm* 9,—
Bd. 152 und 152 a zusammen bezogen *Rm* 12,—
153. **Zwangsanleihegesetz.** Von Simon und Beutner. — 1923. *Rm* 8,—
154. **Jugendwohlfahrtsgesetz und Jugendgerichtsgesetz.** Von Drewes und Sandré. — 1923. Mit Nachtrag, enthaltend die Ergänzungen bis April 1924. *Rm* 6,—
155. **Reichsknappschaftsgesetz.** Von Max Reuß und Fritz Hense. 2. Auflage. — 1926. Mit Nachtrag 1927. *Rm* 12,—
156. **Mietrecht und Wohnungsmangelgesetz.** Von Krieg. 3. Auflage. — 1925. Mit Nachtrag 1927. *Rm* 7,—
Nachtrag apart *Rm* 0,60
157. **Dritte Steuernotverordnung vom 14. Februar 1924** mit den Vorschriften über **Aufwertung**. 2. Auflage unter dem Titel: **Aufwertungsgesetze.** Von Michaelis. — 1925. *Rm* 16,—
158. **Strafprozeßordnung.** Alte u. neue Fass. synoptisch gegenübergestellt. Von Feisenberger. — 1925. Mit Nachtrag 1927. *Rm* 4,50
159. **Industriebelastungsgesetz.** Von Höpker. *Rm* 4,—
160. **Fürsorgepflicht.** Von Sandré. — 1925. *Rm* 6,—
161. **Reichsversicherungsordnung.** Von Lippmann. *Rm* 11,—
161 a. Desgl. **Ergänzungsband**, enthaltend die neue Fassung des **Unfallversicherungsgesetzes** sowie die Änderungen der übrigen Bücher der RVO. Von Lippmann. *Rm* 4,—
161 b. Desgl. **Zweiter Ergänzungsband**, enthaltend die im ersten Halbjahr 1926 ergangenen Änderungen der RVO. — 1926. *Rm* 0,80
162. **Handelsrechtl. Nebengesetze.** Von Schreiber. — 1926. *Rm* 14,—
163. **Notariatsrecht.** Von Szkolny. — 1925. *Rm* 8,50
164. **Aufwertung von Versicherungsansprüchen.** Teil I: **Lebensversicherungen.** Von Berliner und Pfaffenberger. — 1926. *Rm* 6,50
164 a. Desgl. Teil II: **Sach- (Feuer-, Glas-, Wasser- usw.) und Transportversicherung, Unfall- und Haftpflichtversicherung.** — 1926. *Rm* 3,50
165. **Handbuch der Erwerbslosenfürsorge.** Von Schmeißer. 2. Auflage. — 1926. Mit Nachtrag 1927. *Rm* 13,—
Nachtrag apart *Rm* 2,50
166. **Das deutsche Ausländerrecht.** Von Fraustädter und Kreutzberger. — 1927. *Rm* 9,—
167. **Verordnung gegen Mißbrauch wirtschaftlicher Machtstellungen** (Kartellgesetz). Von Staffel. — 1927. *Rm* 3,—
168. **Arbeitsgerichtsgesetz.** Von Depène. — 1927. *Rm* 3,60

B. Preußische Gesetze.

Band

1. **Die Verfassung des Freistaats Preußen.** Von A. Arndt. — 1921. *Rm* 2,—
   Ausführlicher Kommentar von Stier-Somlo. — 1921. *Rm* 5,—
2. **Preußische Beamtengesetzgebung.** Von K. Pfafferoth. 5. Auflage. — 1916. *Rm* 2,40
3. **Nottestamente.** Von E. Kurtz. — 1904. *Rm* 1,50
4. **Gebührenordnung für Notare.** Vom 28. Oktober 1922. Von Rausnitz. 6. Auflage. — 1925. *Rm* 7,—

5—9 vergriffen.

10. **Einkommensteuergesetz** siehe Reichsgesetze Bd. 151.
11. **Gewerbesteuergesetz.** Von A. Fernow. Vergriffen.
12. **Allgemeines Berggesetz.** Von Schlüter und Hense. 4. Auflage. In Vorbereitung.
13. **Ergänzungssteuergesetz.** Von A. Fernow. 5. Auflage. *Rm* 3,—
14. **Kommunalabgabengesetz.** Von F. Adickes. 6. Auflage von Falk. — 1922. *Rm* 3,50
15. **Die Kreisordnungen.** Von O. Kolisch. — 1894. Vergriffen.
16. **Konzessionierung gewerblicher Anlagen.** Von W. v. Rüdiger. 2. Auflage. — 1901. Vergriffen.
17. **Preußisches Gerichtskostengesetz.** Von P. Siméon. 8. Auflage. In Vorbereitung.
18. **Preußisches Stempelsteuergesetz.** Von P. Loeck und W. Seyffarth. 10. Auflage von Eiffler. In Bearbeitung.
19. **Jagdscheingesetz.** Von F. Kunze. 2. Auflage. — 1899. *Rm* 2,—
20. **Die preußischen Erbschaftssteuergesetze.** Von U. Hoffmann. — 1905. *Rm* 3,—
    (**Reichs**-Erbschaftssteuergesetz siehe S. 12.)
21. **Handelskammern.** Von F. Lusensky. 2. Auflage. — 1909. *Rm* 3,—
22. **Anstellung und Versorgung der Kommunalbeamten.** Von W. Ledermann. 2. Auflage von L. Brühl. — 1914. *Rm* 2,—
23. **Ausführungsgesetze zum Bürgerlichen Gesetzbuche.** Von P. Siméon. 3. Auflage. — 1914. *Rm* 2,20
24. **Die Hinterlegungsordnung [1879].** Von G. Bartels. 2. Auflage. — 1908. *Rm* 2,—
    Abänderungsgesetz vom 21. April 1913 siehe Bd. 53.

Band

25. **Preußische Kommunalbeamtengesetzgebung.** Von F. Kremski. — 1901. *Rm* 3,—
26. **Diensteinkommen der Lehrer und Lehrerinnen.** Von E. Cremer. — 1900. *Rm* 2,20
27. **Warenhaussteuer.** Von G. Strutz. — 1900. *Rm* 1,20
28. **Die Fürsorgeerziehung Minderjähriger.** Von P. F. Aschrott. 3. Auflage. — 1917. *Rm* 2,80
29. **Ärztliche Ehrengerichte, das Umlagerecht und die Kassen der Ärztekammern.** Von F. Fidler. — 1901. *Rm* 1,50
30. **Preußisches Staatsschuldbuch** und **Reichsschuldbuch.** Von J. Mücke. — 1902. *Rm* 2,—
31. **Die preußischen Gesindeordnungen.** Zwei Bände. Von St. Gerhard.
    31 a. Altpreußische Provinzen und Rheinland. 2. Auflage. — 1914. *Rm* 3,—
    31 b. Hannover, Schleswig-Holstein, Hessen-Nassau und Hohenzollern. — 1902. *Rm* 2,50
32. **Städteordnung.** Von W. Ledermann und L. Brühl. 2. Auflage. — 1913. *Rm* 6,—
33. **Rentenguts- und Anerbenrechtsgesetzgebung.** Von M. Peltasohn und B. Peltasohn. — 1903. Vergriffen.
34. Sammlung der wichtigsten **preußischen Strafgesetze.** Von Lindemann. 2. Auflage. — 1912. *Rm* 3,50
35. **Geschäftsordnung für Gerichtsvollzieher.** Von E. Exner. — 1904. *Rm* 3,—
36. **Polizeiverordnungen in Preußen.** Von O. Lindemann. 2. Auflage. — 1912. *Rm* 2,50
37. **Enteignung von Grundeigentum.** Von O. Meyer. 3. Auflage. — 1927. *Rm* 5,50
38. **Kreis- und Provinzialabgabengesetz.** Von F. Schmidt. — 1906. *Rm* 1,20
39. **Unterhaltung der öffentlichen Volksschulen.** Von A. Marcks. — 1906. *Rm* 1,80
40. **Verwaltungsstrafverfahren.** Von R. Katzenstein. — 1907. *Rm* 3,50
41. **Die preußischen Jagdpolizeigesetze.** Von F. Kunze und R. Kühnemann. 2. Auflage. — 1907. Vergriffen.
42. **Allgemeine Landesverwaltung** und **Zuständigkeit der Verwaltungs- und Verwaltungsgerichtsbehörden.** Von K. Friedrichs. 3. Auflage. — 1927. *Rm* 5,—

Band

43. **Verschuldungsgrenze** für land- und forstwirtschaftlich benutzte Grundstücke. Von R. Leweck. — 1908. *Rm* 2,40
44. **Quellenschutzgesetz.** Von L. Boelkel. — 1909. *Rm* 1,—
45. **Rechtsverhältnisse der Juden in Preußen.** Von M. Kollenscher. — 1910. *Rm* 2,40
46. **Austritt aus der Landeskirche.** Von H. Caro. — 1911. *Rm* 2,40
47. **Feuerbestattung.** Von W. Lohmann. — 1912. *Rm* 1,50
48. **Zweckverbandsgesetz für Groß-Berlin.** Von L. Brühl, K. Gordan und W. Ledermann. — 1912. *Rm* 4,—
49. **Gesetze gegen die Verunstaltung landschaftlich hervorragender Gegenden.** Von O. Goldschmidt. — 1912. *Rm* 2,40
50. **Gesetz, betr. die Anlegung und Veränderung von Straßen und Plätzen in Städten und ländlichen Ortschaften.** Von O. Meyer. — 1913. *Rm* 3,—
51. **Das preußische Disziplinargesetz für die nichtrichterlichen Beamten.** Von E. v. Dultzig. — 1914. *Rm* 4,20
52. **Preußisches Wassergesetz.** Von G. Wulff und F. Herold. — 1913. *Rm* 4,50
53. **Hinterlegungsordnung** von 1913. Von Hagemann. — 1914. *Rm* 2,20
54. **Anlegung von Sparkassenbeständen in Inhaberpapieren.** Von H. Döhring. — 1914. *Rm* 2,80
55. **Preußisches Wohnungsgesetz.** Von B. Schmittmann. — 1918. *Rm* 2,60
56. **Das preußische Tumultschadengesetz.** Von Bruno Friedländer. — 1919. *Rm* 0,80
57. Gesetz über **Landeskulturbehörden.** Von W. Holzapfel. — 1919. *Rm* 2,—
58. **Arbeitsnachweis.** Von P. Wölbling. — 1920. *Rm* 1,—
59. **Bildung der neuen Stadtgemeinde Berlin.** Von P. Wölbling 2. Auflage. — 1920. *Rm* 1,40
60. **Umlegungsordnung.** Von W. Holzapfel. — 1921. *Rm* 1,80
61. **Preußische Verwaltungsgebührenordnung.** Von K. Eiffler. Mit Nachtrag. — 1925. *Rm* 6,—

C. Textausgaben

ohne Anmerkungen mit Sachregister.

Aufwertungsgesetze mit Einleitung. Von Michaelis. *Rm* 1,50

Bürgerliches Gesetzbuch. 14. Auflage. *Rm* 5,—

Erbschaftsteuergesetz. Neue Fassung von H. Schachian. 3. Auflage. *Rm* 2,50

Freiwillige Gerichtsbarkeit. — 1920. *Rm* 1,—

Handelsgesetzbuch mit **Seerecht.** 11. Auflage. — 1924. *Rm* 2,60

Konkursordnung. 2. Auflage. — 1915. Mit Nachtrag 1925. *Rm* 1,—

Reichsmietengesetz. — 1922. *Rm* 0,50

Reichssteuergesetze 1925 (Steuerüberleitungsgesetz mit Durchführungsbestimmungen — Einkommensteuer, Körperschaftsteuer, Reichsbewertungsgesetz, Vermögensteuer, Erbschaftsteuer). *Rm* 4,—

Strafgesetzbuch. — 1925. *Rm* 3,—

Strafprozeßordnung. 5. Auflage. — 1924. *Rm* 2,50

Verfassung des Freistaates Preußen. *Rm* 0,60

Versicherungsgesetz für Angestellte. — 1927. *Rm* 2,50

Wechselordnung. — 1908. *Rm* 0,50

Wehrbeitrag und **Besitzsteuer.** — 1913. *Rm* 1,50

Zivilprozeßordnung mit **Gerichtsverfassungsgesetz** und **Einführungsgesetzen.** — 1924. *Rm* 3,50

Zuwachssteuergesetz. — 1911. *Rm* 0,50

— **Ausführungsbestimmungen.** — 1911. *Rm* 0,40

Preuß. Ausführungsanweisung zur **Gewerbeordnung.** — 1904. *Rm* 1,—

---

de Gruytersche Sammlung Deutscher Gesetze.

Handkommentare.

Zivilprozeßordnung von Sydow-Busch-Krantz. 19. Auflage. — 1926. *Rm* 25,—

Strafprozeßordnung von Feisenberger. — 1926. Mit Nachtrag 1927. *Rm* 17,—

Aufwertungsrecht von Michaelis. — 1926. *Rm* 16,—

Schlagwort-Register.

R = Nummer der Sammlung Deutscher Reichsgesetze, P = Nummer der Sammlung Preußischer Gesetze, S. = Seite.

Otto Walter, Buchdruckerei, Berlin S 14